여러분에게 국어는 어떤 과목인가요?

읽을 수 있고 쓸 수만 있으면
공부를 안 해도 되는 과목일까요?

아니면
어떻게 공부할지 몰라서
교과서만 읽어 보았던 막막한 과목일까요?

그런 친구들을 위해
초코가 왔어요!

초코는~
그림으로 개념을 쉽게 익힐 수 있게 하고
처음 보는 글은 어떻게 읽을지
문제는 어떻게 풀어야 할지 도와줄 거예요.

공부가 재밌어지는 **초코**와 함께라면
국어 능력이 날로 튼튼해질 거예요.

초등 국어의 튼튼한 길잡이!
초코! 맛보러 떠나요~

구성과 특징

"책"으로 공부해요

1 개념이 탄탄

- 중요한 개념을 한눈에 이해할 수 있는 이미지와 Q&A로 개념을 쉽게 익힐 수 있어요.
- 확인 문제로 개념을 이해했는지 확인해요.

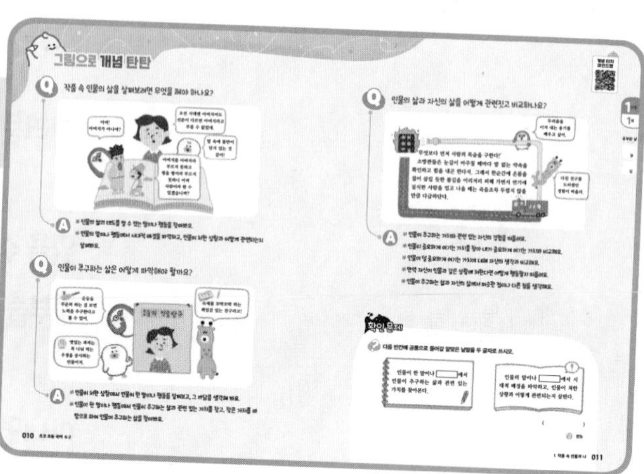

2 핵심만 쏙쏙

- 국어 교과서 핵심 지문과 활동을 자세히 살펴보고, 독해로 이해 쏙으로 내용을 확실하게 이해할 수 있어요.
- 교과서 문제 중요 서술형 다양한 유형의 문제로 문제 해결력을 기르고, 어려운 문제도 '이끌이'와 함께 스스로 해결할 수 있어요.

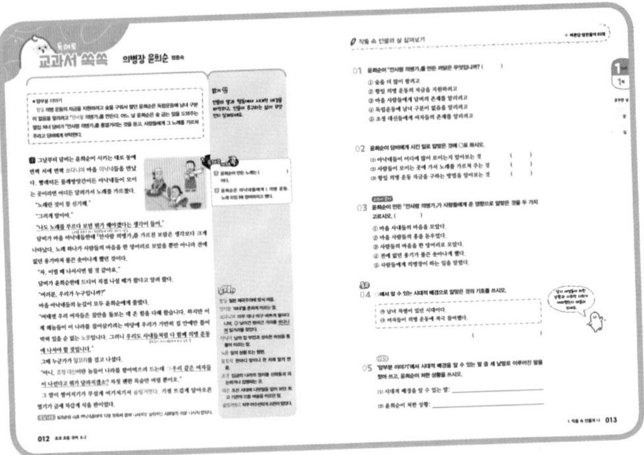

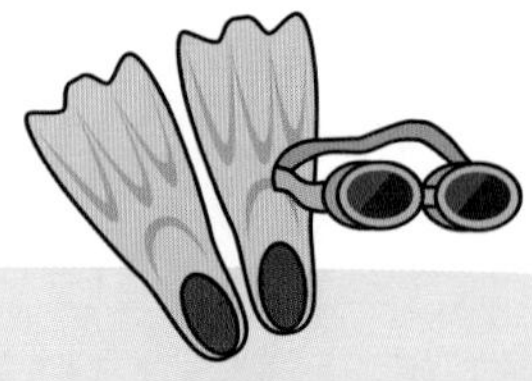

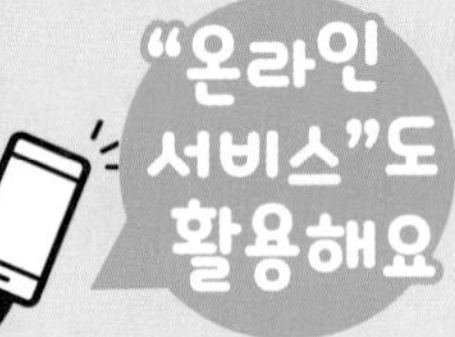

"온라인 서비스"도 활용해요

핵심이 보이는

개념 터치 마인드맵

QR 코드를 스마트폰으로 찍으면
핵심 개념을 '개념 터치 마인드맵'으로
정리할 수 있어요.

초등에서 고등까지
국어 한눈에 보기

	3~4학년	5~6학년
듣기·말하기	• 대화의 즐거움 알기 • 회의하기 • 인과 관계 알기 • 표정, 몸짓, 말투 사용하기 • 요약하며 듣기	• 의견 조정하며 토의하기 • 절차와 규칙을 알고 근거 제시하며 토론하기 • 매체 활용하여 발표하기 • 체계적 내용 구성하기 • 추론하며 듣기
읽기	• 중심 생각 파악하기 • 내용 간추리기 • 추론하며 읽기 • 사실과 의견 구별하기	• 글의 구조를 고려해 내용 요약하기 • 주장이나 주제 파악하기 • 내용의 타당성 평가하기 • 표현의 적절성 평가하기 • 매체 읽기 방법 적용하기
쓰기	• 의견이 드러나게 글 쓰기 • 마음을 표현하는 글 쓰기 • 문단 쓰기 • 시간의 흐름에 따른 글 쓰기 • 읽는 이를 고려한 글 쓰기	• 목적과 대상에 따라 설명하는 글 쓰기 • 적절한 근거를 사용해 주장하는 글 쓰기 • 체험에 대한 감상을 표현한 글 쓰기 • 목적·주제를 고려한 내용과 매체 선정하기
문법	• 낱말의 의미 관계 파악하기 • 문장의 기본 구조 알기 • 낱말의 분류와 국어사전 활용 방법 알기 • 높임법을 언어 예절에 맞게 사용하기	• 낱말의 확장 방법 탐구하기 • 문장 성분과 호응 관계 이해하기 • 상황에 따른 낱말의 의미 알기 • 관용 표현 이해하기
문학	• 감각적 표현에 주목하여 감상하기 • 인물, 사건, 배경 알기 • 이어질 내용 상상하기 • 작품에 대한 생각과 느낌 표현하기	• 작품 속 세계와 현실 세계 비교하기 • 비유의 특성과 효과를 살려 표현하기 • 일상의 경험을 극으로 표현하기 • 작품을 이해하고 소통하기

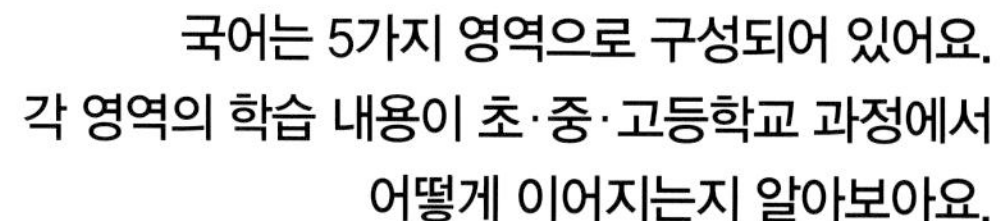
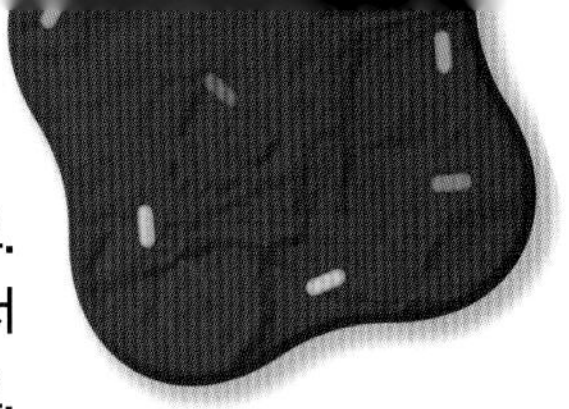

국어는 5가지 영역으로 구성되어 있어요.
각 영역의 학습 내용이 초·중·고등학교 과정에서
어떻게 이어지는지 알아보아요.

중학교	고등학교
• 공감하며 반응하는 대화하기 • 면담하기 • 문제를 해결하는 토의하기 • 논리적으로 반박하며 토론하기 • 내용 구성하여 발표하기 • 매체 자료의 효과 판단하기 • 청중 고려하여 말하기 • 비판하며 듣기	• 언어 예절을 갖추어 대화하기 • 논증 구성하여 토론하기 • 협상하기 • 의사소통 과정 점검하고 조정하기
• 내용 예측하기 • 읽기 목적과 글의 특성 파악하며 내용 요약하기 • 설명 방법과 논증 방법 파악하기 • 관점과 형식 비교하기 • 매체의 표현 방법·의도 평가하기 • 읽기 과정을 점검하고 조정하기	• 관점과 표현 방법 평가하기 • 비판적·문제 해결적 읽기 • 읽기 방법을 점검하고 조정하기
• 보고하는 글 쓰기 • 대상의 특성을 설명하는 글 쓰기 • 타당한 근거와 추론을 들어 주장하는 글 쓰기 • 감동이나 즐거움을 주는 글 쓰기 • 내용의 통일성과 표현의 다양성 알기 • 매체의 특성을 고려하여 글 쓰기 • 원리를 알고 고쳐쓰기	• 설득하는 글 쓰기 • 정서를 표현한 글 쓰기 • 쓰기 과정을 점검하며 고쳐쓰기
• 음운의 체계와 특성 알기 • 품사의 종류와 특성 알기 • 문장의 짜임 탐구하기 • 담화의 개념과 특성 이해하기 • 단어를 정확히 발음하고 표기하기 • 어휘의 체계와 양상 활용하기 • 한글의 창제 원리 알기	• 음운의 변동 이해하기 • 문법 요소의 특성과 사용 방법 탐구하기 • 한글 맞춤법의 원리와 내용 알기
• 비유, 상징의 효과 알기 • 갈등의 진행과 해결 과정 알기 • 보는 이와 말하는 이의 관점 주목하기 • 작품의 사회·문화적 배경 알기 • 재구성된 작품을 원작과 비교·감상하기 • 작품 해석의 다양성 이해하기 • 개성적 발상으로 표현하기	• 갈래 특성에 따른 형상화 방법 알기 • 다양한 사회·문화적 가치 평가하기 • 시대별 대표작 감상하기

국어 6·2

WRITERS

미래엔콘텐츠연구회
No.1 Content를 개발하는 교육 콘텐츠 연구회

COPYRIGHT

인쇄일 2024년 8월 26일(1판4쇄)
발행일 2022년 5월 23일

펴낸이 신광수
펴낸곳 (주)미래엔
등록번호 제16-67호

융합콘텐츠개발실장 황은주
개발책임 정은주 **개발** 이은지, 이유진

디자인실장 손현지
디자인책임 김기욱 **디자인** 장병진

CS본부장 강윤구
제작책임 강승훈

ISBN 979-11-6841-160-9

새로운 배움, 더 큰 즐거움

미래엔이 응원합니다!

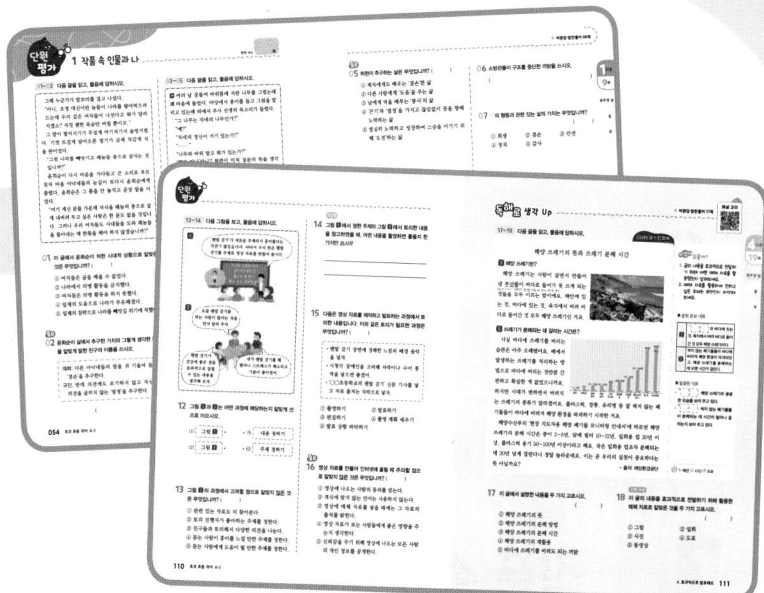

3 시험도 척척

- 시험에 꼭 나오는 문제로 구성된 **단원 평가**를 풀면서 학교 시험에 완벽하게 대비할 수 있어요.
- 앞으로 배울 교과서 지문과 응용 문제로 구성된 독해로 생각 Up으로 독해력도 키울 수 있어요.

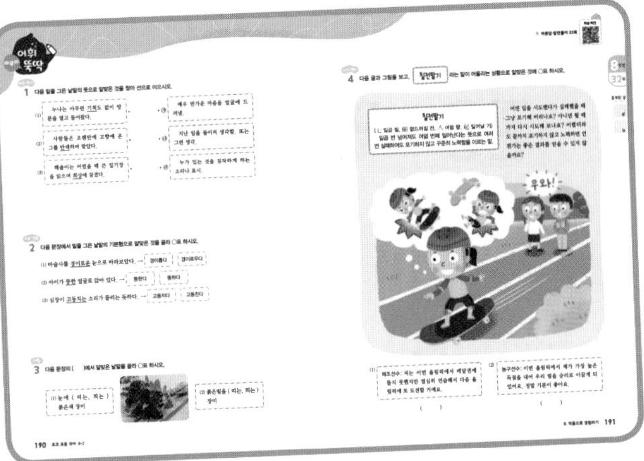

4 어휘도 쑥쑥

- 단원의 주요 어휘와 어법을 문제로 확인하여 어휘력을 키울 수 있어요.
- 속담 과 사자성어 를 그림과 함께 즐겁게 익히며 어휘 실력을 탄탄하게 다져요.

생생한 들기 자료

QR 코드를 스마트폰으로 찍으면 교과서를 실감 나게 들을 수 있어요.

선생님의 친절한 해설 강의

QR 코드를 스마트폰으로 찍으면 '독해로 생각 Up' 지문과 문제 풀이 동영상을 볼 수 있어요.

차례

6-2 가

1 작품 속 인물과 나 ······ 008

2 관용 표현을 활용해요 ······ 060

3 타당한 근거로 글을 써요 ······ 076

4 효과적으로 발표해요 ······ 098

6-2 나

5 글에 담긴 생각과 비교해요 114

6 정보와 표현 판단하기 142

7 글 고쳐 쓰기 158

8 작품으로 경험하기 172

교과서에 실린 작품

6-2 가

실린 단원	제재 이름	지은이	나온 곳	초코 국어
1 작품 속 인물과 나	「의병장 윤희순」	정종숙	『의병장 윤희순』, ㈜한솔수북, 2010.	012쪽
	「구멍 난 벼루」	배유안	『구멍 난 벼루』, 토토북, 2016.	016쪽
	「마지막 숨바꼭질」	백승자	『열두 사람의 아주 특별한 동화』, 파랑새, 2016.	026쪽
	「이모의 꿈꾸는 집」	정옥	『이모의 꿈꾸는 집』, 문학과지성사, 2010.	038쪽
2 관용 표현을 활용해요	「물 쓰듯 쓰다」	방성운, 송준혁, 고유리	한국방송광고진흥공사, 2009.	066쪽
	「도산 안창호 선생의 연설」(원제목: 「대혁명당을 조직하고 임시 정부를 유지하자는 연설」)	안창호	도산안창호온라인기념관 누리집(http: //ahnchangho.or.kr)	066쪽
3 타당한 근거로 글을 써요	「'그냥'이 아니라 '왜'」	이어령	『생각 깨우기』, 푸른숲주니어, 2012.	080쪽
	일반 무역 유통 단계와 공정 무역 유통 단계	전국사회교사모임	『사회 선생님이 들려주는 공정 무역 이야기』, ㈜살림출판사, 2017.	084쪽
	「초콜릿 감옥」		「배움 너머」, 한국교육방송공사, 2012.	085쪽
	공정 무역 인증 표시		국제공정무역기구, 2018.	086쪽
4 효과적으로 발표해요	공익 광고 「중독」	홍수경, 박대훈, 양선일	한국방송광고진흥공사, 2014.	102쪽
	「휴대 전화 관련 교통사고 발생」		국민안전처, 2016.	102쪽
	「온라인 언어폭력: 능력자」		한국방송광고진흥공사, 2017.	102쪽

6-2 나

실린 단원	제재 이름	지은이	나온 곳	초코 국어
5 글에 담긴 생각과 비교해요	「내가 원하는 우리나라」	김구	『쉽게 읽는 백범 일지』, 돌베개, 2005.	118쪽
	「기와 조각과 똥 덩어리」	박지원 원작, 강민경 글	『장복이, 창대와 함께하는 열하일기』, 한국고전번역원, 2013.	126쪽
	「착한 사마리아인의 법: 필요성」		「배움 너머」, 한국교육방송공사, 2012.	134쪽
6 정보와 표현 판단하기	「중형차 백만 대를 버렸다」		한국방송광고진흥공사, 2011.	146쪽
	「스마트 기부 확산」 (원제목: 「디지털 자선냄비 등장 … 스마트 기부 확산」)		「KBS 뉴스 9」, 한국방송공사, 2015. 12. 25.	148쪽
8 작품으로 경험하기	「피부 색깔=꿀색」 (사진 자료)	융 에냉	「피부 색깔=꿀색」, 2012.	176쪽
	「대상주 홍라」	이현	『나는 비단길로 간다』, ㈜도서출판 푸른숲, 2012.	178쪽

1 작품 속 인물과 나

무엇을 배울까요?

- 작품 속 인물의 삶 살펴보기
- 작품을 읽고 인물이 추구하는 삶 파악하기
- 인물의 삶과 자신의 삶을 관련지어 말하기
- 인물의 삶과 자신의 삶을 비교하며 작품을 읽고 자신의 생각 쓰기

단원에 대한 공부 계획을 세우고, 공부한 내용을 얼마나 이해했는지 스스로 평가해 보세요.

	공부할 내용	스스로 평가
1회	그림으로 개념 탄탄 독해로 교과서 쏙쏙 ❶ •「의병장 윤희순」	☆☆☆
2회	독해로 교과서 쏙쏙 ❷ •「구멍 난 벼루」	☆☆☆
3회	독해로 교과서 쏙쏙 ❸ •「구멍 난 벼루」	☆☆☆
4회	독해로 교과서 쏙쏙 ❹ •「마지막 숨바꼭질」	☆☆☆
5회	독해로 교과서 쏙쏙 ❺ •「마지막 숨바꼭질」	☆☆☆
6회	독해로 교과서 쏙쏙 ❻ •「이모의 꿈꾸는 집」	☆☆☆
7회	독해로 교과서 쏙쏙 ❼ •「이모의 꿈꾸는 집」	☆☆☆
8회	독해로 교과서 쏙쏙 ❽ •「이모의 꿈꾸는 집」	☆☆☆
9회	단원 평가 독해로 생각 Up →「이이」 어휘 마무리 뚝딱 → 속담 〈열의 한 술 밥〉	☆☆☆

★★★ 잘함. ★★ 보통임. ★ 아쉬움.

그림으로 개념 탄탄

Q 작품 속 인물의 삶을 살펴보려면 무엇을 해야 하나요?

어머!
아버지가 아니야?
조선 시대엔 아버지여도
신분이 다르면 아버지라고
부를 수 없었대.
말 속에 불만이
담겨 있는 것
같아!
아버지를 아버지라
부르지 못하고
형을 형이라 부르지
못하니 어찌
사람이라 할 수
있겠습니까?

A

- 인물의 삶의 태도를 알 수 있는 말이나 행동을 찾아봐요.
- 인물의 말이나 행동에서 시대적 배경을 파악하고, 인물이 처한 상황과 어떻게 관련되는지 살펴봐요.

Q 인물이 추구하는 삶은 어떻게 파악해야 할까요?

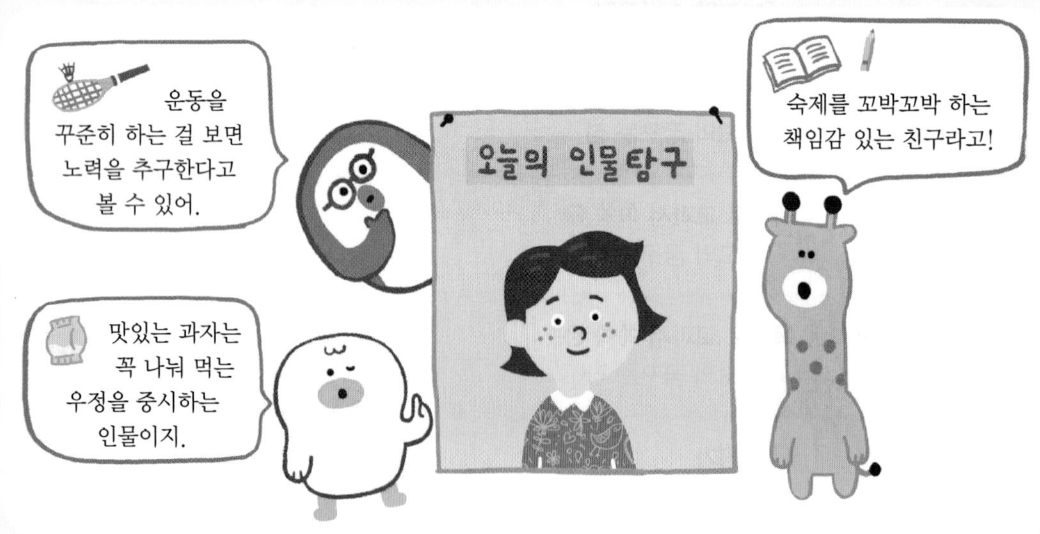

운동을
꾸준히 하는 걸 보면
노력을 추구한다고
볼 수 있어.
오늘의 인물탐구
숙제를 꼬박꼬박 하는
책임감 있는 친구라고!
맛있는 과자는
꼭 나눠 먹는
우정을 중시하는
인물이지.

A

- 인물이 처한 상황에서 인물이 한 말이나 행동을 살펴보고, 그 까닭을 생각해 봐요.
- 인물이 한 말이나 행동에서 인물이 추구하는 삶과 관련 있는 가치를 찾고, 찾은 가치를 바탕으로 하여 인물이 추구하는 삶을 찾아봐요.

인물의 삶과 자신의 삶을 어떻게 관련짓고 비교하나요?

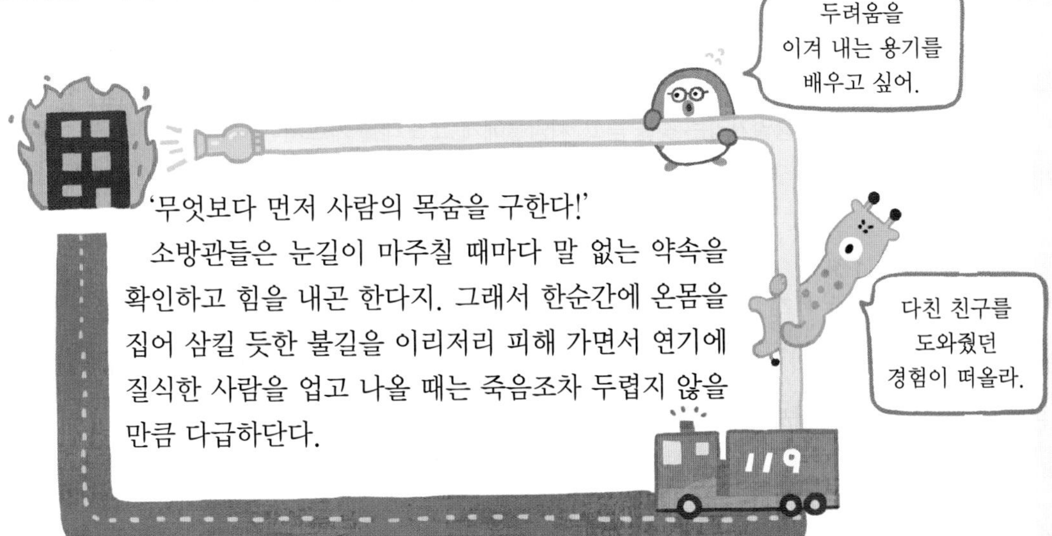

두려움을
이겨 내는 용기를
배우고 싶어.
다친 친구를
도와줬던
경험이 떠올라.
119

'무엇보다 먼저 사람의 목숨을 구한다!'

소방관들은 눈길이 마주칠 때마다 말 없는 약속을 확인하고 힘을 내곤 한다지. 그래서 한순간에 온몸을 집어 삼킬 듯한 불길을 이리저리 피해 가면서 연기에 질식한 사람을 업고 나올 때는 죽음조차 두렵지 않을 만큼 다급하단다.

- 인물이 추구하는 가치와 관련 있는 자신의 경험을 떠올려요.
- 인물이 중요하게 여기는 가치를 찾아 내가 중요하게 여기는 가치와 비교해요.
- 인물이 덜 중요하게 여기는 가치에 대해 자신의 생각과 비교해요.
- 만약 자신이 인물과 같은 상황에 처한다면 어떻게 행동할지 떠올려요.
- 인물이 추구하는 삶과 자신의 삶에서 비슷한 점이나 다른 점을 생각해요.

확인 문제

다음 빈칸에 공통으로 들어갈 알맞은 낱말을 두 글자로 쓰시오.

인물이 한 말이나 [　　　]에서 인물이 추구하는 삶과 관련 있는 가치를 찾아본다.

인물의 말이나 [　　　]에서 시대적 배경을 파악하고, 인물이 처한 상황과 어떻게 관련되는지 살핀다.

(　　　　　)

답 행동

독해로

교과서 쏙쏙

의병장 윤희순 정종숙

● 앞부분 이야기

항일 의병 운동의 자금을 지원하려고 숯을 구워서 팔던 윤희순은 독립운동에 남녀 구분이 없음을 알리려고 「안사람 의병가」를 만든다. 어느 날 윤희순은 숯 굽는 일을 도와주는 옆집 처녀 담비가 「안사람 의병가」를 흥얼거리는 것을 듣고, 사람들에게 그 노래를 가르쳐 주라고 담비에게 부탁한다.

읽기 팁

인물의 말과 행동에서 시대적 배경을 파악하고, 인물이 추구하는 삶이 무엇인지 살펴보세요.

1 그날부터 담비는 윤희순이 시키는 대로 동에 번쩍 서에 번쩍 **쏘다니며** 마을 **아낙네**들을 만났다. 빨래터든 물레방앗간이든 아낙네들이 모이는 곳이라면 어디든 달려가서 노래를 가르쳤다.

"노래란 것이 참 신기해."

"그러게 말이야."

"나도 노래를 부르다 보면 뭔가 해야겠다는 생각이 들어."

노래를 부르다 보니 독립운동에 대한 의지가 생김.

담비가 마을 아낙네들한테 「안사람 의병가」를 가르친 보람은 생각보다 크게 나타났다. 노래 하나가 사람들의 마음을 한 덩어리로 모았을 뿐만 아니라 전에 없던 용기마저 불끈 솟아나게 했던 것이다.

"자, 이럴 때 나서시면 될 것 같아요."

담비가 윤희순한테 드디어 직접 나설 때가 왔다고 알려 왔다.

"여러분, 우리가 누구입니까?"

마을 아낙네들의 눈길이 모두 윤희순에게 쏠렸다.

"여태껏 우리 여자들은 집안을 돌보는 데 온 힘을 다해 왔습니다. 하지만 이제 왜놈들이 이 나라를 집어삼키려는 마당에 우리가 가만히 집 안에만 틀어박혀 있을 순 없는 **노릇**입니다. 그러니 우리도 사내들처럼 다 함께 의병 운동에 나서야 할 것입니다."

윤희순이 아낙네들에게 하고 싶은 말

그때 누군가가 **말꼬리**를 걸고 나섰다.

"아니, **조정 대신**이란 놈들이 나라를 팔아먹으려 드는데 ㉠ 우리 같은 여자들이 나선다고 뭐가 달라지겠소? 자칫 괜한 목숨만 버릴 뿐이오."

그 말이 떨어지기가 무섭게 여기저기서 **술렁거렸다**. 기껏 뜨겁게 달아오른 열기가 금세 차갑게 식을 판이었다.

중심 내용 윤희순은 마을 아낙네들에게 의병 운동에 함께 나서자고 말했지만 사람들은 선뜻 나서지 않았다.

1 윤희순이 만든 노래는 (　　　　　　) 이다.

2 윤희순은 아낙네들에게 (의병 운동, 노래 모임)에 참여하자고 했다.

낱말풀이

- **항일** 일본 제국주의에 맞서 싸움.
- **안사람** '아내'를 흔하게 이르는 말.
- **쏘다니며** 아무 데나 마구 바쁘게 돌아다니며. 예 낮이건 밤이건 거리를 쏘다니며 일거리를 찾았다.
- **아낙네** 남의 집 부인과 성숙한 여성을 통틀어 이르는 말.
- **노릇** 일의 상황 또는 형편.
- **말꼬리** 한마디 말이나 한 차례 말의 맨 끝.
- **조정** 임금이 나라의 정치를 신하들과 의논하거나 집행하는 곳.
- **대신** 조선 시대에 나랏일을 맡아 보던 최고 기관의 으뜸 벼슬을 이르던 말.
- **술렁거렸다** 자꾸 어수선하게 소란이 일었다.

➔ 바른답·알찬풀이 02쪽

공부한 날
월
일

01 윤희순이 「안사람 의병가」를 만든 까닭은 무엇입니까? (　　　)

① 숯을 더 많이 팔려고
② 항일 의병 운동의 자금을 지원하려고
③ 마을 사람들에게 담비의 존재를 알리려고
④ 독립운동에 남녀 구분이 없음을 알리려고
⑤ 조정 대신들에게 여자들의 존재를 알리려고

02 윤희순이 담비에게 시킨 일로 알맞은 것에 ○표 하시오.

(1) 아낙네들이 어디에 많이 모이는지 알아보는 것 (　　　)
(2) 사람들이 모이는 곳에 가서 노래를 가르쳐 주는 것 (　　　)
(3) 항일 의병 운동 자금을 구하는 방법을 알아보는 것 (　　　)

교과서 문제

03 윤희순이 만든 「안사람 의병가」가 사람들에게 준 영향으로 알맞은 것을 두 가지 고르시오. (　　　)

① 마을 사내들의 마음을 모았다.
② 마을 사람들의 흥을 돋우었다.
③ 사람들의 마음을 한 덩어리로 모았다.
④ 전에 없던 용기가 불끈 솟아나게 했다.
⑤ 사람들에게 의병장이 하는 일을 알렸다.

중요

04 ㉠에서 알 수 있는 시대적 배경으로 알맞은 것의 기호를 쓰시오.

> ㉮ 남녀 차별이 있던 시대이다.
> ㉯ 여자들이 의병 운동에 적극 참여했다.

(　　　　　　　　)

당시 여성들이 처한 상황과 사회적 지위가 어떠했는지 떠올려 보세요.

서술형

05 '앞부분 이야기'에서 시대적 배경을 알 수 있는 말 중 세 낱말로 이루어진 말을 찾아 쓰고, 윤희순이 처한 상황을 쓰시오.

(1) 시대적 배경을 알 수 있는 말: ______________________

(2) 윤희순이 처한 상황: ______________________

2 ㉠"그럼 나라를 빼앗기고 왜놈들 종으로 살자는 것입니까?"

윤희순이 다시 마음을 가다듬고 큰 소리로 부르짖자 마을 아낙네들의 눈길이 또다시 윤희순에게 쏠렸다.(아낙네들이 다시 윤희순의 말에 귀를 기울임.) 윤희순은 그 틈을 안 놓치고 곧장 말을 이었다.

"여기 계신 분들 가운데 자식을 왜놈의 종으로 살게 내버려 두고 싶은 사람은 한 분도 없을 것입니다. 그러니 우리 여자들도 사내들을 도와 왜놈들을 몰아내는 데 한몫을 해야 하지 않겠습니까?"

거침없이 내뱉는 윤희순의 말에 여기저기서 고개를 끄덕였다.(윤희순의 말에 동의하기 시작함.) 그 틈에 ㉮누군가 구성진 목소리로 노래를 불렀다.

아무리 왜놈들이 포악하고 강성한들
우리도 뭉쳐지면 왜놈 잡기 쉬울세라

담비였다. 둘레에 빙 둘러섰던 마을 아낙네들은 기다렸다는 듯이 노래를 따라 불렀다. ㉯노래는 흩어졌던 마음을 다시 하나로 모았다. 마침내 윤희순은 마을 아낙네들을 끌어모아 안사람 의병대(아낙네들로 구성된 의병대)를 만들었다.

"의병을 도와 나라를 구합시다!"

맨 먼저 안사람 의병대는 집집마다 찾아다니며 모금을 했다.

"왜놈들이 우리나라를 집어삼키려 합니다. 의병을 도와주십시오."

안사람 의병대의 눈물 어린 하소연은 많은 사람의 마음을 움직였다. 어떤 사람은 무기를 만들 수 있는 놋쇠와 구리를 내놓았고, ㉰어떤 사람은 가진 돈을 몽땅 내놓기도 했다.

"우린 고구마밖에 없는데 괜찮다면 이거라도 내놓겠네."

㉱살림살이가 어려운 사람들도 의병을 돕겠다고 발 벗고 나섰다. 안사람 의병대가 밤낮없이 애쓴 덕분에 춘천 의병 부대는 날로 힘이 세졌다. ㉲덩달아 의병들의 사기도 부쩍 드높아졌다.

중심 내용 윤희순과 마을 아낙네들은 안사람 의병대를 만들어 독립운동을 위해 애썼다.

독해로 이해 콕

3 윤희순은 여자들도 사내들을 도와 왜놈들을 몰아내야 한다고 했다. (○, ×)

4 윤희순의 말에 아낙네들은 동의하지 않았다. (○, ×)

5 아낙네들의 흩어졌던 마음을 다시 하나로 모은 것은 무엇입니까? (　　　)
① 돈
② 놋쇠
③ 구리
④ 노래
⑤ 고구마

6 윤희순이 마을 아낙네들을 끌어모아 만든 의병대의 이름은 (　　　　　)이다.

낱말풀이

- 가다듬고 정신, 생각, 마음 등을 바로 차리거나 다잡고.
- 한몫 한 사람이 맡은 역할.
- 구성진 천연스럽고 구수하며 멋진.
- 강성한들 힘이 강하고 활발한들.
- 빙 일정한 둘레를 넓게 둘러싸는 모양.
- 하소연 억울한 일이나 잘못된 일, 딱한 사정 등을 말함.
- 애쓴 마음과 힘을 다하여 무엇을 이루려고 힘쓴. 예 부모님께서 애쓴 덕분에 이만큼 자랐다.
- 사기 일을 해내거나 이기고자 하는 씩씩한 기운.

중요

06 ㉠에서 알 수 있는 윤희순의 삶의 태도로 알맞은 것에 ○표 하시오.

윤희순의 말과 행동을 통해 윤희순의 삶의 태도를 파악해 보세요.

(1) 다른 사람보다는 자신을 위해 살고자 노력한다. ( )
(2) 일제가 침략했다고 하여 포기하거나 좌절하지 않는다. ( )
(3) 의병 운동을 강요하기 위해 갖은 수고를 마다하지 않는다. ( )

서술형

07 윤희순이 아낙네들에게 하고 싶은 말을 한 문장으로 쓰시오.

---

08 ㉮~㉶ 중 우리나라 사람들의 경제 상황이 어려웠다는 것을 짐작할 수 있는 문장은 무엇입니까? ( )

① ㉮ ② ㉯ ③ ㉰
④ ㉱ ⑤ ㉶

09 '안사람 의병대'가 한 일이 아닌 것은 무엇입니까? ( )

① 많은 사람의 마음을 움직였다.
② 집집마다 찾아다니며 모금을 했다.
③ 일본군에게 의병대의 막강한 힘을 자랑했다.
④ 의병들의 사기가 높아지는 데 큰 역할을 했다.
⑤ 무기를 만들 수 있는 놋쇠와 구리, 돈을 모아 춘천 의병 부대의 힘이 세지게 했다.

교과서 문제

10 윤희순이 삶에서 추구한 가치와 관련 있는 낱말을 **보기**에서 골라 쓰시오.

보기

도전 여유 봉사 사랑 안전

(1) 남녀 차별이 있던 시대적 상황에서 여자임에도 의병 운동에 적극적으로 나섰다. ( )
(2) 자신의 생명이 위험할 수 있는데도 나라를 위해 힘을 바쳤다. ( )

독해로

교과서 쏙쏙 구멍 난 벼루 배유안

● 앞부분 이야기

해남의 초의 선사(조선 시대의 승려)에게 학문을 배우던 젊은 허련은 추사 선생(조선 시대의 뛰어난 서예가이자 화가이자 학자)에게 그림을 배우려고 한양으로 찾아간다. 그러나 한양의 월성위궁(추사 선생의 집)에서 만난 추사 선생은 허련의 그림을 보고 **견문**이 부족하다고 혹평한다. 허련은 당황스럽고 부끄러웠지만,(추사 선생의 혹평을 들은 허련의 마음) 계속 **사랑채**에 머물며 청나라에서 온 서책들을 보고 견문을 넓힌다. 그러던 어느 날, 추사 선생의 **문하생**들이 허련의 그림을 칭찬하면서 허련을 추사 선생의 제자라고 칭하자, 추사 선생은 누가 자신의 제자냐며 호통친다.(허련을 제자로 받아들이지 않는 추사) 허련은 포기하지 않고 추사 선생을 다시 찾아가 제자로 받아 달라고 **간곡하게** 부탁한다.

1 다음 날 이른 아침, 허련은 사랑채 마당을 쓸어 놓고 우물로 갔다. 하루의 첫 물을 길어 **연적**을 채워 놓고 아침 차를 **우렸다**. 이른 아침의 서재가 차향으로 은은해졌다. 추사 선생은 무심한 척(허련에게 관심이 없는 척) 허련이 우려 놓은 차를 마셨다.

"어르신(추사 선생) 옆에서 붓의 세상을 열어 보고 싶습니다." / "붓의 세상?"

허련은 벌떡 일어나 큰절을 올렸다. 추사 선생은 **미간**에 주름을 세우고 허련을 바라보았다.

"저는 해남을 떠나올 때 이미 스승을 찾았습니다.(추사 선생을 스승으로 모시겠다고 생각함.) 초의 선사의 편지 내용이 어떤 것이었든 이제 상관이 없습니다. 어르신께서 제 그림의 부족함을 일깨워 주셨으니 그것을 채우는 것도 어르신께로부터 배우고 싶습니다."

추사 선생은 못마땅한 표정으로 허련을 쏘아보았다. **애당초** 흔쾌한 대답을 기대하지 않은 터였다.(추사 선생이 허락할 것이라고 기대하지 않았음.) 허련은 개의치 않고 고개를 깊이 숙였다. 추사 선생이 **심드렁하게** 말했다.

"그러시게. 자네는 자네의 스승을 찾게. 나는 내 제자를 찾을 터이니."

대단히 **아리송한** 말이었다. 짧게 흘린 웃음소리도 아리송하긴 마찬가지였다. 제자를 찾겠다는 말이 제자가 될 만한지 두고 보겠다는 뜻인지, 자네는 내가 찾는 제자가 아니라는 뜻인지. 허련은 무슨 뜻인지 묻지 못했다. 답이 두려웠다.

"한 잔 더 주게."

추사 선생이 차를 청했다. 순간, 허련은 앞쪽이 답일 가능성이 더 크다고 생각하며 얼른 찻잔을 채웠다. 그렇게 생각하기로 마음먹었다. 추사 선생의 말이 '그만 떠나게'만 아니면 된 거 아닌가? / 허련도 차 한 잔을 따라 마셨다. 향긋한 차가 매끄럽게 목구멍을 타고 흘러내렸다.

㉠'꼭 어르신의 제자가 될 것입니다.' (중략)

중심 내용 허련은 추사 선생에게 자신의 스승이 되어 달라고 청했지만 아리송한 대답밖에 듣지 못했다.

읽기 팁

인물이 처한 상황에서 인물이 한 말과 행동을 통해 인물이 추구하는 삶을 파악해 보세요.

7 허련은 그림을 배우기 위해 한양의 (초의 선사, 추사 선생)을/를 찾아갔다.

8 추사 선생은 허련을 흔쾌히 제자로 받아들였다. (○, ×)

낱말풀이

- **견문** 보거나 듣거나 하여 깨달아 얻은 지식.
- **사랑채** 집의 안채와 떨어진, 주로 남자 주인이 지내며 손님을 맞이하는 곳.
- **문하생** 스승 아래에서 가르침을 받는 제자.
- **간곡하게** 태도나 자세 따위가 간절하고 정성스럽게.
- **연적** 벼루에 먹을 갈 때 쓰는, 물을 담아 두는 그릇.
- **우렸다** 어떤 물건을 액체에 담가 맛이나 빛깔 등의 성질이 액체 속으로 빠져나오게 하였다.
- **미간** 두 눈썹의 사이.
- **애당초** 일의 맨 처음이라는 뜻으로, '당초'를 강조하는 말.
- **심드렁하게** 마음에 들지 않아 관심이 거의 없게. 예 도서관에 가기 싫은 형은 심드렁하게 대답했다.
- **아리송한** 그런 것 같기도 하고 그렇지 않은 것 같기도 하여 알기 어려운.

교과서 문제

11 이 글을 읽고 다음 질문을 만들었을 때, 그 대답으로 알맞은 것은 무엇입니까? (　　)

> 허련은 어떻게 추사 선생을 만나게 되었나요?

① 청나라에서 온 대신에게 추사 선생을 소개받았다.
② 그림을 배우러 한양에 왔다가 우연히 추사 선생을 만나게 되었다.
③ 추사 선생의 문하생들에게 추천을 받아 그림을 배우러 오게 되었다.
④ 초의 선사에게 학문을 배우다 추사 선생에게 그림을 배우러 찾아갔다.
⑤ 해남에서 그림을 잘 그리기로 소문이 나자 추사 선생이 직접 찾아왔다.

서술형

12 허련이 추사 선생을 찾아간 까닭을 한 문장으로 쓰시오.

____

13 글 **1** 에서 허련이 처한 상황으로 알맞은 것은 무엇입니까? (　　)

① 청나라 유학길이 좌절된 상황
② 초의 선사에게 인정받지 못한 상황
③ 추사 선생이 제자로 받아 주지 않은 상황
④ 추사 선생의 문하생들에게 무시당한 상황
⑤ 자신의 그림에 대해 청나라 사람들에게 혹평을 받은 상황

중요

14 허련이 처한 상황에서 허련이 한 행동으로 알맞은 것의 기호를 쓰시오.

> ㉮ 포기하지 않고 꼭 추사 선생의 제자가 될 것이라고 다짐했다.
> ㉯ 자신의 부족함을 더 채워야겠다고 생각하며 다시 해남으로 돌아갔다.

추사 선생의 말을 들은 뒤 허련이 한 말이나 행동을 찾아보세요.

(　　　　　)

15 ㉠에서 허련이 추구하는 삶과 관련 있는 가치는 무엇입니까? (　　)

① 봉사　② 희생　③ 열정
④ 정직　⑤ 반성

2 허련은 월성위궁을 떠날 생각은 완전히 접고 아예 추사 선생의 자잘한 시중을 맡아 했다. 새벽에 일어나 마당을 쓸고, 서재를 활짝 열어 신선한 공기를 넣었다. 그러면 허련의 새 하루도 시작되었다. 사랑채를 청소하고 추사 선생의 붓을 씻어 말리고 먹을 갈았다. 얼마 안 가서 하인이 아예 허련에게 일을 미루어 버렸다. 추사 선생도 언제부턴가 허련이 월성위궁에 머무는 걸 당연하게 여겼다.

추사 선생의 독서량과 연습량은 실로 엄청났다. 부지런하고 열성적인 것으로는 누구에게 뒤져 본 적이 없던 허련이지만 잠깐의 시간도 허투루 쓰지 않는 추사 선생의 근면함에는 허를 내둘렀다.(자신이 따라갈 수 없다고 느낌.) 추사 선생은 획 하나, 글자 하나를 수십 번, 수백 번 연습하는 연습 벌레였다. 누구나 알아주는 대가가 되고서도 끊임없이 뭇 명필들의 서체를 감상하고 연구하며 자기만의 서체를 만들어 나갔다. 스승의 문 안에는 배울 게 많았다. 허련은 우러르는 마음이 절로 생겼다.

추사 선생은 무심한 듯이 책이나 화첩을 허련에게 건네주기도 했다. 허련은 그것을 황송하게 받아 꼼꼼히 읽고 살폈다. 그러면 그것이 그때 자신에게 꼭 필요한 것임을 알 수 있었다. 그러나 그뿐, 추사 선생은 손님 누구에게도 허련을 제자라고 소개하지는 않았다. 허련은 혼자 있는 시간은 한 시각도 아껴서 책을 읽고, 화첩을 보고, 그림을 그렸다.

여러 날 공들여 바위틈에 자란 나무를 그렸는데 꽤 마음에 들었다. 마당에서 종이를 들고 그림을 말리고 있는데 뒤에서 추사 선생의 목소리가 들렸다.

"그 나무는 자네의 나무인가?" / "예?"

"자네의 정신이 거기 있는가?" / "……."

"나무와 바위 말고 뭐가 있는가?"

'뭐가 있나'라니? 허련이 미처 질문의 뜻을 생각하기도 전에 추사 선생은 돌아서 가 버렸다. / 허련은 하릴없이 그림을 내려다보았다. 공들인 붓질이었다. 그러나 기법만 있고 이야기가 없었다.(허련의 그림에 없는 것 ①) 추사 선생의 그림처럼 그리는 사람의 이상이나 소망 같은 것이 없었다.(허련의 그림에 없는 것 ②) 허련은 맥이 빠졌다. 나무나 바위가 아무리 진짜 같아도, 붓질이 아무리 펄펄 살아 있어도 눈에 보이는 것만으로는 안 되는 거였다. 정신이라는 것은 붓끝의 교묘함에서 나오는 게 아니었다. 그건 그리는 사람의 마음속에 있는 것이 손을 타고 붓을 지나서 나오는 것(그림에 정신이 깃드는 방법)이라고 말할 수밖에 없었다. ㉠며칠 동안 허련은 절망감으로 괴로웠다.

중심 내용 허련은 추사 선생으로부터 그림에 정신이 들어 있지 않다는 말을 듣고 괴로워했다.

독해로 이해 콕

9 허련은 추사 선생의 자잘한 일을 도맡아 했다. (◯, ✕)

10 추사 선생은 잠깐의 시간도 허투루 쓰지 않는 (근면함, 황송함)을 지녔다.

11 허련은 추사 선생의 모습을 보면서 추사 선생에게 어떤 마음을 가졌습니까? ( )

① 원망하는 마음
② 우러르는 마음
③ 질투하는 마음
④ 걱정하는 마음
⑤ 두려워하는 마음

12 어느 날, 추사 선생은 허련이 그린 나무 그림에 (정신, 기법)이 있는지 물었다.

낱말풀이

- **아예** 일시적이거나 부분적이 아니라 전적으로. 또는 순전하게.
- **시중** 옆에 있으면서 여러 가지 심부름을 하는 일.
- **허투루** 아무렇게나 되는대로.
- **혀를 내둘렀다** (사람이 어떤 일에) 몹시 놀라거나 어이없어서 말을 못했다.
- **대가** 전문 분야에서 뛰어나 권위를 인정받는 사람.
- **우러르는** 마음속으로 존경하여 떠받드는.
- **화첩** 그림을 모아 엮은 책.
- **황송하게** 분에 넘쳐 고맙고도 부담스럽게. 예 이 상을 받게 되어 황송하게 생각한다.
- **하릴없이** 달리 어떻게 할 방법이 없이.
- **이상** 생각할 수 있는 가장 완전한 상태.
- **맥** 기운이나 힘.
- **교묘함** 짜임새나 생김새 따위가 아기자기하고 재미있고 색다름.

공부한 날 월 일

16 허련이 월성위궁에서 한 허드렛일이 아닌 것은 무엇입니까? (　　　)

① 사랑채를 청소했다.
② 새벽에 일어나 마당을 쓸었다.
③ 책을 읽고, 화첩을 보고, 그림을 그렸다.
④ 서재를 활짝 열어 신선한 공기를 넣었다.
⑤ 추사 선생의 붓을 씻어 말리고 먹을 갈았다.

교과서 문제

17 글 ②에서 허련이 처한 상황으로 알맞은 것에 ○표 하시오.

(1) 추사 선생에게 제자로 인정을 받음. (　　　)
(2) 추사 선생으로부터 그림에 정신이 들어 있지 않다는 평을 들음. (　　　)

중요

18 허련이 추구하는 삶을 엿볼 수 있는 허련의 행동을 골라 기호를 쓰고, 이와 관련 있는 가치를 찾아 쓰시오.

〈허련의 행동〉
㉮ 추사 선생의 근면함을 따라갈 수 없어서 시중 들기를 포기했다.
㉯ 추사 선생이 독서하고 연습하는 습관을 관찰해 자신도 열심히 그림을 그렸다.

〈가치〉 봉사 끈기 정직 사랑 희생

인물의 말과 행동에는 그 인물이 추구하는 가치가 담겨 있어요.

(1) 허련의 행동 (　　　)
(2) 허련의 행동과 관련 있는 가치 (　　　)

19 허련이 ㉠처럼 느낀 까닭은 무엇입니까? (　　　)

① 추사 선생이 한 질문의 뜻을 알 수 없어서
② 추사 선생이 자신의 노력을 알아주지 않아서
③ 자신의 그림은 기법만 있고 이야기가 없음을 알게 되어서
④ 자신이 아무리 노력해도 추사 선생의 실력을 이기지 못해서
⑤ 추사 선생이 다른 사람들에게 자신을 제자라고 소개하지 않아서

서술형

20 이야기 속 인물 중 한 명에게 하고 싶은 질문을 한 가지 쓰시오.

3 ‘내 **내면**을 깊고 그윽한 무엇으로 채우지 않고서는 제대로 된 그림을 그릴 수 없겠구나.’ / 허련은 그림보다 책을 더 많이 읽었다. 그리는 시간보다 생각하는 시간이 더 많아졌다.

‘나는 나무에 어떤 의식을 넣어 내 나무로 그릴 것인가? 어떻게 내 바위를 그릴 것인가?’ / ‘이 모란은 내 모란인가, 아닌가?’

‘나는 어떤 마음으로 새가 되어 날고 있는가?’

허련은 자신에게 더 많은 것을 물었다. 사물을 보고 앉아서 깊이 생각하다 보면 사물과 마음이 통하는 듯했다. 그림은 사물과 자신과의 소통이 우선되어야 하는 것이었다.

월성위궁에서 종이를 먹으로 채우면서 계절이 휙휙 지나갔다.(시간이 빠르게 흐름.) 먹을 가는 시간은 마음을 닦는 시간이기도 했다. 먹물이 까맣게 벼루를 채우는 동안 마음은 차분히 가라앉고 내면 깊은 곳에서 그림에 대한 열정만 **오롯이** 솟아올랐다.

학문이 날로 깊어졌고 그림 보는 **안목**도 높아졌다.(허련의 실력이 날로 발전함.) 허련은 기쁨과 뿌듯함에 종일 쉬지 않아도 힘든 줄 몰랐다. 마음먹은 대로 안 되어 괴로울 때가 더 많았지만 ㉠ 그 괴로움조차도 **기꺼웠다**. 자신의 그림을 볼 줄 아는 안목이 없어 괴로워할 줄도 몰랐던 시절을 생각하면 지금의 괴로움은 오히려 이제 눈이 뜨였음을 보여 주는 증거였다.

아주 가끔이지만 추사 선생이 허련의 그림을 보고 고개를 끄덕이기도 했고, 비판을 하기도 했다. 호된 **악평**을 들어도 허련은 행복하고 황홀했다.

어느 날, 추사 선생이 물었다.

“자네는 종요라는 사람을 아는가?” / “예, 해서체의 대가로 알고 있습니다.”

“그는 잠을 잘 때도 이불에다 손가락으로 글씨를 써 대서 이불이 너덜너덜해졌다고 하더군.”

“예. 그만큼 연습을 해야 대가가 되는군요.”

“뭐든 미친 듯이 하지 않고서는 큰 성취를 얻을 수 없네.”

허련은 깊이 알아듣고 고개를 숙였다.

“붓을 천 개쯤은 **뭉뚝하게** 만들어 봐야 그림이 뭔가를 알게 될 걸세.”

추사 선생이 **흘리듯** 말하고는 돌아서 갔다. 허련은 몽당붓을 들고 물끄러미 보았다. 이제 겨우 한 걸음을 더 뗀 것 같았다.

‘천 개 넘어 붓이 닳으면…….’ / 허련은 쓰고 또 썼다. 그리고 또 그렸다.

중심 내용 허련은 내면을 채우기 위해 노력하였고, 추사 선생은 허련에게 연습의 중요성을 알려 주었다.

13 허련은 자신의 (　　　　)을/를 채우기 위해 책을 많이 읽었다.

14 허련은 사물을 보고 앉아서 깊이 생각하다 보면 사물과 마음이 통하는 듯하다고 느꼈다. (○, ×)

15 허련에게 먹을 가는 시간은 (마음을 닦는, 괴로운) 시간이기도 했다.

16 붓을 천 개쯤은 뭉뚝하게 만들어 봐야 한다는 말에 담긴 뜻은 무엇입니까? (　　　)

① 돈을 많이 써야 한다.
② 연습을 많이 해야 한다.
③ 다양한 그림을 그려야 한다.
④ 여러 종류의 붓을 가져야 한다.
⑤ 붓을 스스로 만들 줄 알아야 한다.

내면 밖으로 드러나지 아니하는 사람의 속마음.

오롯이 모자람이 없이 온전하게. 예 이 책에는 성인들의 생각이 오롯이 들어 있다.

안목 어떤 것의 가치를 판단하거나 구별할 수 있는 능력.

기꺼웠다 마음속으로 은근히 기뻤다.

악평 나쁘게 평함.

뭉뚝하게 굵은 사물의 끝이 아주 짧고 무디게.

흘리듯 비밀이나 정보 따위를 넌지시 남이 알도록 하듯. 예 기자에게 정보를 흘리듯 넘겼다.

종요

21 **다음 상황에서 허련이 한 행동으로 알맞은 것을 두 가지 고르시오. (　　　　)**

> 자신의 내면이 부족함을 느낀 상황

자신의 부족한 내면을 채우기 위해 허련이 한 행동들을 찾아보세요.

① 종요의 가르침을 받았다.
② 그림보다 책을 많이 읽었다.
③ 견문을 높이고자 여행을 다녔다.
④ 추사 선생의 그림을 따라 그렸다.
⑤ 그리는 시간보다 생각하는 시간을 가졌다.

22 **허련이 ㉠처럼 생각한 까닭은 무엇입니까? (　　　　)**

① 괴로움에 익숙해져서
② 추사 선생의 칭찬을 듣게 되어서
③ 사물과 소통되지 않는 것이 더 괴로워서
④ 추사 선생에게 더 이상 비판을 듣지 않아서
⑤ 학문이 깊어지고 그림을 보는 안목이 높아졌음을 느껴서

23 **'종요'에 대한 설명으로 알맞은 것을 두 가지 고르시오. (　　　　)**

① 해서체의 대가이다.
② 사물에 대한 연구를 게을리하지 않았다.
③ 사물과 자신과의 소통을 우선으로 했다.
④ 추사 선생의 가르침을 듣고 미친 듯이 연습했다.
⑤ 잠을 잘 때도 이불에다 손가락으로 글씨를 연습했다.

서술형

24 **글 3 에서 추사 선생이 허련에게 준 가르침은 무엇인지 쓰시오.**

____

교과서 문제

25 **다음 중 이 글을 읽고 답할 수 있는 질문에 ○표 하시오.**

(1) 허련은 자신의 내면을 채우기 위해 무엇을 하였나요? (　　　　)
(2) 내가 허련이라면 추사 선생에게 악평을 들었을 때 어떻게 했을까요? (　　　　)

독해로 교과서 쏙쏙

4 추사 선생이 **행장**을 꾸렸다. 멀리 문경에서 비석 하나가 발견되었다는 소식을 듣고서였다. 벌써 여러 번째였다. 추사 선생은 종이와 먹을 들고 방 안에 앉아서 쓰기만 하는 사람이 아니었다. 깨진 비석 한 조각이 발견되었다는 말을 들으면 그냥 넘어가지 않았다. 멀다 않고 찾아가 거기에 쓰인 글씨를 **탁본**해 왔다. 그러고는 옛 책들을 뒤지며 그 서체를 연구했다.(비석의 글씨를 탁본해 온 까닭) 젊은 날에도 부친의 **부임지**에 다니러 가서는 그 지방의 산을 헤매며 비석들을 탐색했다고 들었다. 비석에는 수백 년 전의 다양한 서체가 쓰여 있기 때문이었다.

서둘러 떠나는 추사 선생의 발걸음이 청년의 걸음보다 힘차고 가벼웠다.(기대에 참.) 기대감으로 환하게 빛나는 얼굴 표정 또한 청년 이상이었다.

'이번엔 또 어떤 걸 찾아 오실까?'

돌아오면 아마 또 며칠간 서재에 틀어박혀 나오지 않을 게 분명했다.(탁본해 온 서체를 연구하느라고)

허련은 추사 선생이 없는 동안 서재에서 추사 선생의 글씨와 그림들을 다시 살폈다. 전에는 안 보이던 게 보였다. 추사 선생은 풍경을 그려도 단순히 실제 모습을 그리는 게 아니었다. / 마음속에 꿈꾸는 이상과 의지(추사 선생의 그림에 담긴 것 ①), 세상에 대한 생각들(추사 선생의 그림에 담긴 것 ②)을 그림에 담아냈다. **성근** 나무 숲 아래 **띠풀**로 지붕을 엮은 **고적한** 정자와 조용히 흐르는 강물을 그리고, 그 뒤로 먼 산을 은은하게 그리면 놀랍게도 그 속에서 세상을 떠나 자연 속에 묻혀 살고자 하는 선비의 소망이 읽혔다. 낮은 언덕에 몇 그루의 **고목**과 그 옆에 허물어질 듯 서 있는 작은 집을 보고 있으면 세속이 한없이 작아지고 우주의 **섭리**가 온 세상에 내려와 앉은 듯했다.

㉠그림을 그렸는데 시가 읽히고, 글씨를 썼는데 세상이 그려졌다. 어느 획에서, 어느 나뭇잎에서, 아니면 어느 산자락에서 그게 나오는지 알 수가 없었다. 붓질이 산자락을 흐르며 힘을 더 주고 덜 준 흔적만으로도 뭔가를 이야기하고 있었다. 허련은 **탄식**을 했다.

중심 내용 추사 선생이 없는 동안 허련은 추사 선생의 글씨와 그림을 보고 깨달음을 얻었다.

이미지로 보는 사전

#탁본 #탑본

탁본은 카메라나 복사기가 없던 시절, 비석의 글자를 복사하던 방법이야. 탑본이라고도 해.

비석에 종이를 덮고 물을 적신 다음, 솜방망이에 먹물을 묻혀 종이를 두드리면 탁본을 얻을 수 있어.

• 사진 출처: 국립중앙박물관

독해로 이해 콕

17 추사 선생은 문경에서 (비석, 탁본) 하나가 발견되었다는 소식을 듣고 행장을 꾸렸다.

18 추사 선생은 깨진 비석 조각을 그대로 주워 왔다. (○, ×)

19 떠나는 추사 선생의 얼굴은 (   )(으)로 환하게 빛났다.

20 추사 선생이 그린 풍경은 단순히 실제 모습만 그린 것이 아니었다. (○, ×)

낱말풀이

행장 여행할 때 쓰는 물건과 차림.

탁본 비석, 기와 등에 새겨진 글씨나 무늬를 종이에 그대로 떠냄.

부임지 임무를 받아 근무하는 곳.

성근 물건의 사이가 좁지 않고 조금 떨어져 있는.

띠풀 볏과의 여러해살이풀. 줄기는 높이가 30~80센티미터이고 원뿔형으로 똑바로 서 있음. 들이나 길가에 무더기로 남.

고적한 외롭고 쓸쓸한. 예 가족이 모두 떠난 고적한 집에 혼자 남았다.

고목 주로 키가 큰 나무로, 여러 해 자라 더 크지 않을 정도로 오래된 나무.

섭리 자연계를 지배하는 원리와 법칙.

탄식 슬프거나 힘든 일이 있을 때 심하게 한숨을 쉼. 예 극심한 가뭄에 탄식만 하고 있다.

26 추사 선생이 행장을 꾸린 까닭은 무엇입니까? (   )

① 새로운 부임지로 발령이 나서
② 견문을 넓히는 여행을 떠나기 위해서
③ 자신의 그림에 대한 회의감이 들어서
④ 허련에게 더 이상 가르칠 것이 없어서
⑤ 문경에서 발견된 비석을 보고 탁본해 오기 위해서

중요

27 글 **4** 에 나타난 추사 선생의 행동에서 추사 선생이 추구하는 삶을 파악하여 바르게 말한 사람의 이름을 쓰시오.

소희: 멀다 않고 비석을 찾아가 탁본해 오고, 그 서체를 연구하는 추사 선생의 모습에서 '열정'이 느껴져.
우식: 허련이 그림 그리는 것을 도와주는 모습을 보니 추사 선생은 진심으로 노력하는 사람에게 '도움'을 주고 싶어하는 마음이 있어.

(   )

인물의 말이나 행동에서 인물이 추구하는 삶과 관련 있는 가치가 드러나요.

교과서 문제

28 추사 선생이 없는 동안 허련은 무엇을 했습니까? (   )

① 비석의 탁본을 떠 서체를 연구했다.
② 추사 선생의 글씨와 그림들을 살폈다.
③ 허드렛일을 하며 추사 선생을 기다렸다.
④ 마음속에 꿈꾸는 이상을 그림으로 표현했다.
⑤ 잠을 잘 때도 이불에다 손가락으로 글씨를 연습했다.

29 이 글의 내용으로 보아, ㉠의 의미로 알맞은 것에 ○표 하시오.

(1) 그림에 덧붙여진 시가 그림을 이해하는 데 도움을 주었다. (   )
(2) 추사 선생의 그림은 실제 모습만 그린 게 아니라 세상에 대한 생각을 담고 있었다. (   )
(3) 시와 그림의 어우러짐이 조화롭고, 글씨에서 추사 선생의 성품이 느껴졌다. (   )

서술형

30 추사 선생이 그린 그림을 보고 허련이 깨달은 것을 한 문장으로 쓰시오.

____

5 ㉠ 허련은 화첩에서 배운 **필법**을 바탕으로 연구와 실험을 해 가며 나름의 붓질법을 만들어 나갔다. 수십 개의 붓이 뭉뚝해졌다. 점차 허련만의 그림이 나왔다.

날로 부드러워지는 봄 산을 그리느라 열중해 있는데 문득 뒤에서 인기척이 들렸다. 고개를 드니 추사 선생이었다. 허련이 일어나려 하자 추사 선생이 말렸다.

추사 선생이 허련의 그림을 보러 옴.

"그냥 계속하게."

허련은 진하게 간 먹을 마른 붓에 듬뿍 찍어 종이에 닿을 듯 말 듯 가볍게 긋다가 슬쩍 눌러 긋다가 하며 산의 **능선**을 표현했다. 바위는 짙고 마른 먹으로 그려 거칠고 **투박한** 느낌을 물씬 냈다. 나무껍질 또한 물기 없는 붓으로 건조하게 찍어 까끌까끌한 **질감**을 살렸다. / "으음."

추사 선생이 신음을 내뱉었다. 허련이 돌아보니 추사 선생이 **체면**도 잊고 옆에 쪼그리고 앉아 그림을 뚫어지게 보고 있었다. 입술 사이로 탄식이 새어나왔다.

허련의 그림을 보고 무언가 깨달음.

"하아, 건조하기는 마치 가을바람과 같고, 부드럽고 **윤택**하기는 마치 봄비와 같구나. 줄기는 힘이 있고 잎은 생명력이 넘쳐."

허련은 추사 선생의 칭찬에 으쓱했다.

"먹이 몹시 진하구나."

"예. 물기 없이 마른 붓을 썼습니다."

"진한 먹에 마른 붓이라…… 뚜렷하면서도 깊은 분위기를 내는구나."

"달을 그리거나 경계를 표현할 때에도 이런 붓질을 사용합니다."

"이런 붓질법을 어디서 배웠느냐?"

"그냥, 제가 본 느낌들을 표현해 내기 위해 이렇게 저렇게 해 보다가……."

추사 선생의 눈이 살짝 커졌다.

"계속해 보아라."

허련이 붓을 들어 이번엔 잎 달린 작은 나무 몇 그루를 그렸다.

추사 선생이 고개를 끄덕이더니 붓을 들었다. 허련이 종이 한 장을 깔아 사방을 눌러 추사 선생이 그릴 수 있도록 마련했다. 추사 선생은 먹을 찍어 조심조심 붓질을 했다. (중략)

"이게 바로 초묵법이구나."

"초묵법요?"

"마르고 건조한데 윤기가 있어 보이는 붓질. ㉡ 오랫동안 풀지 못한 것을 오늘 자네한테 배우는구나."

21 허련은 연구와 실험을 해 가며 자신만의 (   )을/를 만들어 갔다.

22 허련은 연하게 간 먹을 젖은 붓에 듬뿍 찍는 기법을 사용했다. (○, ×)

23 허련은 짙고 마른 먹으로 바위를 그려 (부드럽고 윤택한, 거칠고 투박한) 느낌을 물씬 내었다.

24 허련이 달을 그리거나 경계를 표현할 때 사용하는 붓질은 추사 선생이 가르쳐 준 것이다. (○, ×)

낱말풀이

필법 글씨나 문장을 쓰는 법.

능선 산의 등줄기를 따라 죽 이어진 선.

투박한 생김새가 볼품없이 둔하고 튼튼하기만 한. 예 아버지의 투박한 손등이 보였다.

질감 물감, 캔버스, 화구 등이 만들어 내는 화면 대상의 느낌.

체면 남을 대하기에 떳떳한 도리나 얼굴.

윤택 광택에 윤기가 있음.

바른답·알찬풀이 02쪽

추사 선생의 얼굴에 환희가 차올랐다. 초묵법. 허련은 자기가 먹을 쓴 방법이 그것인 줄 몰랐다. 추사 선생이 기뻐하는 것을 보고 그저 어리둥절할 뿐이었다. 그 뒤로 추사 선생은 산수화를 그릴 때에 이런 붓질법을 즐겨 사용했다.

중심 내용 허련은 꾸준히 노력한 끝에 자신만의 붓질법을 완성했고, 추사 선생에게 인정을 받았다.

환희 매우 기뻐함. 예 우리나라가 해방되던 날, 환희에 찬 함성이 하늘을 가득 메웠다.

중요

31 ㉠과 같은 허련의 행동에서 알 수 있는 허련이 추구하는 삶으로 알맞은 것에 ○표 하시오.

(1) 자신의 일에 최선을 다하는 성실한 삶을 추구한다. ( )

(2) 힘든 일은 포기하고 새로운 일에 도전하는 삶을 추구한다. ( )

수십 개의 붓이 닳도록 연습한 허련의 행동과 관련 있는 삶의 가치를 떠올려 보세요.

32 ㉡을 통해 알 수 있는 추사 선생의 성격은 어떠합니까? ( )

① 자신을 속이지 않는 정직함이 있다.
② 제자에게서도 배우는 겸손함이 있다.
③ 성실하고 정직한 사람을 돕고자 한다.
④ 쉽게 포기하지 않는 끈기와 열정을 지녔다.
⑤ 자신의 일을 스스로 해결해 가는 자주정신이 있다.

교과서 문제

33 허련이 연습한 끝에 만들어 낸 기법과 그 특징은 무엇입니까? ( )

	기법	특징
①	초묵법	처음과 끝이 뭉툭함.
②	초묵법	먹이 연하고 윤택함.
③	초묵법	마르고 건조한데 윤기가 있어 보임.
④	해서체	부드러우면서 윤기가 있어 보임.
⑤	해서체	뚜렷하면서도 깊은 분위기가 남.

서술형

34 글 5에서 답을 찾을 수 있는 질문을 만들고 그에 대한 답을 쓰시오.

(1) 질문: ____________________

(2) 질문에 대한 답: ____________________

교과서 쏙쏙 마지막 숨바꼭질 백승자

1 "이쪽이야, 이쪽! 빨리빨리!"

아버지의 잠꼬대가 오늘따라 유난스러웠다. 전에도 가쁜 숨을 몰아쉬며 손짓까지 섞어 잠꼬대를 하시는 바람에 어머니와 경민이가 깜빡 속은 적이 있었다.

목이 마르다고 손사랫짓까지 하시기에 마실 물을 가지고 와 보니 드르렁거리며 코를 골고 계셨던 것이다. (목이 마르다는 말은 잠꼬대였음.)

"아버지는 오늘 꿈속에서도 불을 끄시나……?"

경민이는 아버지가 깨지 않게 (아버지를 배려하는 경민이) 어깨를 슬며시 밀어 숨을 편안히 쉬도록 했다.

"끄응……."

지난달에 소방 호스에 부딪힌 왼쪽 어깨가 아직도 아픈지 돌아눕는 아버지의 입에서 앓는 소리가 새어 나왔다.

"후유……."

이번에는 경민이가 한숨을 내쉬었다. (아버지가 계속 주무셔서) 모처럼 아버지와 함께 맞은 일요일인데, 아침 밥상을 물리고 잠깐만 쉬겠다던 아버지가 한나절이 다 지나도록 잠에 취하신 탓이다.

잠든 아버지 곁에 엎드려 동화책을 읽고 있지만 경민이 머릿속은 온통 다른 생각뿐이었다.

"경민아, 엄마랑 둘이 바람 쐬러 나갈까?"

어머니는 경민이 마음을 언제나 꿰뚫고 계시니까 ㉠ 지금 경민이가 원하는 것도 훤히 아실 터였다.

아니, 이번에는 경민이가 먼저 어머니의 마음을 읽었는지도 모르겠다. ㉡ 늘 고단하신 아버지의 낮잠을 위해 자리를 피해 주자는 게 어머니의 마음일 테니까 말이다.

어머니와 경민이는 살그머니 집을 나섰다.

"쉬는 날이면 놀아 주지도 않고 낮잠만 주무시는 아버지가 야속하고 밉니?"

"아니에요. 전 아무래도 괜찮다니까요!"

대답은 그렇게 했지만 아무래도 경민이의 대답에는 뾰로통한 기색이 담겨 있었다.

아들의 손을 끌어 길가의 벤치에 앉힌 어머니는 경민이의 어깨를 끌어안았다.

중심 내용 모처럼 함께 맞은 일요일인데 아버지가 낮잠만 주무시자, 어머니는 경민이를 데리고 밖으로 나오셨다.

읽기 팁

이야기의 구조와 인물이 추구하는 삶의 가치가 무엇인지 생각하고, 인물의 삶과 자신의 삶을 관련지으며 읽어 보세요.

독해로 이해 쏙

25 경민이 아버지의 직업은 (   )이다.

26 경민이는 주무시는 아버지를 깨워 함께 밖으로 나갔다. (○, ×)

27 경민이는 어머니와 동화책을 읽고 싶어 한다. (○, ×)

낱말풀이

- **유난스러웠다** 말이나 행동, 상태가 보통과 달리 특별한 데가 있었다.
- **손사랫짓** 손을 펴서 함부로 휘젓는 짓.
- **슬며시** 행동이나 사태 등이 은근하고 천천히. 예 엄마에게 들킬까 봐 슬며시 대문을 열었다.
- **물리고** 사람이나 물건 등을 다른 자리로 옮겨 가게 하거나 옮겨 놓고.
- **한나절** 하루 낮의 절반.
- **꿰뚫고** 어떤 일의 내용이나 사정을 잘 알고.
- **뾰로통한** 못마땅하여 얼굴에 성난 빛이 나타나 있는. 예 꼬마는 선물을 받지 못하자 뾰로통한 표정을 지었다.
- **기색** 마음속의 생각이나 감정이 얼굴이나 행동에 드러나는 것.

35 아버지에 대해 바르게 말한 친구의 이름을 쓰시오.

아버지의 잠꼬대를 통해
짐작할 수 있어요.

> 진서: 아버지는 불을 끄는 꿈을 꾸신 것 같아.
> 유미: 아버지는 어깨가 아프셔서 계속 잠을 못 주무셨어.

( )

36 ㉠에 해당하는 것으로 알맞은 것은 무엇입니까? ( )

① 아버지가 계신 곳에 가고 싶다.
② 아버지의 직장에 가 보고 싶다.
③ 집에서 동화책을 보며 쉬고 싶다.
④ 아버지와 함께 시간을 보내고 싶다.
⑤ 가족들과 함께 자신의 생일을 축하하고 싶다.

교과서 문제

37 경민이는 왜 어머니에게 뾰로통한 기색으로 대답했습니까? ( )

① 어머니가 자신의 꿈을 반대해서
② 잘못한 동생은 혼나지 않고 자신만 혼나서
③ 집에 있고 싶은데 어머니가 심부름을 시켜서
④ 아버지를 깨우지 않는 어머니가 원망스러워서
⑤ 대답은 괜찮다고 했지만 실제 마음은 괜찮지 않아서

중요

38 ㉡에서 어머니가 추구하는 삶의 가치는 어떠합니까? ( )

① 가족들을 배려하는 삶을 추구한다.
② 새로운 일에 도전하는 삶을 추구한다.
③ 자신의 일을 포기하지 않는 삶을 추구한다.
④ 자신보다 남을 위해 희생하는 삶을 추구한다.
⑤ 사람들의 반대에도 끝까지 노력하는 용기 있는 삶을 추구한다.

어머니는 고단하신 아버지,
실망한 경민이를 모두 생각하며
행동했어요.

서술형

39 글 **1**의 내용을 간추려 쓰시오.

____

2 너는 잘 몰랐을 테지만, 아버지는 어제 두 차례나 화재 현장에 출동하셨다가 새벽녘에나 집에 들어오셨단다.

얼마나 힘들었던지 집에 와서도 영 마음이 가라앉지 않는다며, **여간해서** 말을 안 하시는 화재 현장의 이야기를 하시더구나. 예고도 없이 닥치는 일, 사납게 **일렁이는** 불 속에 갇힌 사람을 구해 내는 일이 얼마나 위험하고 힘든지는 너도 알잖아.

(화재)

특히 어제는 재래시장의 낡은 건물에서 불이 났대. 신고를 받은 소방관들이 출동했을 때, 시장 골목은 이미 구경하는 사람들로 **메워져** 있었단다.

(화재가 난 장소)

문틈으로 나오는 검은 연기와 **매캐한** 냄새, 사람들의 비명…….

소방관 세 명이 들기에도 **벅찰** 정도로 소방 호스는 쉴 새 없이 강한 물줄기를 뿜어내고, 네 아버지를 비롯한 두 팀의 구조대가 그 속을 파고들었단다.

㉠'무엇보다 먼저 사람의 목숨을 구한다!'

소방관들은 눈길이 마주칠 때마다 말 없는 약속을 확인하고 힘을 내곤 한다지. 그래서 한순간에 온몸을 집어삼킬 듯한 불길을 이리저리 피해 가며 연기에 **질식한** 사람을 업고 나올 때는 죽음조차 두렵지 않을 만큼 다급하단다.

(무엇보다 먼저 사람의 목숨을 구하는 것)

어제도 네 아버지는 건물에 갇혀 울부짖는 두 사람을 업어 내왔단다. 온몸이 땀으로 범벅이 된 몸으로 또 한 번 들어가려는 순간, 시뻘건 불길이 혀를 날름거리며 건물의 입구를 막아 버린 거야.

(불길이 치솟아 건물에 들어갈 수 없게 됨.)

"위험해, 더는 도저히 안 되겠어!"

소방관들은 구조를 중단하고 온몸이 **오그라드는** 듯한 열기 속에서 빠져나오기 시작했대.

"먼저 나가. 내가 한 번만 더……."

그때 말릴 새도 없이 깨진 창문 사이로 뛰어 들어간 한 사람의 구조 대원이 있었단다.

28 아버지는 화재 현장에서 있었던 일을 자주 말씀하신다. (○, ×)

29 어제 불이 난 곳은 재래시장의 낡은 건물이다. (○, ×)

30 소방관들은 무엇보다 (사람의 목숨, 구조대의 안전)을 중요하게 생각한다.

31 불길로 건물의 입구가 막혔을 때 일어난 일로 알맞은 것에 ○표 하시오.

① 소방관들이 모두 건물로 다시 들어갔다. (　　)

② 한 구조 대원이 깨진 창문 사이로 뛰어 들어갔다. (　　)

낱말풀이

- **여간해서** 이만저만하거나 어지간해서. 예 비가 여간해서 그칠 것 같지 않다.
- **일렁이는** 크고 긴 물건 등이 이리저리 크게 흔들리는.
- **메워져** 어떤 장소가 가득 채워져.
- **매캐한** 연기나 곰팡이 등의 냄새가 약간 맵고 싸한.
- **벅찰** 감당하기가 어려울.
- **질식한** 숨통이 막히거나 산소가 부족하여 숨이 쉬어지지 아니한.
- **오그라드는** 물체의 표면이 주름이 잡히며 줄어드는. 예 빨래를 할수록 옷이 오그라드는 듯하다.

교과서 문제

40 어제 아버지에게 무슨 일이 있었습니까? (　　　)

① 거짓 화재 신고로 헛수고를 하셨다.
② 두 차례나 화재 현장에 출동하셨다.
③ 재래시장에서 불이 난 것을 구경하셨다.
④ 화재로 다친 사람을 병원으로 데려가셨다.
⑤ 화재 현장에 출동하느라 새벽녘에 일어나셨다.

41 아버지가 출동한 화재 현장에 대한 설명으로 알맞지 않은 것은 무엇입니까? (　　　)

① 검은 연기와 매캐한 냄새가 나고 있었다.
② 화재가 난 장소는 재래시장의 낡은 건물이었다.
③ 시장 골목은 구경하는 사람들로 메워져 있었다.
④ 아버지를 비롯한 두 팀의 구조대가 불이 난 건물로 들어갔다.
⑤ 아버지가 도착했을 때 이미 다른 소방관들이 불을 끄고 있었다.

중요

42 화재 현장에서 아버지가 한 행동을 두 가지 고르시오. (　　　　)

① 소방 호스로 불을 껐다.
② 불이 난 건물로 파고들었다.
③ 구경하는 사람들의 안전을 지켰다.
④ 건물에 갇혀 울부짖는 두 사람을 업어 내왔다.
⑤ 불이 건물 입구를 막았을 때, 다시 뛰어 들어갔다.

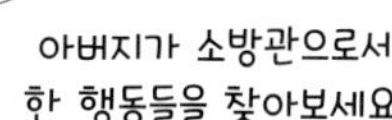

아버지가 소방관으로서
한 행동들을 찾아보세요.

서술형

43 ㉠의 소방관들이 추구하는 삶의 가치를 쓰고, 이에 대해 어떤 생각이 드는지 쓰시오.

____

44 글 **2**는 이야기의 구조 중 무엇에 해당합니까? (　　　)

① 발단　② 전개　③ 위기
④ 절정　⑤ 결말

너도 한번 생각해 보렴. 소방관에게도 지켜야 할 소중한 목숨이 있고, 우리처럼 애타게 기도하며 기다리는 가족이 있을 거 아니겠니?

아, 어쩌면 그렇게 짧고도 **기막힌** 순간이 또 있을까?

네 아버지가 빠져나오고 뒤를 돌아보았을 때, 불길에 무너지는 커다란 기둥이 그 구조 대원의 몸을 **휩싸** 안고 바닥으로 꺼져 버렸단다.

자기 목숨보다 남의 목숨을 먼저 생각한 용감한 소방관 아저씨의 최후…….

㉠그 이야기를 하시면서 아버지는 정말 뜨거운 눈물을 쏟으셨단다.

"만약에 빠져나오는 차례가 나와 바뀌었더라면(아버지가 늦게 나왔더라면) 그가 살고 나는 지금 이 자리에 없는 거야……."

그 말 끝에 나도 얼마나 울었는지 몰라. 마치 네 아버지가 다시 태어난 것처럼 반갑고 고맙더라니까!(아버지가 살아 돌아와서 감사한 마음)

중심 내용 어머니께서는 아버지가 지난밤 화재 현장에서 자신을 희생한 동료를 잃고 매우 슬퍼하셨다는 이야기를 들려 주셨다.

3 어머니의 이야기에 경민이 마음이 **한결** 풀렸다. ㉡덕분에 집에 돌아오는 발걸음도 햇살처럼 가벼웠다.

아버지를 위한 특별한 장보기를 마치고 집에 돌아오니, 아버지는 언제 잠꼬대까지 하며 낮잠을 잤느냐는 듯 환한 웃음으로 경민이를 맞으셨다.

"허허, 미안하다. 아빠가 우리 아들과의 약속도 못 지킬 만큼 **곯아떨어졌었구나!**" / 그사이 아버지는 내려앉은 경민이의 책상 서랍도 **말짱하게** 고쳐 놓으시고(아버지가 가족을 위해 하신 일 ①), 이제 막 현관문의 헐렁해진 손잡이를 고치시는 중이었다(아버지가 가족을 위해 하신 일 ②).

"아버지, 일은 그만하시고 이리 와서 앉으세요. 빨리요!"

경민이는 어머니와 찡긋 눈 맞춤을 하고는 거실에 멋진 생일상을 차리기 시작했다(아버지를 위한 생일상).

"옳지, 요 녀석이 엄마를 졸라서 맛있는 케이크까지 사 왔구나."

아버지는 여느 때보다도 기분 좋은 표정이셨다.

세 식구가 **단출하게** 둘러앉아서 케이크에 촛불을 켰다. 큰 초 네 개와 작은 초 두 개에서 무지갯빛 환한 불이 살아났다. 고개를 **갸웃하신** 건 역시 아버지였다.

"어? 이게 누구 나이만큼 촛불을 켠 거냐?"

경민이는 대답 대신 예쁘게 포장해 온 선물을 아버지께 내밀었다.

"아버지, 생신을 축하합니다. 그리고 위험 속에서 살아나 주셔서 고맙고, 또 사랑합니다!"

32 아버지가 빠져나오고 뒤를 돌아보았을 때, 커다란 (　　　　)이/가 바닥으로 꺼져 버렸다.

33 아버지는 눈앞에서 (동료, 가족)을/를 잃고 뜨거운 눈물을 흘리셨다.

34 경민이와 어머니가 아버지를 위해 사 온 것을 두 가지 고르시오. (　　　　)

① 선물
② 책상
③ 케이크
④ 손잡이
⑤ 서랍장

낱말풀이

- **기막힌** 어떠한 일이 놀랍거나 언짢아서 어이없는.
- **휩싸** 휘휘 둘러 감아서 싸서.
- **한결** 전에 비하여서 한층 더. 예 산에 오니 몸이 한결 가뿐해진다.
- **곯아떨어졌었구나** 몹시 피곤하여 정신을 잃고 깊게 잤었구나.
- **말짱하게** 흠이 없고 온전하게.
- **단출하게** 식구나 구성원이 많지 않아서 홀가분하게. 예 이번 생일은 단출하게 가족끼리 보냈다.
- **갸웃하신** 고개나 몸 등을 한쪽으로 조금 기울이신.

45 글 **2** 에서 어머니는 아버지의 어떤 상황에 대해 이야기했습니까? (　　　　)

① 눈앞에서 동료를 잃은 상황
② 화재 현장에서 크게 다친 상황
③ 차가 막혀 화재 현장에 출동하지 못한 상황
④ 아버지 대신 출동한 동료가 크게 다친 상황
⑤ 화재 현장에서 아버지의 친한 친구를 발견한 상황

중요

46 ㉠에서 알 수 있는 아버지의 삶의 가치를 알맞게 말한 친구의 이름을 쓰시오.

> 민아: 불에 대한 두려움을 이겨 내려고 끈기 있게 노력하는 모습에서 '도전', '열정'이 느껴져.
> 혜원: 동료를 잃고 뜨거운 눈물을 쏟으며 안타까워하는 모습에서 '생명 존중'과 동료에 대한 '사랑'이 느껴져.

아버지가 처한 상황과 아버지의 행동을 관련지어 생각해 보세요.

(　　　　　　　　　　)

교과서 문제

47 경민이가 ㉡처럼 느낀 까닭으로 알맞은 것은 무엇입니까? (　　　　)

① 어머니에게 칭찬을 들어서
② 걱정했던 일이 해결되어서
③ 자신도 소방관이 될 수 있다는 희망이 생겨서
④ 드디어 아버지와 함께 놀 수 있게 되어 신이 나서
⑤ 아버지가 화재 현장에서 무사히 돌아오신 것이 기뻐서

서술형

48 아버지에게 있었던 이야기를 들은 경민이는 아버지께 어떤 마음이 들었는지 쓰시오.

____

49 경민이와 어머니는 왜 케이크를 사 왔습니까? (　　　　)

① 어머니의 생신이어서
② 경민이의 생일이어서
③ 아버지가 소방관이 되신 걸 축하하기 위해서
④ 아버지의 첫 화재 현장 출동을 기념하기 위해서
⑤ 아버지가 위험 속에서 살아 돌아오신 것이 고마워서

어쩐지 쑥스러워서 마지막에 혀를 날름 내밀기는 했지만, 늘 개구쟁이 노릇만 하던 경민이로서는 제법 **의젓한** 인사말이었다. 눈이 휘둥그레진 아버지께 어머니가 다가앉으며 말했다.

"경민이에게 당신이 어제 화재 현장에서 고생하신 얘기를 들려주었어요. 그랬더니 글쎄, 우리 아버지가 다시 태어나신 거나 마찬가지라고 저렇게 **야단**이랍니다."

경민이는 아버지의 잔과 자기의 콜라 잔을 부딪치며 힘차게 "브라보!"를 외쳤다.

"우리 아들, 고맙고 기특하구나. 이 아빠가 막 눈물이 날 것 같아."

화재 현장에 갈 때마다 얼마나 많은 **위기**를 맞았던가!

화재 **진압**을 마치고 나서 동료들끼리 늘 하는 말이 "우리는 오늘도 다시 태어났다."였는데…….

이렇게 사랑하고 이해하는 가족이 있기에, 남들이 다 위험하다지만 그만큼 큰 **자부심**을 얻는다고 큰소리를 칠 수 있는 것이었다. (아버지가 자신의 직업에 자부심을 느끼는 까닭)

그 자리에서 아버지는 경민이에게 자기가 처음으로 소방관이 되고자 결심한 어린 시절의 사건 하나를 들려주었다.

중심 내용 경민이는 화재 현장에서 살아 돌아온 아버지께 고마움을 표현했고, 아버지는 그런 경민이를 기특해하셨다.

4 아, 그러니까 이 아빠가 꼭 너만 한 나이 때의 일이구나.

㉠
그해 여름, 아마 장마가 **막** 시작될 무렵이었을 거야.

그날은 부모님이 먼 친척 집에 가셔서 두 살 아래의 동생과 나 둘이서만 하룻밤을 지내야 했단다.

어머니가 해 놓으신 저녁밥을 일찌감치 먹고 난 우리는 뭔가 재미있는 일을 찾기 시작했지.

숨바꼭질, 예나 지금이나 그보다 더 재미있는 놀이가 있을까?

그날따라 **정전**이 되어 우린 마루에 촛불 하나를 켠 상태였어. (정전이 되어 잘 보이지 않아서) 우리는 서로서로 술래를 해 가며 이불장이고 장이고 다 **헤집고** 숨어들었지. 내가 술래가 되어 마루의 기둥에서 오십까지 세기로 했을 때, 갑자기 동생을 놀리고 싶은 생각이 드는 게 아니겠니?

그래서 동생을 찾아다니지 않고 오히려 술래인 내가 마당의 장독 뒤에 숨어 버렸지.

35 경민이는 아버지가 사 온 케이크를 보고 눈이 휘둥그레졌다. (○, ×)

36 경민이에 대한 아버지의 마음은 어떠합니까? (   )
① 고맙고 기특하다.
② 화나고 속상하다.
③ 애틋하고 안타깝다.
④ 미안하고 안쓰럽다.
⑤ 어색하고 쑥스럽다.

37 아버지가 어린 시절, 아버지와 동생이 한 놀이로 알맞은 것에 ○표 하시오.
① 숨바꼭질 (   )
② 숨은 그림 찾기 (   )

38 아버지는 동생과 놀이를 하면서 술래가 되었는데도 동생을 찾아다니지 않고 오히려 (이불장, 장독) 뒤에 숨어 버렸다.

의젓한 말이나 행동 등이 점잖고 무게가 있는. 예 아이는 어린 나이에도 의젓한 모습이었다.
야단 매우 떠들썩하게 일을 벌이거나 시끄럽게 떠듦.
위기 위험한 고비나 시기.
진압 강압적인 힘으로 억눌러 진정시킴.
자부심 자기 자신 또는 자기와 관련되어 있는 것에 대하여 스스로 그 가치나 능력을 믿고 당당히 여기는 마음.
막 바로 그때.
정전 들어오던 전기가 끊어짐.
헤집고 걸리는 것을 이리저리 물리치고. 예 숲을 헤집고 나아가자 마을이 보였다.

50 경민이의 축하 인삿말을 들은 아버지의 반응은 어떠하였습니까? (　　　　)

① 큰 소리로 웃으셨다.
② 눈이 휘둥그레지셨다.
③ 뜨거운 눈물을 흘리셨다.
④ 쑥스러워 혀를 날름 내미셨다.
⑤ 희망찬 표정으로 경민이를 바라보셨다.

교과서 문제

51 아버지가 경민이에게 들려주신 이야기는 무엇입니까? (　　　　)

① 목숨을 잃은 동료 소방관의 일화
② 목숨을 잃을 뻔했던 위험한 화재 현장
③ 아버지가 소방관이 되고자 결심한 사건
④ 안타까운 사고로 돌아가신 부모님 이야기
⑤ 아버지가 어릴 적 소방관에게 도움받은 일

중요

52 아버지의 말이나 행동에서 관련 있는 삶의 가치를 찾아 바르게 말한 사람의 이름을 쓰시오.

> 지호: "우리 아들, 고맙고 기특하구나."라고 말하는 것은 가족에 대한 '사랑'과 관련이 있습니다.
> 희온: 화재 진압을 마치고 "우리는 오늘도 다시 태어났다."라고 말하는 것은 자신의 '안전'을 가장 중요하게 생각하는 것과 관련 있습니다.

아버지가 처한 상황에서 그렇게 말하고 행동한 까닭을 생각해 보세요.

(　　　　　　　　　　)

53 글 **4** 의 내용으로 알맞지 않은 것은 무엇입니까? (　　　　)

① 아버지와 동생은 숨바꼭질을 했다.
② 정전이 되어 마루에 촛불 하나를 켜 놓았다.
③ 아버지와 동생은 서로 술래를 해 가며 놀았다.
④ 아버지께서 경민이만 한 나이 때 일어난 일이다.
⑤ 아버지는 술래인 동생을 피해 마당의 장독 뒤에 숨었다.

서술형

54 ㉠ 부분의 계절적 배경과 일어난 사건을 간추려 쓰시오.

(1) 계절적 배경: ______________________

(2) 일어난 사건: ______________________

독해로 교과서 쏙쏙

이미 날은 어둡고 으스스한 기분을 꾹꾹 참으며, 시간이 얼마나 지났을까……! / 문득 번갯불처럼 환한 기운에 나는 **소스라쳐** 뛰어나왔지. ㉠아, 그 순간의 놀라움이란!

우리 집 안방이 온통 불바다가 되어 버린 거야.

㉡"불이야! 불이야! 누가 좀 도와주세요!"

나는 뜨거운 불기운을 피해 달아나며 정말 목이 터지도록 소리쳤단다.

아아, 어둠 속 메아리밖에 돌아오지 않던 그때의 **막막함**이란…….
(아무리 소리쳐도 자신의 목소리만 들림.)

산골 마을이라 집들이 띄엄띄엄 있는 데다가 우리 집은 산모퉁이를 돌아 앉은 외딴집이었거든.

"경수야! 어디 있니? 빨리 나와야지……."

㉢어린 마음에도 동생을 찾아야 한다는 마음 하나로 불꽃이 널름거리는 방문 앞까지 몇 번이나 다가갔다가 물러 나왔는지 모른다.

지금부터 삼십여 년 전이니 전화는커녕 불자동차는 장난감으로조차 본 적이 없는 시절이었단다. / 공포의 시간이 얼마나 지났을까.

후둑후둑 빗방울이 떨어지기 시작할 때 언덕 너머 사시는 아저씨 두 분이 손전등을 비추며 **쇠스랑**과 낫을 가지고 달려오셨어. 나의 애타는 목소리가 들린 게 아니라, **벌건** 불기운이 노을처럼 비쳐 보였다는 거야.
(언덕 너머 사시는 아저씨 두 분: 화재 현장에 처음 도착한 인물)
(아저씨 두 분이 쇠스랑과 낫을 가지고 오신 까닭)

꼭 전쟁을 겪은 것 같던 하룻밤이 어떻게 지났는지 몰라.

사람들은 웅성웅성 달려왔지만, 나는 놀라고 지친 끝이라 불이고 동생이고 잊은 채 **헛간** 구석에서 죽음같이 깊은 잠을 잤단다.

"아이고, 내 강아지야! 어떻게 이런 일이 다 있단 말이냐……!"

불타 버린 옷장 안에서 발견된 동생을 끌어안고 몇 번이나 **혼절하시는** 어머니, **핏발** 선 눈빛으로 하늘만 보시는 아버지…….

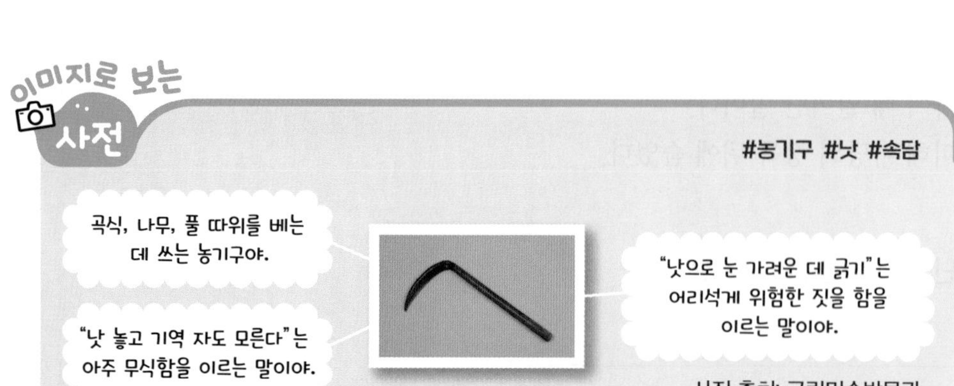

이미지로 보는 사전
#농기구 #낫 #속담
곡식, 나무, 풀 따위를 베는 데 쓰는 농기구야.
"낫 놓고 기역 자도 모른다"는 아주 무식함을 이르는 말이야.
"낫으로 눈 가려운 데 긁기"는 어리석게 위험한 짓을 함을 이르는 말이야.
• 사진 출처: 국립민속박물관

독해로 이해 콕

39 아버지는 번갯불처럼 환한 기운에 소스라쳐 뛰어나왔다. (○, ×)

40 아버지는 아무리 소리쳐도 도와줄 사람이 나타나지 않아 막막했다. (○, ×)

41 아버지는 (   )을/를 찾아야 한다는 마음 하나로 불꽃이 널름거리는 방문 앞까지 몇 번이나 다가갔다가 물러 나왔다.

42 사람들이 달려온 후 놀라고 지친 아버지가 한 행동은 무엇입니까? (   )

① 혼절했다.
② 잠을 잤다.
③ 헛간 구석에 숨었다.
④ 옷장에서 동생을 찾았다.
⑤ 핏발 선 눈빛으로 하늘만 보았다.

낱말풀이

소스라쳐 깜짝 놀라 몸을 갑자기 떠는 듯이 움직여. 예 아이는 갑자기 들려온 목소리에 소스라쳐 벌떡 일어났다.

막막함 아득하고 막연함.

쇠스랑 땅을 파헤쳐 고르거나 두엄, 풀 무덤 등을 쳐내는 데 쓰는 갈퀴 모양의 농기구.

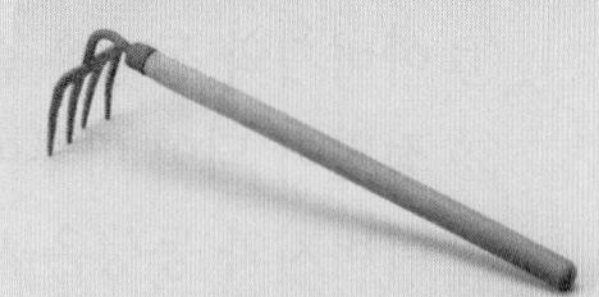

(출처: 국립민속박물관)

벌건 어둡고 엷게 붉은.

헛간 막 쓰는 물건을 쌓아 두는 곳.

혼절하시는 정신이 아찔하여 까무러치시는.

핏발 몸의 한 부분에 피가 몰려 붉게 된 것. 예 나는 조금만 피곤해도 눈에 핏발이 잘 선다.

55 아버지가 ㉠처럼 놀라움을 느낀 까닭은 무엇입니까? ( )

① 동생이 보이지 않아서
② 생각보다 시간이 많이 지나서
③ 안방이 온통 불바다가 되어 버려서
④ 아무리 소리쳐도 아무런 대답이 없어서
⑤ 아무리 기다려도 부모님이 오시지 않아서

56 사람들이 ㉡과 같은 외침을 듣지 못한 까닭을 두 가지 고르시오. ( )

① 아버지가 작은 소리로 말해서
② 산골 마을이라 집들이 띄엄띄엄 있어서
③ 마을 전체에 불이 나 모두 정신이 없어서
④ 소방차 사이렌 소리에 주변이 시끄러워서
⑤ 아버지가 살던 집이 산모퉁이를 돌아 앉은 외딴집이어서

서술형

57 다음과 같은 상황에서 자신이라면 어떻게 할지 쓰시오.

동생이 안방에 있는데 안방에 불이 난 상황

중요

58 ㉢에서 알 수 있는 아버지가 추구하는 삶의 가치로 알맞은 것에 ○표 하시오.

(1) 동생을 이해하게 됨으로써 동생을 '배려'하고 '존중'한다. ( )
(2) 동생에 대한 '사랑'과 동생을 포기하지 않는 '끈기'가 있다. ( )

아버지는 계속 동생을 찾으려 했어요.

교과서 문제

59 이 글은 이야기의 구조 중 무엇에 해당하는지 알맞은 것의 기호를 쓰시오.

㉮ 결말: 사건이 해결되는 부분
㉯ 발단: 이야기의 사건이 시작되는 부분
㉰ 전개: 사건이 본격적으로 발생하고 갈등이 일어나는 부분
㉱ 절정: 사건 속의 갈등이 커지면서 긴장감이 가장 높아지는 부분

( )

동생은 위험하게도 촛불을 들고 안방 옷장 안으로 숨었던 거야. 씩씩한 사람으로 자라서 어려운 사람을 다 구하겠다던 녀석이 그렇게 어리석은(촛불을 들고 옷장 안으로 숨은 것) 짓을 할 줄이야!

그렇게 동생이 하늘나라로 간 뒤부터 내 가슴속에는 확실한 꿈(소방관) 하나가 자리 잡았단다.

반드시 내 동생 경수를 삼켜 버린 불길과 싸워 이기겠다는 결심이었지. 나중에서야 불길은 싸울 대상이 아니라 잘 다스려야 이긴다는 걸 알게 되었지만 말이다.

㉠불이라는 말만 들어도 가슴이 미어진다는 부모님의 반대를 무릅쓰고 나는 기어이 소방관의 꿈을 이루어 냈단다. 그리고 늘 기도하는 마음으로 맡은 일을 하지.

빨간 불자동차에 올라타고 다급한 사이렌을 울리며 화재 현장에 나갈 때마다, 나는 어린 시절 무서운 불길 속에서 구해 내지 못한 동생의 목소리를 떠올린단다. 그리고 주먹을 불끈 쥐며 두려움을 잊곤 하지. 동생과 나의 마지막 숨바꼭질처럼 소중한 추억을 영원히 잊지 않기 위해서 말이다.

중심 내용 아버지는 어릴 적 화재로 동생을 잃은 후 소방관이 되겠다고 다짐하셨고 기어이 소방관의 꿈을 이루셨다.

5 아득한 그리움(동생에 대한 그리움)을 섞은 아버지의 긴 이야기가 끝났을 때는 어느덧 해 질 무렵이었다. 창밖 멀리 보이는 서쪽 하늘에 주홍색 노을이 물들어 있었다.

"어이쿠, 빨갛기도 해라! 난 저렇게 붉은 노을만 봐도 어디서 불이 났나 싶어 가슴이 철렁한다니까!"

아버지는 자기도 모르게 축축해진 눈가를 훔치며 애써 웃음을 보이셨다. 경민이는 얼른 아버지의 허리를 끌어안고 얼굴을 비볐다.

"우주의 전사보다 훨씬 더 멋진 우리 아버지! 아버지가 정말 자랑스러워요."

경민이는 오늘 하루 사이에 어쩐지 마음이 성큼 자란 것 같았다.

중심 내용 아버지는 하늘나라로 간 동생을 그리워하며 눈물을 훔치셨고, 아버지의 이야기를 들은 경민이는 아버지가 자랑스러웠다.

독해로 이해 쿡

43 동생이 (　　　　)을/를 들고 안방 옷장 안으로 숨어 안방에 불이 났다.

44 다음 중 알맞은 것에 ○표 하시오.
① 동생의 꿈은 소방관이 되는 것이었다. (　　)
② 부모님께서는 아버지의 꿈을 반대하셨다. (　　)

45 아버지는 붉은 (노을, 불자동차)만 봐도 불이 난 것 같아 가슴이 철렁한다고 하셨다.

46 글 **5**에서 아버지에 대한 경민이의 마음은 어떠합니까? (　　)
① 두렵다. ② 답답하다.
③ 죄송하다. ④ 원망스럽다.
⑤ 자랑스럽다.

낱말풀이

미어진다는 가슴이 찢어질 듯이 심한 고통이나 슬픔을 느낀다는.

기어이 결국에 가서는. 예 하늘이 잔뜩 흐리더니 기어이 비가 왔다.

불끈 주먹에 힘을 주어 꽉 쥐는 모양.

아득한 까마득히 오래된.

철렁한다니까 어떤 일에 놀라 마음이 무거워진다니까.

훔치며 물기나 때 등이 묻은 것을 닦아 말끔하게 하며. 예 그는 긴장했는지 식은 땀을 훔치며 앉아 있었다.

성큼 어떤 때가 갑자기 가까워진 모양.

60 아버지가 소방관이라는 꿈을 가지게 된 까닭은 무엇입니까? (　　　)

① 불을 끄는 소방관의 모습이 멋져서
② 부모님께서 소방관이 되길 원하셔서
③ 동생을 구해 준 소방관들이 고마워서
④ 동생이 이루지 못한 꿈을 대신 이루어 주고 싶어서
⑤ 동생을 삼켜 버린 불길과 싸워 이기겠다고 결심해서

중요

61 ㉠에서 알 수 있는 아버지가 추구하는 삶의 가치와 관련 없는 것은 무엇입니까? (　　　)

꿈을 이룬 아버지의 행동은 어떤 가치와 관련 있을까요?

① 노력　② 재미　③ 도전　④ 끈기　⑤ 열정

서술형

62 61에서 아버지가 추구하는 삶의 가치과 관련 있는 자신의 경험을 쓰시오.

교과서 문제

63 이 글의 제목이 「마지막 숨바꼭질」인 까닭은 무엇입니까? (　　　)

① 아버지가 마지막으로 출동했던 장소에서 일어난 일이기 때문에
② 경민이가 어렸을 때 아버지와 마지막으로 숨바꼭질을 했기 때문에
③ 아버지가 숨바꼭질을 마지막으로 한 후에 부모님과 헤어졌기 때문에
④ 동생과 했던 마지막 숨바꼭질이 아버지를 소방관이 되게 했기 때문에
⑤ 동생과 숨바꼭질을 한 이후로 더 이상 숨바꼭질을 하지 않았기 때문에

64 글 5의 이야기 구조와 간추린 내용을 알맞게 짝지은 것은 무엇입니까? (　　　)

① 발단 – 동생과 숨바꼭질을 하다가 불이 나서 동생을 잃었다.
② 전개 – 아버지의 이야기를 들은 경민이는 아버지가 자랑스러웠다.
③ 절정 – 아버지의 이야기를 들은 경민이는 아버지가 자랑스러웠다.
④ 결말 – 동생과 숨바꼭질을 하다가 불이 나서 동생을 잃었다.
⑤ 결말 – 아버지의 이야기를 들은 경민이는 아버지가 자랑스러웠다.

이모의 꿈꾸는 집 정옥

● 등장인물
- 진진: 좋은 대학에 가는 것이 꿈인 모범생.
- 상수리: 훌륭한 피아니스트가 되려고 놀 시간도 없이 피아노 연습을 하는 아이.
- 이모: 평생 책과 함께하는 것이 꿈.
- 어기: 날마다 날려고 노력하는 거위.
- 초리: 어기에게 나는 법을 가르쳐 주는 잔소리쟁이 새.
- 퐁: 춤추기를 좋아하는 두레박.

● 앞부분 이야기

진진은 엄마의 권유로 이모의 '꿈꾸는 집'이라는 괴상한 캠프에 참가한다. 동물도 사물도 말을 하는 엉뚱한 곳에서 진진이 어리둥절해하고 있을 무렵, 또래 친구 상수리를 만난다. 피아니스트가 되는 게 꿈이며 어렸을 때부터 피아노를 쳐 온 상수리는 갑자기 피아노 소리가 나지 않아 고민하고, 이모와 진진은 상수리의 고민을 듣게 된다.

1 "근데 너 혹시 걔(피아노)를 한동안 혼자 내버려 뒀니?"

㉠"아니요. 제가 피아노 연습을 얼마나 열심히 하는데요. 컴퓨터 게임을 할 시간도, 친구들이랑 축구할 시간도, 만화책을 볼 시간도 없이 오로지 피아노 연습만 하는걸요."

"그렇게 아무것도 안 하고 피아노만 치면 재미있니?"

"아니요, 당연히 힘들죠. 정말 어떨 땐 너무 힘들어서 다 그만두고 싶어질 때도 있어요. 그래도 꾹 참고 연습해요. 열심히 연습해야 훌륭한 피아니스트가 될 수 있잖아요."

이모는 고개를 끄덕거리며 크게 한숨을 내쉬었다.

"쳇, 그게 문제였군(피아노 소리가 나지 않는 까닭을 알아냄.). 우울해질 만하군."

"예?"

"훌륭한 피아니스트가 되는 게 네 꿈이라고? 근데 네 피아노의 꿈도 훌륭한 피아니스트와 연주하는 거라던? 아마 아닐걸?(피아노 소리가 나지 않는 까닭)"

이모는 먼지떨이를 놓아두고 뒷벽에 걸린 대바구니 두 개를 내렸다. 먼지가 보얗게 쌓인 바구니를 대충 털어, 진진과 상수리에게 각각 하나씩 나눠 줬다.

"자, 여기(대바구니)다가 피아노 건반 따서 담아 와." / "왜요?"

"우울할 땐 그저 깨끗한 물에 목욕하고, 따뜻한 햇빛을 듬뿍 쏘이는 게 최고야. 데리고 와서 물로 깨끗하게 목욕시켜 준 다음 널어 줘. 그러면 걔네들(피아노 건반들)도 기분이 좀 나아질 거야." / (중략)

중심 내용 피아노 소리가 나지 않아 힘들어하는 상수리에게 이모는 피아노 건반을 씻어 오라고 하였다.

읽기 팁

인물의 말과 행동을 통해 등장인물들이 추구하는 삶을 알아보고, 자신의 경험과 비교해 보세요.

47 진진이 참가한 이모의 캠프 이름은 (괴상한 캠프, 꿈꾸는 집)이다.

48 상수리의 꿈은 바이올리니스트이다. (○, ×)

49 상수리는 피아노를 오랫동안 혼자 내버려 두었다. (○, ×)

50 이모는 진진과 상수리에게 대바구니를 나누어 주며 (　　　　)을/를 따서 담아 오라고 했다.

낱말풀이

괴상한 보통과 달리 괴이하고 이상한. 예 밤마다 뒷산 쪽에서 괴상한 소리가 들려왔다.

무렵 어떤 시기와 대략 일치하는 때.

한동안 꽤 오랫동안.

오로지 다른 것 없이 오직.

보얗게 연기나 안개가 낀 것처럼 선명하지 못하고 조금 하얗게.

따서 붙어 있는 것을 잡아떼서.

쏘이는 얼굴이나 몸에 바람이나 연기, 햇빛 등을 직접 받는. 예 감기에 걸렸을 때, 밤바람을 쏘이는 건 좋지 않다.

65 상수리의 꿈은 무엇입니까? (   )

① 가수
② 피아니스트
③ 좋은 대학에 가는 것
④ 날마다 꿈꾸는 사람이 되는 것
⑤ 자신이 좋아하는 일을 하는 것

66 '꿈꾸는 집'에서 일어난 일이 아닌 것은 무엇입니까? (   )

① 동물도 사물도 말을 한다.
② 진진은 또래 친구 상수리를 만났다.
③ 이모와 진진은 상수리의 고민을 들었다.
④ 이모는 진진과 상수리에게 피아노를 나누어 주었다.
⑤ 이모는 진진과 상수리에게 피아노 건반을 목욕시키라고 했다.

중요

67 상수리가 처한 상황으로 알맞은 것에 ○표 하시오.

(1) 피아니스트라는 꿈을 그만두고 다른 꿈을 찾으려고 '꿈꾸는 집'에 왔다. (   )

(2) 피아니스트라는 꿈을 이루려고 열심히 노력해 왔는데 피아노에서 소리가 나지 않는다. (   )

상수리는 어떤 문제로 캠프에 참가했는지 살펴보세요.

서술형

68 다음 낱말들 중 상수리가 추구하는 삶과 관련 있는 낱말을 활용하여 상수리가 ㉠처럼 행동한 까닭은 무엇인지 쓰시오.

끈기	노력	성실	희망	용기

____

교과서 문제

69 글 **1** 에서 일어난 사건을 알맞게 간추린 것은 무엇입니까? (   )

① 진진은 상수리와 함께 피아노 건반을 씻었다.
② 엄마는 진진에게 캠프에 참가할 것을 권유했다.
③ 이모는 진진과 상수리에게 고민이 무엇인지 물어보았다.
④ 이모는 진진과 상수리에게 열심히 피아노를 가르쳐 주었다.
⑤ 피아노 소리가 나지 않아 고민하는 상수리에게 이모는 피아노 건반을 씻어 오라고 했다.

독해로 교과서 쏙쏙

2 상수리는 피아노 덮개를 열고 하얀 건반을 하나씩 똑똑 따 냈다. 건반은 사과나무에서 사과 꼭지가 떨어지듯이 똑똑 떨어졌다. 진진도 검은 건반을 따서 담았다.

㉠"나는 정말 열심히 했는데. 내가 뭘 잘못한 걸까? 정말 꿈을 이루기 위해 최선을 다했는데."

상수리의 혼잣말에 진진은 마음이 아팠다. 건반을 모두 다 따 담고 나서, 상수리는 피아노 덮개를 가만히 덮어 주었다.

"가자."

상수리가 먼저 방문을 나갔다. 진진은 뒤따라 나가며 다시 한번 방 안을 휙 둘러보았다. 그러고는 악기들에게 주먹을 불끈 쥐어 보이며 눈을 흘겼다.

"까불지 마." (악기들에게 한 말)

진진과 상수리는 바구니를 들고 우물가로 갔다. 상수리가 먼저 하얀 건반들을 대야에 쏟았다. 진진이 물을 퍼 올려 들이붓자 하얀 건반들에서 거무튀튀한 때가 불어 오르기 시작했다. (피아노 건반을 오랜만에 씻어서)

둘은 우물가에 쪼그리고 앉아서 손가락으로 건반을 하나씩 씻었다. 까만 때가 돌돌 말려 일어났다.

"에구구, 더러워. 얘는 도대체 얼마 만에 목욕을 하는 거야?"

퐁은 구정물이 튈까 봐 멀찌감치 물러나서 지켜보았다.

상수리는 정성스럽게 건반을 하나하나 닦아 냈다. 진진도 뽀드득뽀드득 힘껏 문질렀다. 시간이 흐를수록 대야의 물이 시커멓게 변했다. (때가 많이 나와서) 상수리는 더러워진 물을 버리고 새로 깨끗한 물을 받아 헹구었다. 물속에 잠긴 건반들이 눈이 부시도록 하얗게 반짝였다. (건반이 깨끗해져서) 두 아이의 이마에는 어느새 땀이 송골송골 맺혔다.

진진은 허리를 펴고, 어깨를 주물럭거리며 상수리에게 물었다.

"조금 쉬었다 할까?"

"아냐, 난 괜찮아. 힘들지? 넌 저기 그늘에 가서 좀 쉬어."

상수리는 흰 건반들을 바구니에 담아 물기를 빼면서 대답했다.

"아니야, 나도 괜찮아."

진진은 검은 건반들을 대야에 쏟아부었다. 검은 건반들에서 검은 물이 조금씩 배어 나왔다. 건반을 문지르는 아이들의 손에도 검은 물이 스몄다.

검은 건반까지 모두 다 깨끗하게 씻은 뒤, 상수리는 바지랑대를 내려 빨랫줄을 눈언저리까지 낮췄다.

51 상수리는 (하얀, 검은) 건반을 하나씩 똑똑 따 냈다.

52 다음 중 알맞은 것에 ○표 하시오.
① 상수리는 진진과 함께 우물가에서 건반을 씻었다. (　　)
② 피아노 건반은 씻은 지 얼마 되지 않아서 아직 깨끗하였다. (　　)

53 우물가에서 건반을 씻는 모습을 지켜본 인물은 누구입니까? (　　)
① 퐁 ② 어기
③ 이모 ④ 진진
⑤ 상수리

54 하얀 건반을 씻은 상수리와 진진은 잠시 그늘에 가서 쉬었다. (○, ×)

덮개 덮는 물건.
흘겼다 눈동자를 옆으로 굴리어 못마땅하게 노려보았다. 예 언니는 못마땅한 얼굴로 나에게 눈을 흘겼다.
대야 물을 담아서 무엇을 씻을 때 쓰는 둥글넓적한 그릇.
들이붓자 속으로 쏟아 넣자.
거무튀튀한 너저분해 보일 정도로 탁하게 검은 빛이 조금 나는.
불어 물에 젖어서 부피가 커져.
송골송골 땀이나 소름, 물방울 등이 살갗이나 표면에 잘게 많이 돋아나 있는 모양.
스몄다 물, 기름 등의 액체가 배어들었다. 예 스펀지에 물이 스몄다.
바지랑대 빨랫줄을 받치는 긴 막대기.
눈언저리 눈의 가장자리나 주변.

70 글 **2**의 내용으로 알맞지 않은 것은 무엇입니까? ( )

① 퐁은 상수리와 함께 열심히 건반을 씻었다.
② 상수리와 진진은 피아노 건반을 하나씩 따 냈다.
③ 피아노 건반에서는 까만 때가 돌돌 말려 일어났다.
④ 상수리와 진진은 우물가에서 피아노 건반을 씻었다.
⑤ 피아노 건반을 씻을수록 대야의 물이 시커멓게 변했다.

교과서 문제

71 글 **2**에서 일이 일어난 순서대로 기호를 쓰시오.

> ㉮ 진진과 상수리는 바구니를 들고 우물가로 갔다.
> ㉯ 진진과 상수리는 건반을 따서 바구니에 담았다.
> ㉰ 진진과 상수리는 손가락으로 건반을 하나씩 씻었다.

( ) – ( ) – ( )

중요

72 인물이 추구하는 삶의 가치와 관련하여 상수리가 ㉠과 같이 말한 까닭은 무엇입니까? ( )

① 꿈을 꾸지 않은 것을 '후회'해서
② 새 피아노를 사 주지 않아 '좌절'해서
③ 그동안 노력하지 않은 자신의 모습을 '반성'해서
④ 꿈을 위해 '성실'하게 노력했는데, 피아노 소리가 나지 않아 속상해서
⑤ '열정'을 가지고 꿈을 쫓아왔는데, 자신의 꿈을 바꾸고 싶다는 생각이 들어서

그동안 상수리가 꿈을 이루기 위해 어떻게 하였는지 떠올려 보세요.

73 상수리의 혼잣말을 들은 진진의 마음은 어떠했습니까? ( )

① 후련했다.
② 답답했다.
③ 뿌듯했다.
④ 부끄러웠다.
⑤ 마음이 아팠다.

74 피아노 건반을 깨끗하게 씻은 진진과 상수리의 마음은 어떠했을지 쓰시오.

"바구니 좀 들어 줘, 내가 집게로 집을게."

진진은 흰 건반이 담긴 바구니를 들고 왔다. 상수리는 아직도 물기가 **흥건한** 건반을 하나하나 집어서 널었다. 하얀 건반들은 양말들처럼 나란히 줄을 맞춰서 매달렸다.

하얀 건반을 다 매달고 나서 진진은 검은 건반을 든 바구니도 들고 왔다. 상수리는 검은 건반도 빨래집게로 꼭꼭 집어서 매달았다. 빨랫줄에는 하얀 건반과 검은 건반이 나란히 걸렸다.

"다 됐다."

"이제 얘(건반) 기분이 좀 좋아질까?"

상수리는 이마에 **솟은** 땀을 팔로 닦으며 ㉠걱정스러운 표정으로 건반들을 쳐다봤다.

중심 내용 상수리와 진진은 피아노 건반을 하나씩 떼어 깨끗이 닦아 빨랫줄에 매달았다.

3 두 아이는 마루에 가서 나란히 앉았다. 진진은 허리와 어깨와 허벅지를 토닥거렸다. 상수리는 마루에 누워 몸을 쭉 폈다.

뒤뜰에서 초리가 날아왔다.

"퐁, 나 물 좀 줘."

곧이어 어기가 뒤따라 뛰어왔다.

"초리, 정말 **암만해도** 이해가 안 돼. 그러니까 날개를 한 번 휘젓는 데 몇 초가 걸린단 소리야?"

초리는 물을 한 모금 마시더니 갑갑하다는 듯 **앙잘앙잘 앙알거렸다**.

"어이구, 이해 따윌 해서 뭐 하게? 날개가 알아서 하게끔 내버려 두라잖아."

어기는 다시 긴 목을 빼며 물었다.

"내버려 둬?"

"어떻게 하면 날 수 있을까, 그딴 생각 하지 말라고!"

"생각하고 또 해도 못 나는데, 생각하지 않고 어떻게 날아?"

초리는 까만 날개로 어기의 흰 날개를 툭툭 쳤다. 말이 점점 빨라졌다(어기가 답답해서).

"궁금해하지 말라니까. 그냥 날아. 날개에게 모든 걸 맡겨."

"그러니까 그게 무슨 뜻인지……."

㉡"아, 몰라, 몰라. 네 멋대로 해."

초리는 물을 다 마시고 다시 **포르르** 날아올라 동백나무 위에 앉았다. (중략)

55 상수리는 (건반들, 양말들)을 빨랫줄에 널었다.

56 진진과 상수리가 마루에 앉아 쉬는데 뒤뜰에서 어기가 날아왔다. (○, ×)

57 어기와 초리는 무엇을 하고 있었습니까? (　　)

① 사냥하는 연습
② 피아노 치는 연습
③ 하늘을 나는 연습
④ 바람을 가르는 연습
⑤ 날개를 휘젓는 연습

낱말풀이

흥건한 물 등이 푹 잠기거나 고일 정도로 많은. 예 물이 흥건한 바닥을 걸레로 닦았다.

솟은 땀이나 눈물 따위가 몸 밖으로 다소 많이 나오는. 예 눈물이 솟은 주인공의 모습에 나도 눈물이 났다.

암만해도 목표를 위해 애쓰거나 노력해도.

앙잘앙잘 작은 소리로 원망스럽게 종알종알 불만스러운 말을 자꾸 하는 모양.

앙알거렸다 윗사람에 대하여 자꾸 입속말로 불만스러운 말을 했다.

포르르 작은 새나 곤충 등이 갑자기 날아갈 때 나는 소리. 또는 그 모양.

75 이 글에서 일어난 일을 두 가지 고르시오. (　　　　　)

① 어기가 초리에게 나는 방법을 물었다.
② 어기와 초리는 둘 다 동백나무 위로 날아갔다.
③ 상수리와 진진은 퐁의 도움을 받아 일을 끝냈다.
④ 상수리와 진진은 마루에 누워 피아노 소리를 들었다.
⑤ 상수리와 진진은 피아노 건반을 씻어 빨랫줄에 널었다.

76 상수리가 ㉠과 같이 행동한 까닭으로 알맞은 것은 무엇입니까? (　　　　　)

① 피아노 건반들이 잘 마르지 않을 것 같아서
② 이모의 허락을 받지 않고 피아노 건반을 따서
③ 새들이 날아가다 피아노 건반에 부딪힐까 봐서
④ 피아노 건반을 다시 끼우는 일이 힘들 것 같아서
⑤ 피아노의 기분이 나아져 다시 소리가 날지 알 수 없어서

교과서 문제
77 글 3 에서 어기가 처한 상황으로 알맞은 것의 기호를 쓰시오.

> ㉮ 하늘을 날고 싶어서 노력하지만 날지 못한다.
> ㉯ 생각이 너무 많아서 오히려 아무것도 하지 못하고 있다.
> ㉰ 초리와 친하게 지내고 싶지만 초리가 마음을 열지 않는다.

(　　　　　　　　　　)

중요
78 어기가 처한 상황에서 어기가 한 행동은 무엇입니까? (　　　　　)

① 초리에게 나는 법을 가르쳐 주었다.
② 초리를 따라다니며 나는 법을 물어보았다.
③ 진진과 상수리 앞에서 보란 듯이 날아다녔다.
④ 노력해도 잘 날지 못하자, 나는 것을 포기했다.
⑤ 이모에게 나는 법을 배우기 위해 '꿈꾸는 집'에 왔다.

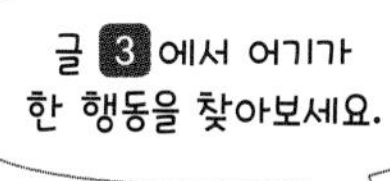

글 3 에서 어기가
한 행동을 찾아보세요.

서술형
79 ㉡에서 알 수 있는 어기에 대한 초리의 마음은 어떠한지 쓰시오.

____

진진이 어기의 하얀 깃을 어루만지며 물었다.

"어기, 힘들지? 그래도 기운 내."

어기는 고개를 가로저으며 씩씩하게 되물었다.

"하나도 안 힘들어. 꿈꾸는 게 왜 힘드니?"

"그래도 날마다 그렇게 열심히 연습했는데, 못 날면 속상하잖아."

㉠"아니, 속상하지 않아. 난 늘 즐거워. 만약 꿈꾸는 동안 즐겁지 않다면 그게 무슨 꿈이니?"

어기는 물을 다 마시고 날개를 푸드덕푸드덕 힘차게 털어 냈다.

"자, 쉬었으니 또 신나게 날아오르러 가 볼까?"

중심 내용 어기는 날지 못한다고 속상해하지 않고 꿈을 꾸는 것 자체를 즐겁게 생각하였다.

4 바람이 불었다. 동백나무 이파리가 **나붓나붓** 흔들렸다. 바람은 상수리의 이마에 맺힌 땀을 훔치고, 진진의 머리칼도 살짝 띄워 주었다. 마루를 쓸면서 다시 마당 가운데로 불어 가 이번에는 피아노 건반들을 흔들었다.

도로롱 도로롱.(피아노 건반이 바람에 흔들리는 소리) / 빨랫줄에 나란히 매달린 건반들이 **아늘아늘** 흔들리면서 가느다랗게 음악이 흘러나왔다. 진진은 귀를 기울여 음악 소리를 들었다.

"들어 봐, 피아노 소리야." / "어, 이 곡은."

"나 이 곡 아는데. 음, 뭐더라? 제목이……." / "백구."(피아노가 연주한 곡 ①)

상수리는 잠시 눈을 감고 피아노 소리를 듣더니, 나지막한 목소리로 노래를 따라 불렀다.

"내가 아주 어릴 때였나, 우리 집에 살던 백구, 해마다 봄가을이면 귀여운 강아지 낳았지."

상수리의 노랫소리는 바람이 연주하는 피아노 소리와 **어우러져** 퍼져 나갔다. 노래는 오래오래 이어지고 상수리의 눈빛도 **아련해졌다.**(피아노 연주를 들으며 추억에 잠김.) 진진도 후렴을 함께 불렀다.

"기인 다리에 새하얀 백구, 음 음."

바람이 **잦아들고,** 피아노 소리가 그쳤다.

"엄마가 늘 불러 주시던 노래야. 엄마는 내가 아기였을 때 나를 옆에 앉히고 피아노를 치면서 이 노래를 불러 주셨어. 피아노를 배워서 내 손으로 처음 이 곡을 쳤을 때 얼마나 기뻤는지. 이렇게 아름다운 소리를 가진 게 있다니, 너무 신기해서."

58 진진은 날지 못하는 어기를 위로했다. (○, ×)

59 어기는 꿈꾸는 것을 즐거워한다. (○, ×)

60 동백나무 이파리를 흔든 것은 무엇입니까? (   )
① 바람 ② 어기
③ 진진 ④ 건반
⑤ 상수리

61 피아노 건반이 연주한 곡의 제목은 무엇입니까? (   )
① 나무 ② 백구
③ 봄가을 ④ 동백나무
⑤ 도로롱 도로롱

낱말풀이

- **깃** 새의 날개.
- **나붓나붓** 얇은 천이나 종이 등이 바람을 받아 가볍게 흔들리는 모양. 예 바람에 깃발이 나붓나붓 움직인다.
- **아늘아늘** 빠르고 가볍게 춤추듯이 잇따라 흔들리는 모양.
- **어우러져** 여럿이 조화를 이루거나 섞여.
- **아련해졌다** 또렷하지 않고 희미해졌다. 예 그 노래를 들으니, 그때 그 시절의 추억이 아련해졌다.
- **잦아들고** 거칠거나 들뜬 기운이 가라앉아 잠잠해져 가고.

교과서 문제

80 어기가 ㉠과 같이 말한 까닭은 무엇입니까? (   )

① 초리에게 칭찬을 들었기 때문에
② 스스로 꿈꾸는 것을 즐기고 있기 때문에
③ 피아노 연습을 하는 것이 정말 행복하기 때문에
④ 하늘을 나는 것보다 즐거운 일을 찾지 못했기 때문에
⑤ 하늘을 날지 못해도 친구들의 위로를 받을 수 있기 때문에

중요

81 이 글에서 어기가 추구하는 삶으로 알맞은 것은 무엇입니까? (   )

① 자신의 행동을 '반성'하는 삶
② 다른 사람을 위해 '봉사'하는 삶
③ 자신이 이룬 일을 '감사'하며 사는 삶
④ 자신이 좋아하는 일만 고르는 '자유'가 있는 삶
⑤ 지금 당장 이루지 못하더라도 '희망'을 가지고 즐겁게 '도전'하는 삶

어기의 말에서 어기가 추구하는 삶의 가치를 떠올려 보세요.

서술형

82 자신이 어기와 같은 상황이었다면 어떻게 했을지 쓰시오.

____

83 바람이 불어서 생긴 일이 아닌 것은 무엇입니까? (   )

① 피아노 건반들이 흔들렸다.
② 마당에 나뭇잎이 흩날렸다.
③ 진진의 머리칼이 살짝 띄워졌다.
④ 상수리의 이마에 맺힌 땀이 식었다.
⑤ 동백나무 이파리가 나붓나붓 흔들렸다.

84 빨랫줄에 매달린 건반들이 연주한 곡에 대한 설명으로 알맞은 것을 두 가지 고르시오. (   )

① 제목은 '백구'이다.
② 진진은 처음 들어보는 노래이다.
③ 상수리가 마지막으로 피아노로 연주한 곡이다.
④ 해마다 봄가을이면 상수리가 연주하던 노래이다.
⑤ 상수리가 아기였을 때 엄마가 불러 주시던 노래이다.

교과서 쏙쏙

지붕 위에 앉아 쉬고 있던 바람이 다시 날아 내려왔다. 피아노 건반들은 잘그랑잘그랑 빠르게 몸을 흔들었다.(바람에 흔들리는 피아노 건반) 「젓가락 행진곡」(피아노가 연주한 곡 ②)이다. 마루 위에 얹힌 상수리의 손이 달싹이며 건반을 짚는 흉내를 냈다. 진진도 어느새 고개와 발을 까딱까딱 놀리고 있었다. 상수리의 뺨이 발그스름하게 물들어 갔다.

"2학년 때 내 짝꿍이, 실은 내 첫사랑이야. 하루는 걔가 우리 집에 놀러 왔는데, 그때 같이 이 곡을 연주했어. 늘 양 갈래로 땋은 머리를 빨간 방울로 묶고 다니던 애였는데, 정말 예뻤어."

이야기를 이어 가는 상수리의 입가에는 벙싯 웃음이 떠나지 않았다.

바람의 손길이 조금씩 부드러워지면서, 곡목이 바뀌었다. 사부작사부작 떨리는 건반들은 「고향의 봄」(피아노가 연주한 곡 ③)을 연주하기 시작했다. 진진은 노래를 따라 불렀다.

"나의 살던 고향은 꽃 피는 산골, 복숭아꽃 살구꽃 아기 진달래. 울긋불긋 꽃 대궐 차린 동네, 그 속에서 놀던 때가 그립습니다."

그러나 상수리는 연주가 시작될 때부터 입을 꼭 다물고 담 너머 먼 산만 바라보았다.

"꽃동네 새 동네 나의 옛 고향, 파란 들 남쪽에서 바람이 불면, 냇가에 수양버들 춤추는 동네, 그 속에서 놀던 때가 그립습니다."

노래를 부르며 얼핏 쳐다본 ㉠상수리의 눈시울이 빨갰다.

"왜 그래?"

상수리는 고개를 숙이며 대답했다.

"작년에 돌아가신 할머니가 좋아하시던 노래야. 내가 할머니 댁에 가서 이 곡을 연주하면 정말 좋아하셨는데."

"그랬구나."

㉡"돌아가시기 전에 오랫동안 몸이 안 좋으실 때도, 난 피아노 학원 간다는 핑계로 한 번도 가질 않았어."

상수리의 눈에서 눈물이 툭 떨어진다. 진진은 괜히 멋쩍어 장독대 주위에 피어 있는 꽃들을 쳐다봤다.

㉢'그러고 보니, 나도 할머니랑 할아버지한테 가 본 지가 꽤 됐네. 할머니 생신 때도 학원 가느라고 못 갔구나. 할머니가 전화해도 귀찮아서 안 받았는데.'

진진도 울컥했다. 상수리는 눈가를 쓱 닦아 내고는 일어섰다.

"아마 내 피아노는 피아노 학원에서 치던 어려운 곡보다 이 곡들을 더 치고 싶었나 봐. 나는 모두 잊어버린 걸 아직도 기억하고 있었구나."

독해로 이해 콕

62 「젓가락 행진곡」을 듣고 상수리가 떠올린 사람은 누구입니까? (   )
① 진진
② 어기
③ 이모
④ 2학년 때 짝꿍
⑤ 돌아가신 할머니

63 「고향의 봄」 노래를 듣던 상수리의 눈시울이 빨개졌다. (○, ×)

64 할머니가 돌아가시기 전에, 상수리는 (피아노 학원, 학교)에 간다는 핑계로 할머니를 찾아뵙지 못했다.

낱말풀이

잘그랑잘그랑 작고 얇은 쇠붙이 등이 조금 가볍게 자꾸 떨어지거나 맞부딪쳐 울리는 소리.
달싹이며 어깨나 엉덩이, 입술 등이 가볍게 들렸다 놓였다 하며. 예 노래가 나오자 모두들 어깨를 달싹이며 흥겨워했다.
발그스름하게 조금 발갛게.
갈래 갈라진 낱낱을 세는 단위.
벙싯 입을 조금 크게 벌리며 소리 없이 거볍고 부드럽게 슬쩍 한 번 웃는 모양.
곡목 악곡이나 노래의 제목.
사부작사부작 별로 힘들이지 않고 계속 가볍게 행동하는 모양.
얼핏 크게 주의를 기울이지 않는 사이에 잠깐 나타나는 모양. 예 멀리 보이는 네거리에 얼핏 약국이 눈에 띄었다.
눈시울 눈언저리의 속눈썹이 난 곳.
멋쩍어 어색하고 쑥스러워.

85 「젓가락 행진곡」을 들으며 상수리의 얼굴이 발그스름해진 까닭은 무엇입니까? (　　　)

① 연주가 너무 빨라 자기도 모르게 땀을 흘려서
② 상수리가 처음으로 대회에서 상을 받은 곡이어서
③ 첫사랑이었던 2학년 때 짝꿍과 같이 연주하던 것이 떠올라서
④ 2학년 때 짝꿍이 자신의 생일 때 연주해 주던 모습이 떠올라서
⑤ 상수리가 2학년 때 처음으로 다른 사람들 앞에서 연주한 곡이어서

86 상수리가 ㉠과 같이 행동한 까닭으로 알맞은 것은 무엇입니까? (　　　)

① 어머니가 보고 싶어서
② 돌아가신 할머니가 떠올라서
③ 어렸을 때 살던 고향이 떠올라서
④ 할아버지께서 좋아하시던 곡이어서
⑤ 이 곡을 연주할 때마다 할머니께 혼나던 것이 생각나서

교과서 문제

87 이 글에서 일어난 사건을 알맞게 간추린 것에 ○표 하시오.

(1) 상수리는 다시 희망을 가지고 피아노를 연주했다. (　　　)
(2) 상수리와 진진은 피아노 연주를 들으며 추억에 잠겼다. (　　　)

중요

88 ㉡에서 알 수 있는 상수리가 한 행동과 그에 대한 상수리의 마음을 알맞게 말한 친구의 이름을 쓰시오.

할머니가 전화하시면 귀찮아서 받지 않았던 일을 슬퍼하고 있어.
지오
피아노 학원을 가느라 할머니를 뵙지 못했던 것을 후회하고 있어.
서하
상수리가 처한 상황에서 상수리는 어떻게 행동했나요?

(　　　　　　　　　　)

서술형

89 ㉢에서 진진의 마음이 어떠할지 쓰고, 진진과 비슷한 자신의 경험을 쓰시오.

(1) 진진의 마음: ______________________

(2) 자신의 경험: ______________________

독해로 교과서 쏙쏙

상수리는 마당으로 내려가 바지랑대를 내렸다.

"다 마른 것 같아."

진진은 바구니를 챙겨서 상수리 옆으로 다가갔다. 상수리는 건반들을 하나씩 걷어 담았다. 순식간에 (건반을 담으려고) **뽀얗게**, 까맣게 **반들반들** 윤이 나는 건반들이 바구니에 한가득 담겼다. 상수리는 바구니를 들여다보며 **엷은** 웃음을 지었다.

"예전엔 내 피아노와 함께 꿈꾸는 게 참 즐거웠는데, 어느 순간부터는 그게 너무 힘든 일이 되어 버렸어. 아마 꿈을 꾸는 것보다 꿈을 이루고 싶은 마음이 더 커서 그랬나 봐. 꿈을 이루어야만 행복해지는 줄 알았는데, 꿈은 이루기 위해 있는 게 아니구나. 왜 그걸 미처 몰랐을까?"

진진과 상수리는 바구니를 들고 노란 대문 집으로 갔다. 방으로 들어가 피아노 건반을 하나씩 맞춰 끼웠다. 깨끗하게 씻은 건반들을 다시 갖춘 피아노는 기분이 좋아 보였다.

상수리는 피아노 건반을 **살포시** 어루만졌다.

"피아노야, 넌 내가 훌륭한 피아니스트가 되길 바란 게 아니었지? 넌 아마 내가 행복한 피아니스트가 되길 꿈꾸었을 거야. 근데 나는 그것도 모르고 너와 함께하는 시간이 **지긋지긋해지도록** 연습만 하는 게 최선인 줄 알았으니……. ㉠그동안 네가 얼마나 힘들었을까? 미안해. 정말 미안해."

상수리는 피아노 의자를 당겨 앉았다. 그리고 건반 위에 두 손을 가만히 얹고, 지그시 누르며 작은 소리로 속삭였다.

"손가락들아, 너희들도 정말 오랜만이지? 이렇게 즐거운 기분으로 피아노랑 노는 게. 너희들이 나보다 내 피아노의 기분을 (즐겁게 연주하고 싶은 마음) 먼저 알아차렸구나. 고마워."

상수리의 손가락을 따라 아주 **가녀린** 소리가 흘러나왔다. 지금껏 들어본 그 어떤 피아노 소리보다 맑고 투명했다.

상수리는 바람이 연주한 곡들을 (바람이 피아노 건반을 흔들어 연주한 곡들) 다시 연주했다. 상수리는 행복해 보였다. 오랜만에 친구의 행복한 웃음을 보는 피아노도 즐거워 보였다.

중심 내용 상수리는 피아노 건반들의 연주를 듣고, 꿈을 이루는 것만이 중요한 것이 아니라는 것을 깨달은 후 다시 피아노를 행복하게 연주할 수 있었다.

독해로 이해 콕

65 상수리는 꿈을 ① (꾸는, 이루는) 것보다 꿈을 ② (꾸고, 이루고) 싶은 마음이 더 커서 피아노와 함께 꿈꾸는 게 너무 힘든 일이 되어 버렸다.

66 피아노는 상수리가 행복한 피아니스트가 되길 꿈꾸었다. (○, ×)

67 상수리는 (바람, 진진)이 연주한 곡들을 다시 연주했다.

68 다시 연주를 시작한 피아노와 상수리의 기분은 어떠합니까? (　　　)

① 놀랍다.
② 슬프다.
③ 행복하다.
④ 자랑스럽다.
⑤ 절망적이다.

낱말풀이

뽀얗게 빛깔이 보기 좋게 하얗게.

반들반들 빛이 날 만큼 겉이 아주 매끄럽고 윤이 나는 모양.

엷은 있는 듯 없는 듯 가벼운.

살포시 포근하게 살며시. 예 어머니는 아이를 살포시 감싸 안았다.

지긋지긋해지도록 진저리가 나도록 몹시 싫고 괴로워지도록.

가녀린 소리가 몹시 가늘고 힘이 없는. 예 그녀의 흐느끼는 듯한 가녀린 소리에 나는 그만 잠을 깨고 말았다.

90 깨끗해진 건반을 보며 상수리가 깨달은 것은 무엇입니까? (　　　)

① 피아노 건반도 깨끗이 닦아야 소리가 잘 난다.
② 꿈을 이루기 위해선 몸과 마음을 깨끗이 해야 한다.
③ 그동안 피아노 건반을 닦느라 고생하신 어머니께 고맙다.
④ 피아노를 연주하는 내 마음도 깨끗해야 맑은 소리가 난다.
⑤ 꿈을 이뤄야만 행복한 것이 아니라 꿈꾸는 것이 행복한 일이다.

91 상수리가 ㉠과 같이 말한 까닭은 무엇입니까? (　　　)

① 그동안 깨끗이 닦아 주지 못해서
② 훌륭한 피아니스트를 꿈꾸지 않아서
③ 피아니스트가 되기 위한 노력을 게을리해서
④ 꿈을 이루는 데 급급한 나머지 꿈꾸는 즐거움을 잊어버려서
⑤ 그동안 꿈을 이루지 못한 까닭을 피아노 때문이라고 생각해서

교과서 문제

92 이 글의 내용으로 보아, 그동안 상수리가 추구했던 삶으로 알맞은 것은 무엇입니까? (　　　)

① '성실'하게 '노력'하는 삶
② '희망'을 가지고 즐겁게 '도전'하는 삶
③ 자신이 하고 싶은 일을 '열정'적으로 하는 삶
④ 지금 이 순간의 '행복'과 '즐거움'을 추구하는 삶
⑤ 자신이 좋아하는 일을 꾸준히 하는 '즐거움'이 있는 삶

중요

93 상수리가 추구하는 삶과 자신의 삶을 비교하여 알맞게 말한 사람의 이름을 쓰시오.

> 우진: 나도 상수리처럼 꿈을 꾸기보다는 즐거움을 위해 노력해야겠어.
> 주아: 상수리가 비록 꿈을 꾸는 즐거움을 잠시 잊기는 했지만, 꿈을 이루려고 계속 노력한 것은 배울 점이라고 생각해.

인물이 추구하는 삶과 자신의 삶에서 비슷한 점이나 다른 점이 있는지 생각해 보세요.

(　　　　　　　　)

서술형

94 다시 피아노를 연주하는 상수리에게 하고 싶은 말을 쓰시오.

교과서 쏙쏙

> **●중간 부분 이야기**
> 다시 피아노를 연주하게 된 상수리와 진진은 이모네 마당에서 음악회를 열고 모두 즐거운 시간을 보낸다. 다음 날, 상수리는 진진에게 빨리 꿈을 만나길 바란다는 편지를 남기고 떠난다. 풀이 죽은 진진은 퐁을 만나 대화를 나눈다.
> 아직 꿈을 찾지 못해서

5 "퐁, 넌 나중에 뭐가 되고 싶니?"

"되고 싶은 거 없는데."

"되고 싶은 게 없어? 그럼 꿈이 없단 말이야?"

"꿈이야 있지. 근데 꿈이란 게 꼭 뭐가 되어야 하는 거야? 뭐가 안 되면 어때? 그냥 하면 되지. 내 꿈은 춤추는 거지. 신나게 춤추는 것. 그게 내 꿈이야."

퐁은 진진의 물음에 꼬박꼬박 대답하면서도 허리를 흔들며 춤을 췄다. 퐁의 몸짓을 따라 물결이 찰랑찰랑 일었다. 진진은 그런 퐁을 잠시 지켜보다 다시 물었다.

"넌 이미 충분히 즐겁게 춤추고 있잖아?"

㉠ "오늘보다 내일은 더 즐겁게, 내일보다 모레는 더, 더 즐겁게. 모레보다 글피는 더, 더, 더 즐겁게, 글피보다 그글피는 더, 더, 더, 더 즐겁게. 내 꿈은 절대로 끝나지 않지."

퐁은 진진을 올려다보며 오페라의 한 소절처럼 대답을 했다. 진진은 고개를 끄덕였다.
꿈에 대한 퐁의 말을 이해해서

진진은 덩치가 마시다 남기고 간 물을 꼴깍꼴깍 마시고는, 동백나무 그늘로 갔다. 무릎을 끌어안고 앉으니 마루 뒷벽 가운데 높다랗게 걸려 있는 글씨가 눈에 들어왔다.

꿈꾸는 집.

진진은 주머니에서 상수리의 편지를 꺼내어 다시 읽었다.

'내 꿈은 뭐지?'

이모가 자전거를 끌고 대문으로 들어서다가 동백나무 아래에 앉아 있는 진진을 보았다.

"뭐 하니?"

"아침부터 어디 갔다 오세요?"

이모는 자전거를 세우고 우물가로 가서 퐁을 우물 속으로 내렸다.

독해로 이해 콕

69 피아노를 연주하게 된 상수리의 행동으로 알맞은 것에 ○표 하시오.
① 진진에게 편지를 남기고 떠났다. ( )
② 다시는 피아노를 치지 않겠다고 했다. ( )

70 퐁의 꿈으로 알맞은 것에 ○표 하시오.
① 신나게 춤추는 것 ( )
② 오페라의 한 소절을 부르는 것 ( )

71 진진의 고민은 무엇입니까? ( )
① 춤을 잘 추는 것
② 상수리를 찾는 것
③ 자전거를 잘 타는 것
④ 자신의 꿈을 찾는 것
⑤ 퐁처럼 즐겁게 사는 것

72 자전거를 끌고 대문으로 들어서던 이모는 동백나무 아래에 앉은 (진진, 퐁)을 보았다.

낱말풀이

- **풀** 세찬 기세나 활발한 기운. 예 어머니의 잔소리를 들은 나는 풀이 죽었다.
- **꼬박꼬박** 조금도 어김없이 고대로 계속하는 모양.
- **찰랑찰랑** 물체 등이 물결치는 것처럼 자꾸 부드럽게 흔들리는 모양. 예 멀리 호숫가로 햇빛이 찰랑찰랑 비치고 있다.
- **글피** 모레의 다음 날.
- **높다랗게** 꽤 높게.

95 상수리가 진진에게 남긴 편지의 내용은 무엇입니까? (   )

① 진진이 빨리 꿈을 찾길 바란다는 내용
② 이모네 마당에서 음악회를 열자는 내용
③ 자신은 피아니스트가 되기 위해 떠난다는 내용
④ '꿈꾸는 집'에서는 더이상 꿈을 찾을 수 없다는 내용
⑤ 자신의 꿈을 찾도록 도와준 진진에게 고맙다는 내용

96 퐁이 생각하는 '꿈'으로 알맞은 것은 무엇입니까? (   )

① 다른 사람에게 즐거움을 주는 것
② 부모님께서 정해 주신 대로 사는 것
③ 무언가 되기 위해 꾸준히 노력하는 것
④ 다른 사람들이 보기에 멋진 사람이 되는 것
⑤ 무언가가 꼭 되지 않아도 즐거운 것을 하는 것

교과서 문제

97 퐁이 ㉠처럼 말한 까닭은 무엇입니까? (   )

① 지금보다 미래가 더 중요하다고 생각하기 때문이다.
② 꿈을 이루어야 할 필요가 없다고 생각하기 때문이다.
③ 꿈은 하루만에 이루어질 수 없다고 생각하기 때문이다.
④ 현재를 즐겁게 사는 것을 중요하게 생각하기 때문이다.
⑤ 꿈을 이루려면 날마다 노력해야 한다고 생각하기 때문이다.

중요

98 퐁과 비슷한 삶을 추구하는 친구의 이름을 쓰시오.

준서: 나는 소중한 현재의 행복을 위해 내가 좋아하고 신나는 일을 할 거야.
태호: 지금 당장 힘들더라도 희망을 가지고 꿈을 이루기 위해 꾸준히 노력할 거야.

(   )

퐁의 말에서 퐁이 추구하는 삶과 관련 있는 가치를 찾아보세요.

서술형

99 퐁을 만나기 전 진진의 꿈에 대한 생각과 자신의 꿈에 대한 생각을 비교하여 쓰시오.

____

"자전거가 바람 쐬러 가자고 졸라 대서. 모두 나한테 어찌나 바라는 게 많은지. 정말 일일이 다 들어주려니까 몸이 열 개라도 모자라겠다. 이래서야 책 읽을 시간이 나겠니?" (이모가 자전거를 탄 까닭)

"이모는 책 읽는 게 즐거워요?"

"그걸 말이라고 하니? 책 읽는 게 재미없다면 왜 읽겠니?"

"그래도 가끔 보면 재미없는 책도 있잖아요."

"재미없으면 안 읽으면 되지."

"다른 사람들이 다 읽고 재미있다고 하는 책을 나만 재미없다고 안 읽으면 좀 그렇잖아요."

진진의 말에 이모는 혀를 끌끌 찼다.

"넌 다른 사람이 맛있다고 하는 요리는 맛없어도 먹니? 그런 게 어디 있어? 내가 재미없으면 없는 거지."

이모는 퐁이 담아 올려 온 물을 받아서 꿀꺽꿀꺽 마셨다. 진진은 무릎을 안은 채, 이모를 빤히 쳐다봤다.

"왜? 내 얼굴에 뭐 묻었니?" (진진이 빤히 쳐다봐서)

진진은 고개를 가로저으며 물었다. / "이모, 이모는 꿈이 뭐예요?"

이모는 퐁을 우물 속으로 던지고는 입을 삐죽거렸다.

"내 꿈? 나는 어른인데?"

"어른들도 꿈이 있잖아요. 꿈이 없는 사람이 어디 있어요?"

이모는 성큼성큼 다가와 진진의 눈앞에 쪼그려 앉더니 진진을 빤히 쳐다봤다. 빨간 안경 속 이모의 눈은 콩알만큼 작아 보였다.

"흥, 이젠 그렇게 생각한다는 말이지? 너도 꽤 똑똑해졌구나."

그러고는 진진에게만 들리도록 조그맣게 속살거렸다.

"꿈꾸는 집, 이 집이 바로 내 꿈이야."

"이 집이 이모의 꿈이라고요?" (이 집: 꿈꾸는 집)

"그럼, 내 꿈은 이 세상 재미있는 책들을 모두 불러 모아서 함께 노는 거야. 낄낄대며 웃는 재미, 콩닥콩닥 가슴 뛰는 재미, 두근두근 설레는 재미, 눈물 나게 가슴 아린 재미, 궁금한 것들을 알게 되는 재미, 생각하지도 못했던 것을 상상하는 재미⋯⋯ 재미있는 책들만 올 수 있는 집, 꿈꾸는 아이들만 올 수 있는 집, 이 집이 내 꿈이야."

중심 내용 상수리의 편지를 받은 진진은 자신의 꿈에 대해 다시 생각해 보며 퐁과 이모의 꿈을 들었다.

73 이모가 즐거워하는 것은 무엇입니까? (　　)

① 책 읽기
② 글 쓰기
③ 요리하기
④ 퐁과 놀기
⑤ 자전거 타기

74 진진은 다른 사람이 재미있다고 하는 책이 꼭 자신에게 재미있을 필요는 없다고 생각한다. (○, ×)

75 이모에 대한 설명으로 알맞은 것에 ○표 하시오.

① 이모의 집 이름은 '꿈꾸는 집'이다. (　　)

② 이모는 어른들은 꿈이 없다고 생각한다. (　　)

76 이모가 바라는 꿈꾸는 집에는 재미있는 책들, (책 읽는, 꿈꾸는) 아이들만 올 수 있다.

낱말풀이

- **일일이** 하나씩 하나씩. 예 여러 사연을 일일이 들어보았다.
- **끌끌** 마음에 들지 않거나 안타까워 혀를 차는 소리.
- **삐죽거렸다** 비웃거나 언짢거나 울려고 할 때 소리 없이 입을 내밀고 실룩거렸다.
- **성큼성큼** 다리를 잇따라 높이 들어 크게 떼어 놓는 모양.
- **속살거렸다** 남이 알아듣지 못하도록 작은 목소리로 자꾸 이야기했다.
- **아린** 마음이 몹시 고통스러운. 예 돌아가신 할머니를 떠올리자 아린 마음에 눈물이 났다.

100 책 읽기에 대한 이모의 생각으로 알맞은 것은 무엇입니까? (   )

① 다른 사람이 재미없다고 한 책은 읽지 않는다.
② 다른 사람이 재미있다고 한 책을 주로 읽는 것이다.
③ 사람들이 재미있다고 한 책은 내가 읽어도 재미있다.
④ 다른 사람에게 재미있어도 내가 재미없으면 재미없는 것이다.
⑤ 사람들이 재미있다고 하는 책을 나만 재미없다고 하면 좀 그렇다.

101 이모의 꿈으로 알맞은 것은 무엇입니까? (   )

① 이 세상 모든 책들을 재미있게 만드는 것
② 이 세상 재미있는 책들을 모두 불러서 함께 노는 것
③ 모든 사물들이 낄낄대며 웃을 수 있는 집을 만드는 것
④ 꿈을 이룬 아이들이 모두 모여 즐거워하는 집을 만드는 것
⑤ 아이들이 두근두근 설레는 재미를 느낄 수 있는 집을 만드는 것

교과서 문제

102 이모가 추구하는 삶으로 알맞은 것의 기호를 쓰시오.

㉮ 지금 당장 이루지 못하더라도 '희망'을 가지고 즐겁게 '도전'하는 삶
㉯ 자신이 좋아하고 가치 있다고 생각하는 것을 꾸준히 하는 '즐거움'이 있는 삶

(   )

중요

103 다음은 이모가 추구하는 삶과 자신의 삶을 비교하여 쓴 글입니다. 글의 내용과 어울리지 않는 문장을 찾아 번호를 쓰시오.

①이모는 "내가 재미없으면 없는 거지."라고 말했습니다. ②나는 남들이 그렇다고 하면 실은 그렇지 않은데도 그렇다고 말하는 경우가 많았습니다. ③이모는 자신이 좋아하는 것을 명확히 이야기하고 지킬 줄 아는 자신감과 용기가 있는 것 같습니다. ④나도 내가 정말 좋아하는 것을 찾아 용기 있게 지켜 나가야겠습니다. ⑤또, 이모처럼 괴롭더라도 희망을 가지고 꾸준히 연습해야겠습니다.

이모가 추구하는 삶과 '나'의 삶을 구분해 보세요.

(   )

서술형

104 앞으로 진진에게 일어날 변화를 상상하여 쓰시오.

1 작품 속 인물과 나

맞힌 개수 개

01~02 다음 글을 읽고, 물음에 답하시오.

그때 누군가가 말꼬리를 걸고 나섰다.

"아니, 조정 대신이란 놈들이 나라를 팔아먹으려 드는데 우리 같은 여자들이 나선다고 뭐가 달라지겠소? 자칫 괜한 목숨만 버릴 뿐이오."

그 말이 떨어지기가 무섭게 여기저기서 술렁거렸다. 기껏 뜨겁게 달아오른 열기가 금세 차갑게 식을 판이었다.

"그럼 나라를 빼앗기고 왜놈들 종으로 살자는 것입니까?"

윤희순이 다시 마음을 가다듬고 큰 소리로 부르짖자 마을 아낙네들의 눈길이 또다시 윤희순에게 쏠렸다. 윤희순은 그 틈을 안 놓치고 곧장 말을 이었다.

"여기 계신 분들 가운데 자식을 왜놈의 종으로 살게 내버려 두고 싶은 사람은 한 분도 없을 것입니다. 그러니 우리 여자들도 사내들을 도와 왜놈들을 몰아내는 데 한몫을 해야 하지 않겠습니까?"

01 이 글에서 윤희순이 처한 시대적 상황으로 알맞은 것은 무엇입니까? (　　　)

① 여자들은 글을 배울 수 없었다.
② 나라에서 의병 활동을 금지했다.
③ 여자들은 의병 활동을 하지 못했다.
④ 일제의 도움으로 나라가 부유해졌다.
⑤ 일제의 침략으로 나라를 빼앗길 위기에 처했다.

중요

02 윤희순이 삶에서 추구한 가치와 그렇게 생각한 까닭을 알맞게 말한 친구의 이름을 쓰시오.

재희: 다른 아낙네들의 말을 귀 기울여 듣는 '겸손'을 추구한다.
규진: 반대 의견에도 포기하지 않고 자신의 의견을 굽히지 않는 '열정'을 추구한다.

(　　　　　　　　)

03~05 다음 글을 읽고, 물음에 답하시오.

가 여러 날 공들여 바위틈에 자란 나무를 그렸는데 꽤 마음에 들었다. 마당에서 종이를 들고 그림을 말리고 있는데 뒤에서 추사 선생의 목소리가 들렸다.

"그 나무는 자네의 나무인가?"

"예?"

"자네의 정신이 거기 있는가?"

"……."

"나무와 바위 말고 뭐가 있는가?"

'뭐가 있나'라니? 허련이 미처 질문의 뜻을 생각하기도 전에 추사 선생은 돌아서 가 버렸다.

허련은 하릴없이 그림을 내려다보았다. 공들인 붓질이었다. 그러나 기법만 있고 이야기가 없었다.

나 '내 내면을 깊고 그윽한 무엇으로 채우지 않고서는 제대로 된 그림을 그릴 수 없겠구나.'

허련은 그림보다 책을 더 많이 읽었다. 그리는 시간보다 생각하는 시간이 더 많아졌다.

다 허련은 화첩에서 배운 필법을 바탕으로 연구와 실험을 해 가며 나름의 붓질법을 만들어 나갔다. 수십 개의 붓이 뭉뚝해졌다. 점차 허련만의 그림이 나왔다.

서술형

03 글 가 에서 허련이 처한 상황을 쓰시오.

____

____

04 허련이 처한 상황에서 한 행동으로 알맞은 것을 모두 고르시오. (　　　　)

① 그림보다 책을 더 많이 읽었다.
② 붓 수십 자루가 뭉뚝해지도록 연습했다.
③ 그림에 이야기를 덧붙이는 연습을 했다.
④ 그림에 담긴 이야기보다 기법에 치중했다.
⑤ 그리는 시간보다 생각하는 시간이 많아졌다.

중요

05 허련이 추구하는 삶은 무엇입니까? (　　　)

① 제자에게도 배우는 '겸손'한 삶
② 다른 사람에게 '도움'을 주는 삶
③ 남에게 덕을 베푸는 '봉사'의 삶
④ '끈기'와 '열정'을 가지고 끊임없이 꿈을 향해 노력하는 삶
⑤ 열심히 노력하고 성장하여 스승을 이기기 위해 '도전'하는 삶

06~10 다음 글을 읽고, 물음에 답하시오.

어제도 네 아버지는 건물에 갇혀 울부짖는 두 사람을 업어 내왔단다. 온몸이 땀으로 범벅이 된 몸으로 또 한 번 들어가려는 순간, 시뻘건 불길이 혀를 날름거리며 건물의 입구를 막아 버린 거야.

"위험해, 더는 도저히 안 되겠어!"

소방관들은 구조를 중단하고 온몸이 오그라드는 듯한 열기 속에서 빠져나오기 시작했대.

"먼저 나가. 내가 한 번만 더……."

㉠그때 말릴 새도 없이 깨진 창문 사이로 뛰어들어간 한 사람의 구조 대원이 있었단다.

너도 한번 생각해 보렴. 소방관에게도 지켜야 할 소중한 목숨이 있고, 우리처럼 애타게 기도하며 기다리는 가족이 있을 거 아니겠니?

아, 어쩌면 그렇게 짧고도 기막힌 순간이 또 있을까?

네 아버지가 빠져나오고 뒤를 돌아보았을 때, 불길에 무너지는 커다란 기둥이 그 구조 대원의 몸을 휩싸 안고 바닥으로 꺼져 버렸단다.

자기 목숨보다 [　㉡　]을 먼저 생각한 용감한 소방관 아저씨의 최후…….

㉢그 이야기를 하시면서 아버지는 정말 뜨거운 눈물을 쏟으셨단다.

㉣"만약에 빠져나오는 차례가 나와 바뀌었더라면 그가 살고 나는 지금 이 자리에 없는 거야……."

06 소방관들이 구조를 중단한 까닭을 쓰시오.

(　　　　　　　　　　　　　　　　　　)

07 ㉠의 행동과 관련 있는 삶의 가치는 무엇입니까? (　　　)

① 희생　② 겸손　③ 안전
④ 정직　⑤ 감사

08 ㉡에 들어갈 말로 가장 알맞은 것은 무엇입니까? (　　　)

① 남의 목숨
② 동료의 목숨
③ 자신의 가족
④ 동료의 가족
⑤ 아버지의 목숨

09 ㉢의 행동과 관련 있는 삶의 가치로 알맞은 것은 무엇입니까? (　　　)

① 동료에 대한 사랑
② 가족들에 대한 미안함
③ 불을 끄고자 하는 열정
④ 동료를 구하려는 도전 정신
⑤ 동료의 가족에 대한 존중과 배려

서술형

10 ㉣에서 아버지의 마음은 어떠할지 쓰시오.

1단원 9회
공부한 날 월 일

11~15 다음 글을 읽고, 물음에 답하시오.

> **가** 피아니스트가 되는 게 꿈이며 어렸을 때부터 피아노를 쳐 온 상수리는 갑자기 피아노 소리가 나지 않아 고민하고, 이모와 진진은 상수리의 고민을 듣게 된다.
>
> **나** "근데 너 혹시 걔를 한동안 혼자 내버려 뒀니?"
> "아니요. 제가 피아노 연습을 얼마나 열심히 하는데요. 컴퓨터 게임을 할 시간도, 친구들이랑 축구할 시간도, 만화책을 볼 시간도 없이 오로지 피아노 연습만 하는걸요."
> "그렇게 아무것도 안 하고 피아노만 치면 재미있니?"
> "아니요, 당연히 힘들죠. 정말 어떨 땐 너무 힘들어서 다 그만두고 싶어질 때도 있어요. ㉠<u>그래도 꾹 참고 연습해요.</u> 열심히 연습해야 훌륭한 피아니스트가 될 수 있잖아요."
> 이모는 고개를 끄덕거리며 크게 한숨을 내쉬었다.
>
> **다** 진진이 어기의 하얀 깃을 어루만지며 물었다.
> "어기, 힘들지? 그래도 기운 내."
> 어기는 고개를 가로저으며 씩씩하게 되물었다.
> "하나도 안 힘들어. 꿈꾸는 게 왜 힘드니?"
> "그래도 날마다 그렇게 열심히 연습했는데, 못 날면 속상하잖아."
> ㉡<u>"아니, 속상하지 않아. 난 늘 즐거워. 만약 꿈꾸는 동안 즐겁지 않다면 그게 무슨 꿈이니?"</u>
> 어기는 물을 다 마시고 날개를 푸드덕푸드덕 힘차게 털어 냈다.
> "자, 쉬었으니 또 신나게 날아오르러 가 볼까?"
>
> **라** "퐁, 넌 나중에 뭐가 되고 싶니?"
> "되고 싶은 거 없는데."
> "되고 싶은 게 없어? 그럼 꿈이 없단 말이야?"
> ㉢<u>"꿈이야 있지. 근데 꿈이란 게 꼭 뭐가 되어야 하는 거야? 뭐가 안 되면 어때? 그냥 하면 되지. 내 꿈은 춤추는 거지. 신나게 춤추는 것. 그게 내 꿈이야."</u>
> 퐁은 진진의 물음에 꼬박꼬박 대답하면서도 허리를 흔들며 춤을 췄다.

11 상수리에 대한 설명으로 알맞지 <u>않은</u> 것은 무엇입니까? (　　　)

① 피아니스트가 꿈이다.
② 피아노 연습을 열심히 한다.
③ 피아노 소리가 나지 않아 고민이다.
④ 함께 놀 친구가 없어 피아노만 친다.
⑤ 열심히 연습해야 훌륭한 피아니스트가 될 수 있다고 생각한다.

서술형

12 자신이 만약 피아노라면 상수리에게 어떤 말을 해 주고 싶은지 쓰시오.

____

____

13 글 **다**에서 어기의 마음은 어떠합니까? (　　　)

① 즐겁다.　② 화난다.　③ 속상하다.
④ 부끄럽다.　⑤ 후회된다.

14 이 글에서 다음과 같은 삶을 추구하는 인물은 누구인지 찾아 쓰시오.

지금 당장 이루지 못하더라도 '희망'을 가지고 즐겁게 '도전'하는 삶

(　　　　　　　　)

중요

15 ㉠~㉢에서 알 수 있는 인물이 추구하는 삶으로 알맞은 것은 무엇입니까? (　　　)

① ㉠ – 다른 사람을 위해 봉사하는 삶
② ㉠ – 자신이 하고 싶은 일을 행복하게 하는 삶
③ ㉡ – 꿈을 위해 힘들어도 참고 견디는 삶
④ ㉢ – 무언가가 되기 위하여 도전하는 삶
⑤ ㉢ – 좋아하고 신나는 일을 마음껏 즐기는 삶

16~17 다음 글을 읽고, 물음에 답하시오.

이이 이재승

이이에게 한 제자가 물었다. / "선생님, 공부는 왜 해야 합니까?"

"글쎄, 매우 어려운 질문이구나. 분명한 것은 공부는 출세를 위해서 하는 것이 아니라는 점이야."

출세: 사회적으로 높은 지위에 오르거나 유명하게 됨.

"과거에 급제하고 벼슬을 얻어 세상에 나아가는 것이 공부의 목적 아니옵니까?"

"물론 그것도 공부하는 목적 중 하나가 될 수 있지만 그것만이 목적은 아니야. 훨씬 더 중요한 목적이 있어. 공부는 올바른 사람이 되려고 하는 것이야. 올바른 사람이 되어 성인에 이르는 것이 목적이지."

"어떤 사람이 성인입니까?"

"공자와 맹자, 이런 분이 성인이지. 하지만 이분들만이 성인은 아닐세. 주변 사람들한테 존경을 많이 받는 사람은 모두 성인이라고 할 수 있지."

"저 같은 사람도 성인이 될 수 있는지요?"

"당연히 될 수 있지. 성인은 타고나는 것이 아니야. 꾸준히 공부하고 실천에 옮기면 누구나 언젠가 성인이 될 수 있어."

"사실 저는 자신이 없습니다. 성인이 되는 것은 어려울 것 같습니다."

"그렇지 않아. 누구나 성인이 될 수 있는 능력이 있어. 다만 어떤 사람은 자신을 믿지 못해 노력도 해 보지 않고 포기해 버리지. 반면 어떤 사람들은 자신을 믿고 꾸준히 노력하지. 바로 이런 사람들이 결국 성인이 되는 거야. 그러니 털끝만큼도 나 자신을 의심하지 말고 노력해야 해."

"믿음을 갖는 것이 중요하다는 말씀인가요?" / "그래, 바로 그것이야."

– 출처: 이재승, 『이이』, 시공주니어, 2016.

어떻게 읽을까?

1. 이이와 제자가 나누는 대화의 주제를 생각해 보세요.
2. 대화 속에서 성인은 어떠한 삶을 추구하는지 찾아보세요.

대화의 주제 찾기

- 대화의 주제: 공부의 ① □□
- 이이가 생각하는 공부의 목적: ② □□ 이/가 되는 것

성인이 추구하는 삶 알기

- 성인은 자신을 믿고, 꾸준히 ③ □□ 하는 사람이다.
- 성인은 자신에 대한 ④ □□ 을/를 가지고 꾸준히 노력하는 성실한 삶을 추구한다.

답 ① 목적 ② 성인 ③ 노력 ④ 믿음

16 이이가 생각하는 공부의 가장 중요한 목적은 무엇입니까? (　　　)

① 과거에 급제하는 것
② 유명한 사람이 되는 것
③ 벼슬을 얻어 세상에 나아가는 것
④ 높은 자리에 올라 출세를 하는 것
⑤ 올바른 사람이 되어 성인에 이르는 것

단원 개념

17 '성인'이 추구하는 삶과 비슷한 삶을 추구하는 사람은 누구입니까? (　　　)

① 서율: 다른 사람을 돕는 삶을 살 거야.
② 하민: 꿈보다는 지금의 행복이 중요해.
③ 민재: 새로운 일에 도전하는 것이 즐거워.
④ 우진: 일등하면 부모님께서 기뻐하시겠지?
⑤ 윤아: 꾸준히 노력하면 과학자가 될 수 있을 거라고 믿어.

어휘 확인

1 다음 밑줄 그은 낱말의 뜻으로 알맞은 것에 ○표 하시오.

> 봄맞이 대청소를 하려고 걸레를 빨아서 책상을 <u>훔치고</u> 바닥도 닦았다.

(1) 물기나 때 따위가 묻은 것을 닦아 말끔하게 하다. (　　)
(2) 보이지 않는 곳에 있는 것을 찾으려고 손으로 더듬다. (　　)
(3) 남의 물건을 남몰래 슬쩍 가져다가 자기 것으로 하다. (　　)

어휘 적용

2 다음 밑줄 그은 낱말과 뜻이 비슷한 낱말을 찾아 선으로 이으시오.

(1) 아기가 팔을 이리저리 <u>내둘렀다</u>. • 　　• ㉮ 모이다
(2) 축구에 온 국민의 관심이 <u>쏠렸다</u>. • 　　• ㉯ 기쁘다
(3) 우리는 단짝이 되어 온종일 여기저기로 <u>쏘다녔다</u>. • 　　• ㉰ 휘두르다
(4) 오랜만에 온 가족이 화기애애하게 모인 것이 <u>기꺼웠다</u>. • 　　• ㉱ 돌아다니다

어법

3 다음을 읽고, 밑줄 그은 낱말에 사용된 '풋-'의 뜻으로 알맞은 것의 기호를 쓰시오.

> 풋-
> ㉮ '처음 나온' 또는 '덜 익은'의 뜻을 더해 주는 말.
> ㉯ '미숙한', '깊지 않은'이라는 뜻을 더해 주는 말.

(1) 설레는 마음에 한밤중까지 뒤척거리다가 겨우 <u>풋잠</u>이 들었다. (　　)
(2) 엄마가 시장에서 <u>풋사과</u>를 사 오셨다. (　　)

속담

4 다음 글과 그림을 보고, **열의 한 술 밥** 과 뜻이 비슷한 사자성어를 사용한 친구의 이름을 쓰시오.

열의 한 술 밥

열 사람이 한 술씩 보태서 밥 한 그릇을 만든다는 뜻으로, 여럿이 각각 조금씩 도와주어 큰 보탬이 됨을 비유적으로 이르는 말.

작은 것들이 모여 큰 것이 되는 경우를 본 적 있나요? 작은 시냇물이 모여 큰 바다를 이루는 것처럼 말이에요. 이 속담에는 여럿이 힘을 합하면 작은 힘으로도 큰 도움을 줄 수 있다는 교훈이 담겨 있어요.

유이: 친구들과 십시일반으로 성금을 모았더니 큰 금액이 되었어.

민호: 저마다 아전인수로 도와준 덕분에 일이 잘 해결되었어.

( )

2 관용 표현을 활용해요

무엇을 배울까요?

여러 가지 관용 표현의 뜻 알기

이야기를 듣고 말하는 사람의 의도 파악하기

생각이 효과적으로 드러나는 표현을 활용해 말하기

단원에 대한 공부 계획을 세우고, 공부한 내용을
얼마나 이해했는지 스스로 평가해 보세요.

	공부할 내용	스스로 평가
10회	그림으로 개념 탄탄 독해로 교과서 쏙쏙 ❶ •「꿈을 펼치는 길」	☆☆☆
11회	독해로 교과서 쏙쏙 ❷ • 가 광고 나 도산 안창호 선생의 연설 • 생각이 효과적으로 드러나는 표현	☆☆☆
12회	단원 평가 독해로 생각 Up →「토끼와 자라」 어휘 마무리 뚝딱 → 사자성어 〈대동단결〉	☆☆☆

★★★ 잘함. ★★ 보통임. ★ 아쉬움.

그림으로 개념 탄탄

Q 관용 표현이란 무엇인가요?

A

- 관용 표현은 둘 이상의 낱말이 합쳐져 그 낱말의 원래 뜻과는 다른 새로운 뜻으로 굳어져 쓰이는 표현이에요.
- 관용 표현에는 관용어와 속담 따위가 있어요.

Q 말하는 사람의 의도를 파악할 때는 어떻게 해야 할까요?

A

- 이야기를 하는 상황과 이야기의 내용을 파악해요.
- 이야기에 활용된 관용 표현의 뜻을 추론할 때는 글의 앞뒤 내용을 살펴본 후, 표현에 쓰인 낱말이 평소에 어떤 뜻으로 쓰이는지 생각해 보고, 그러한 표현을 쓴 의도를 생각해 보세요.

2단원 10회

공부한 날 월 일

관용 표현을 효과적으로 활용하려면 어떻게 해야 하나요?

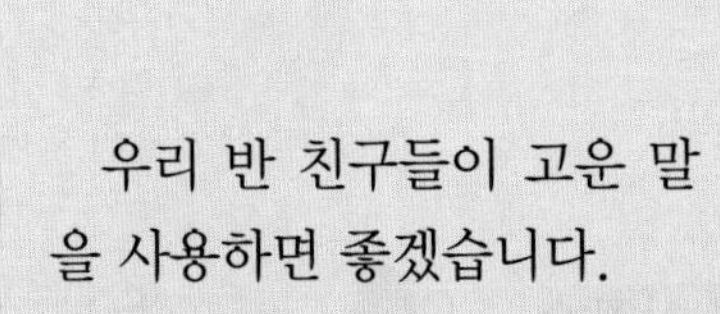

우리 반 친구들이 고운 말을 사용하면 좋겠습니다.

"가는 말이 고와야 오는 말이 곱다."(관용 표현)라는 말이 있습니다. 내가 남에게 말이나 행동을 좋게 해야 남도 나에게 좋게 한다는 뜻입니다. 우리 반 친구들도 고운 말을 사용하면 좋겠습니다.

관용 표현으로 시작하니 무슨 말을 할지 더 궁금해져!

- 관용 표현을 활용해 자신의 생각을 말할 때는 말하는 상황과 말할 내용을 확인해요.
- 관용 표현이 말하는 상황에 어울리는지, 말할 내용을 적절하게 표현하는지 생각하여 활용할 관용 표현을 정해요.
- 관용 표현을 먼저 말한 뒤에 그와 관련한 생각을 말하기도 하고, 생각을 먼저 말한 뒤에 그와 어울리는 관용 표현을 말하기도 해요.
- 말을 시작하거나 끝낼 때 관용 표현을 활용하면 듣는 사람의 관심을 끌고 생각을 효과적으로 전달할 수 있어요.

확인 문제

다음 중 관용 표현을 활용한 말이 아닌 것에 ×표 하시오.

(1)

내 생일이 되기를 손꼽아 기다렸어!

( )

(2)

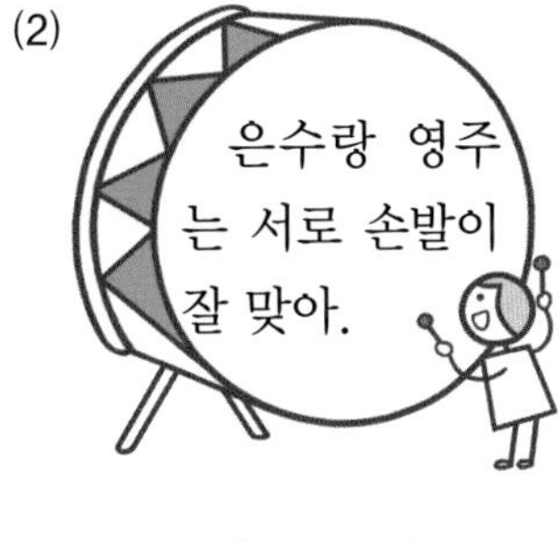

은수랑 영주는 서로 손발이 잘 맞아.

( )

(3)

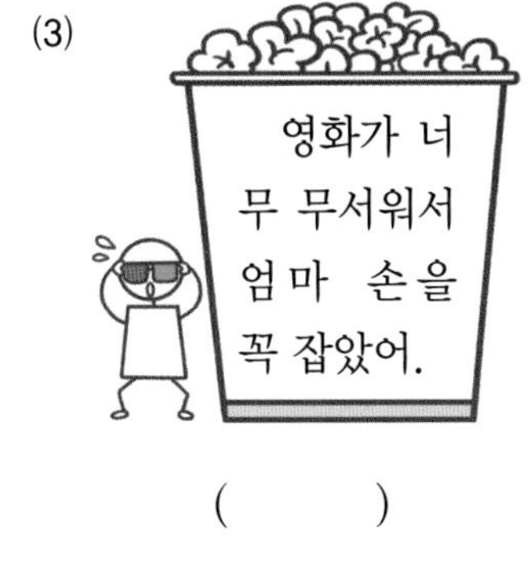

영화가 너무 무서워서 엄마 손을 꼭 잡았어.

( )

답 (3) ×

독해로 교과서 쏙쏙 꿈을 펼치는 길

1 저는 얼마 전부터 오늘을 손꼽아 기다렸습니다. 아마 여러분은 학교를 졸업하면 ㉠천하를 얻은 듯 신나서 바로 멋진 어른이 될 수 있으리라 생각할 것입니다. 하지만 자신의 꿈을 향해 달려가는 일은 결코 쉬운 일도, 마음대로 되는 일도 아니었습니다. 저는 여러분께 꿈을 펼치는 세 가지 방법을 말씀드리려고 합니다.

중심 내용 꿈을 펼치는 세 가지 방법에 대해 말씀드리려고 합니다.

2 첫째, 자신의 진짜 꿈을 찾으려고 노력합시다.(꿈을 펼치는 방법 ①) 한때 의사를 주인공으로 한 드라마가 큰 인기를 얻자, 분위기에 **휩쓸려** 자신의 진로를 의사로 결정하는 사람이 많았습니다. 하지만 시간이 지나자 대부분은 자신이 정말 하고 싶은 일은 따로 있다는 사실을 깨닫고 후회했습니다. 저는 초등학생 때 꿈이 계속 바뀌었는데, 6학년 때 안전 교육을 해 주신 경찰을 직접 만나 여러 가지 이야기를 들으면서 경찰이 되고 싶다는 꿈을 키우기 시작했습니다. 경찰이라는 직업을 자세히 알아보고 제 능력과 흥미를 살펴보면서 제 진짜 꿈이 경찰이라는 **확신**이 들었습니다. 쉽게 미래를 결정하는 것보다 자신의 진짜 꿈을 찾는 노력을 꾸준히 하는 것이 중요합니다.

둘째, 자기 자신에게 자신감을 가집시다.(꿈을 펼치는 방법 ②) **앞날**에 대해 고민이 많고 꿈을 어떻게 이룰 것인지 걱정하고 계신가요? 만약 그렇다면 여러분은 꿈을 펼칠 준비가 된 것입니다. 꿈을 키워 나가는 일은 ㉡눈 깜짝할 사이에 이루어지지 않습니다. 저는 5학년 때까지 매우 **허약한 체질**이었지만, 경찰이 되려고 몇 년 동안 식습관을 바꾸고 체력을 길렀습니다.(경찰이 되기 위해 노력한 것) 당장은 실패하더라도 쉽게 포기하지 말고 꾸준히 노력해야 자신의 꿈을 찾을 수 있습니다. 그 과정에서 **좌절하거나** 힘들어하지 말고, 열심히 노력하는 자기 자신을 충분히 칭찬해 줍시다.

셋째, 구체적인 목표를 세웁시다.(꿈을 펼치는 방법 ③) 여러분이 꿈을 결정한 뒤 구체적인 목표가 없다면 꿈을 이루려는 노력에 ㉢금이 가기 쉽습니다. 저는 경찰이 되려고 '하루 30분 운동, 한 분야 공부'처럼 쉬운 목표부터 시작해 운동하고 공부하는 시간과 양을 조금씩 늘려 나갔습니다. 초등학생 때 할 일, 중학생 때 할 일, 그리고 고등학생 때 할 일을 나누어 정하거나, 단계적으로 실천할 행동 목표를 정한다면 언젠가는 꿈꾸던 인생의 ㉣막을 열 수 있을 것입니다.

중심 내용 꿈을 펼치기 위해서 첫째, 자신의 진짜 꿈을 찾으려 노력하고, 둘째, 자기 자신에게 자신감을 가지고, 셋째, 구체적인 목표를 세웁시다.

읽기 팁

말하는 목적을 파악하고, 말하는 내용에 쓰인 여러 가지 관용 표현의 뜻을 파악하며 읽어 보세요.

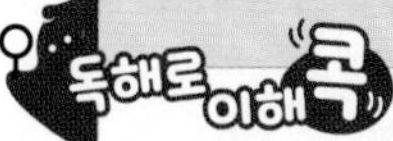

1 말하는 사람은 초등학교 6학년 때부터 경찰이 되고 싶다는 꿈을 꾸었다. (○, ×)

2 말하는 사람은 자신의 (   )와/과 흥미를 살펴보면서 자신의 꿈에 확신이 들었다.

3 말하는 사람은 쉽게 미래를 결정하는 것보다 자신의 진짜 꿈을 찾는 (노력, 실패)을/를 꾸준히 하는 것이 중요하다고 했다.

4 말하는 사람은 꿈을 이루기 위해 가장 어려운 목표부터 세우고 시작하라고 했다. (○, ×)

낱말풀이

휩쓸려 무엇에 영향을 입어. 예 동생은 유행에 휩쓸려 필요하지도 않은 물건을 샀다.

확신 굳게 믿는 마음.

앞날 앞으로 살아갈 길. 또는 그날.

허약한 힘이나 기운이 없고 약한.

체질 태어날 때부터 지니고 있는 몸의 기능이나 건강상의 특징.

좌절하거나 마음이나 기운이 꺾이거나.

➔ 바른답·알찬풀이 10쪽

3 여러분, "쇠뿔도 단김에 빼라."라는 말이 있습니다. 지금부터 제 조언을 벗 삼아 꿈을 찾아 떠나는 노력을 시작하시기 바랍니다. 자신만의 멋진 꿈을 향해 달려가는 후배들을 저도 응원하겠습니다.

중심 내용 제 조언을 벗 삼아 꿈을 찾아 떠나는 노력을 시작하시기 바랍니다.

쇠뿔 소의 뿔.
단김에 열기가 아직 식지 아니하였을 적에.

01 말하는 사람은 무엇에 대해 이야기하고 있습니까? (　　　　)

① 직업의 종류　② 건강해지는 방법
③ 경찰이 되어 힘든 점　④ 공부를 해야 하는 까닭
⑤ 꿈을 펼치는 세 가지 방법

교과서 문제

02 말하는 사람은 어떻게 경찰이 되려는 꿈을 꾸게 되었는지 빈칸에 알맞은 말을 쓰시오.

> 6학년 때 (1) (　　　　　　　　)을/를 해 주신 (2) (　　　　　　　　)을/를 직접 만나 여러 가지 이야기를 들으면서 꿈을 키우기 시작했다.

중요

03 관용 표현 ㉠~㉢의 뜻으로 알맞은 것을 찾아 기호를 쓰시오.

> ㉮ 매우 짧은 순간.
> ㉯ 매우 기쁘고 만족스러움.
> ㉰ 서로의 사이가 벌어지거나 틀어짐.

(1) ㉠: (　　　)　(2) ㉡: (　　　)　(3) ㉢: (　　　)

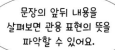

문장의 앞뒤 내용을 살펴보면 관용 표현의 뜻을 파악할 수 있어요.

서술형

04 ㉣처럼 쓰이는 관용 표현 '막을 열다'의 뜻을 쓰고, 이 관용 표현을 활용한 문장을 만들어 쓰시오.

(1) '막을 열다'의 뜻: ________________

(2) 만든 문장: ________________

가 광고 나 도산 안창호 선생의 연설

가 광고

❸
㉠"물 쓰듯 쓰다"라는 말,
이제는 바뀌어야 합니다.

나 도산 안창호 선생의 연설

오늘날 우리가 임시 정부를 위한 독립운동 단체를 조직하려면 준비할 것이 셀 수 없이 많습니다. 특히 사람이 많이 모이도록 힘써야 할 것이외다. 그러나 어려운 점이 있습니다. 누구나 자기가 한 가지 생각을 하면 다른 이의 생각을 무엇이든지 반대한다는 것입니다. 「예를 들어 말하면 전쟁을 원하는 자가 대화를 원하는 자를 반대해 말하기를 "대화가 무엇이냐, 지금이 어느 때라고! 우리는 폭탄을 들고 나가야 한다."라고 떠듭니다. 또 대화를 원하는 자는 말하기를 "**공연히** 젊은 놈들이 ㉮ 애간장이 타서 당장 폭탄을 들고 나가면 우리 독립이 되는가?"라고 합니다.」 우리가 서로 자기 생각만 옳은 줄 알고 그것만 해야 한다고 하는 것은 ㉯ 한 가지만 알고 두 가지는 모르는 까닭이외다.

(독립운동 단체: 안창호 선생을 비롯한 사람들이 조직하려는 것)
(「 」: 독립운동을 하려고 모인 사람들이 자신의 의견만을 주장해 의견을 하나로 모으지 못하고 있다는 것을 설명함.)

그러므로 이러한 마음을 꼭 고쳐야 하겠습니다. 독립운동은 할 일이 많고 복잡하므로 일을 나누어야 합니다. 우리는 서로 생각은 달라도 말없이 뜻을 함께하고 독립운동 단체를 조직하도록 합해야 하겠습니다. 각각 자신만의 주장은 버리고 전 **민중**을 끌어 통일한 방향으로 나아가야 할 것입니다. 이렇게 하려 함에는 대표적 인물이 있어야 하겠습니다. 나는 진정으로 우리를 붙들고 나갈 만한 대표자가 내일 올 듯 모레 올 듯 하다고 생각합니다.

읽기 팁

광고와 연설에 활용된 관용 표현을 찾아보고, 말하는 사람의 의도를 파악해 보세요.

5 광고 가에서는 "(　　　　　　)"(이)라는 말이 이제는 바뀌어야 한다고 했다.

6 광고 가에서는 우리가 물을 아주 헤프게 쓴다는 것을 강조하기 위해서 (노랫말, 관용 표현)을 사용했다.

7 글 나에서 안창호 선생을 비롯한 사람들은 대한민국 임시 정부를 조직하는 것에 반대한다. (◯, ✕)

8 글 나에서 안창호 선생의 연설을 들으러 모인 사람들 사이에는 서로 (의견, 정부) 이/가 다르다는 문제가 있다.

낱말풀이

공연히 아무 까닭이나 실속이 없게.

민중 국가나 사회의 다수를 이루는 일반 대중.

→ 바른답·알찬풀이 10쪽

공부한 날 월 일

오늘 이 자리에 모인 여러분, 우리는 이제부터 누구의 장단점을 말하지 말고 단결해 나갑시다. 모두 함께 독립운동을 할 **배포**를 기릅시다. 독립을 **달성하려고** ㉰하루에도 열두 번 노력합시다. 독립운동가가 될 만한 여러분, 독립운동 단체를 조직할 준비를 할 날이 오늘이외다. 그런즉 나와 여러분은 독립운동 단체가 실현되도록 각각의 의견을 버리고 모두의 한 목표를 이루려고 민족적 정신으로 ㉱어금니를 악물고 나갑시다. 그래서 독립운동의 ㉲깃발 아래 우리의 뜻을 모아야 하겠습니다.

배포 머리를 써서 일의 앞뒤가 맞게 계획함. 또는 그런 속마음.

달성하려고 목적한 것을 이루려고. 예 마라톤 선수는 신기록을 세우겠다는 목표를 달성했다.

05 관용 표현 ㉠의 뜻과 관련 있는 낱말은 무엇입니까? (　　　　)

① 저축　② 낭비　③ 양보
④ 청결　⑤ 오염

서술형

06 광고 가 에서 하고 싶은 말은 무엇인지 쓰시오.

____

교과서 문제

07 관용 표현 ㉮~㉲의 뜻으로 알맞지 않은 것은 무엇입니까? (　　　　)

① ㉮: 몹시 초조하고 안타까워서 속을 많이 태우다.
② ㉯: 사물의 한 측면만 보고 두루 보지 못하다.
③ ㉰: 규칙적으로 하다.
④ ㉱: 고통이나 분노를 참으려고 이를 악물어 굳은 의지를 나타내다.
⑤ ㉲: 하나의 목표를 품다.

중요

08 글 나 의 내용으로 보아, 안창호 선생이 연설한 의도는 무엇일지 알맞은 것을 두 가지 고르시오. (　　　　)

① 자신이 지도자가 되려고
② 사람들의 의견을 하나로 모으려고
③ 독립운동 단체의 지도자를 뽑으려고
④ 새로운 학문을 배워야 한다는 것을 말하려고
⑤ 민중에게 우리나라가 일본으로부터 독립했음을 알리려고

안창호 선생은 어떤 상황에서 연설하고 있나요?

교과서 쏙쏙 생각이 효과적으로 드러나는 표현

가 관용 표현의 효과

우리 반 친구들이 고운 말을 사용하면 좋겠습니다.
"가는 말이 고와야 오는 말이 곱다."라는 말이 있습니다. 내가 남에게 말이나 행동을 좋게 해야 남도 나에게 좋게 한다는 뜻입니다. 우리 반 친구들도 고운 말을 사용하면 좋겠습니다.
규영
고운
우리 반 친구들이 고운 말을 사용하면 좋겠습니다. 친구에게 나쁜 말을 했다가 자신도 나쁜 말을 들은 경험, 반대로 친구를 칭찬하고 자신도 칭찬을 들은 경험이 있을 것입니다. 가는 말이 고와야 오는 말이 곱습니다.
혜선

나 상황에 어울리는 관용 표현

• [상황 1] 사회 수업 시간에 힘들게 준비한 모둠 과제를 발표하는 상황

"공든 탑이 무너지랴."라는 말이 있습니다. 모둠 과제를 열심히 준비했으니 반드시 좋은 결과가 있을 것입니다.
〈 모둠 과제 발표 〉

• [상황 2] 학급 회의에서 학예회 발표 종목을 함께 정하는 상황

• [상황 3] 전교 학생회 회장단 선거에서 후보자로 연설하는 상황

우리의 재능을 잘 보여 줄 수 있는 종목을 ㉠ 머리를 맞대고 함께 정합시다.

학생들이 즐거운 학교생활을 할 수 있도록 ㉡ 발 벗고 나서겠습니다.

활동 팁

말하는 상황과 내용에 알맞은 관용 표현을 활용해 자신의 생각을 말하는 방법을 알아보세요.

9 '가는 말이 고와야 오는 말이 곱다.'라는 말은 내가 남에게 말이나 행동을 좋게 해야 남도 나에게 좋게 한다는 뜻이다. (○, ×)

10 고운이는 말을 (시작할, 끝낼) 때 관용 표현을 활용했다.

11 '상황 1'의 말하는 사람은 모둠 과제를 열심히 준비했으니 반드시 좋은 결과가 있을 거라는 말을 하고 싶어 한다. (○, ×)

12 (상황 2, 상황 3)은/는 전교 학생회 회장단 선거에서 자신을 뽑아 달라고 연설하는 상황이다.

낱말풀이

공든 어떤 일을 이루는 데에 정성과 노력이 많이 든.

재능 어떤 일을 하는 데 필요한 재주와 능력. 개인이 타고난 능력과 훈련하여 얻게 된 능력을 아울러 이른다.

교과서 문제

09 가에서 친구들은 무엇을 말하고 있습니까? (　　　)

① 생각하고 말하자는 것
② 고운 말을 사용하자는 것
③ 친구를 놀리지 말자는 것
④ 친구에게 칭찬을 하자는 것
⑤ 말과 행동이 일치해야 한다는 것

서술형

10 가의 규영이와 고운이가 한 말에서 서로 다른 점은 무엇인지 쓰시오.

규영이, 고운이가 말한 방법에서 다른 점을 찾아보세요.

11 가의 혜선이처럼 말을 끝낼 때 관용 표현을 활용하면 좋은 점은 무엇입니까? (　　　)

① 말을 짧고 간단하게 할 수 있다.
② 다른 사람의 생각을 반박할 수 있다.
③ 듣는 사람의 기분을 잘 파악할 수 있다.
④ 여러 사람 앞에서 떨지 않고 말할 수 있다.
⑤ 자신의 생각을 효과적으로 전달할 수 있다.

12 나의 '상황 1'에서 활용한 관용 표현이 어울리는 상황으로 알맞은 것은 무엇입니까? (　　　)

① 싸웠던 친구와 화해한 상황
② 서두르다 준비물을 빠뜨린 상황
③ 길을 걷다 경적 소리에 깜짝 놀란 상황
④ 대회에서 열심히 그린 그림을 제출하는 상황
⑤ 친구들이 하는 말에 따라 자꾸 마음이 변하는 상황

중요

13 ㉠과 ㉡에 알맞은 뜻을 찾아 선으로 이으시오.

이야기하는 상황과 이야기의 내용을 파악해 보세요.

(1) ㉠ • 　　• ㉮ 적극적으로 나서다.

(2) ㉡ • 　　• ㉯ 어떤 일을 의논하기 위해 서로 마주 대하다.

2 관용 표현을 활용해요

맞힌 개수 개

01~05 다음 글을 읽고, 물음에 답하시오.

가 저는 여러분께 꿈을 펼치는 세 가지 방법을 말씀드리려고 합니다.

첫째, 자신의 진짜 꿈을 찾으려고 노력합시다. 한때 의사를 주인공으로 한 드라마가 큰 인기를 얻자, 분위기에 휩쓸려 자신의 진로를 의사로 결정하는 사람이 많았습니다. 하지만 시간이 지나자 대부분은 자신이 정말 하고 싶은 일은 따로 있다는 사실을 깨닫고 후회했습니다. 저는 초등학생 때 꿈이 계속 바뀌었는데, 6학년 때 안전 교육을 해 주신 경찰을 직접 만나 여러 가지 이야기를 들으면서 경찰이 되고 싶다는 꿈을 키우기 시작했습니다.

나 둘째, 자기 자신에게 자신감을 가집시다. 앞날에 대해 고민이 많고 꿈을 어떻게 이룰 것인지 걱정하고 계신가요? 만약 그렇다면 여러분은 꿈을 펼칠 준비가 된 것입니다. 꿈을 키워 나가는 일은 ㉠눈 깜짝할 사이에 이루어지지 않습니다. 저는 5학년 때까지 매우 허약한 체질이었지만, 경찰이 되려고 몇 년 동안 식습관을 바꾸고 체력을 길렀습니다.

다 셋째, 구체적인 목표를 세웁시다. 여러분이 꿈을 결정한 뒤 구체적인 목표가 없다면 꿈을 이루려는 노력에 금이 가기 쉽습니다. 저는 경찰이 되려고 '하루 30분 운동, 한 분야 공부'처럼 쉬운 목표부터 시작해 운동하고 공부하는 시간과 양을 조금씩 늘려 나갔습니다. 초등학생 때 할 일, 중학생 때 할 일, 그리고 고등학생 때 할 일을 나누어 정하거나, 단계적으로 실천할 행동 목표를 정한다면 언젠가는 꿈꾸던 인생의 [㉡] 수 있을 것입니다.

01 말하는 사람이 말한 꿈을 펼치는 방법으로 알맞은 것을 모두 고르시오. (　　　　)

① 구체적인 목표를 세운다.
② 자기 자신에게 자신감을 가진다.
③ 자신과 꿈이 같은 친구를 사귄다.
④ 자신의 진짜 꿈을 찾으려고 노력한다.
⑤ 분위기에 따라 자신의 진로를 결정한다.

02 말하는 사람이 경찰이 되려고 세운 구체적인 목표는 무엇인지 이 글에서 찾아 쓰시오.

(　　　　　　　　　　　　　　　　)

03 이 글에 활용된 관용 표현의 뜻을 파악하는 방법으로 알맞은 것을 두 가지 고르시오. (　　　　)

① 인명 사전을 참고한다.
② 낱말의 짜임을 알아본다.
③ 앞뒤 문장을 잘 살펴본다.
④ 문장의 종류가 무엇인지 살펴본다.
⑤ 관용 표현에 포함된 낱말의 뜻을 생각해 본다.

서술형

04 관용 표현 ㉠의 뜻은 무엇인지 쓰고, ㉠을 활용해 간단한 문장을 만들어 쓰시오.

뜻	(1)
문장	(2)

중요

05 ㉡에 들어갈, 다음 뜻을 가진 관용 표현은 무엇입니까? (　　　　)

> 무대의 공연이나 어떤 행사를 시작하다.

① 막을 열
② 금이 갈
③ 손을 뗄
④ 어금니를 악물
⑤ 애간장을 태울

06~08 다음 광고를 보고, 물음에 답하시오.

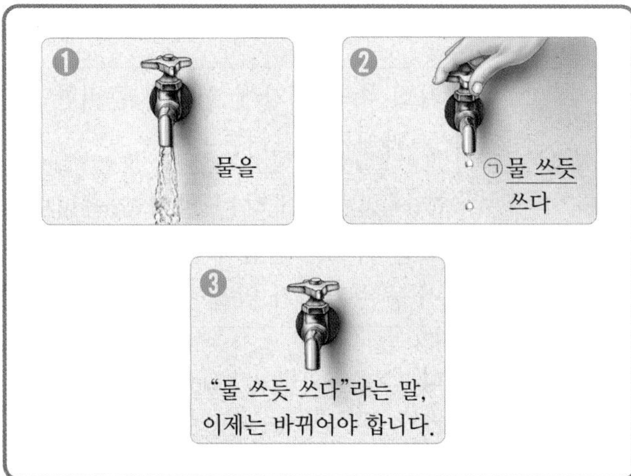

06 이 광고의 장면 ❶과 ❸을 보았을 때, 장면 ❷는 어떤 내용입니까? (　　　)

① 손을 씻으려고 수도꼭지를 여는 장면이다.
② 수도꼭지에서 물 대신 돈이 새는 장면이다.
③ 물이 부족하여 수도꼭지를 더 여는 장면이다.
④ 물이 쏟아지는 수도꼭지를 잠그고 있는 장면이다.
⑤ 수도꼭지에서 물이 콸콸 쏟아지고 있는 장면이다.

서술형

07 ㉠은 어떤 뜻으로 쓰였는지 추론하여 쓰시오.

____

____

중요

08 이 광고에서 관용 표현을 활용한 까닭은 무엇일지 알맞은 것에 ○표 하시오.

(1) 광고의 의도를 숨기기 위해서 (　　　)
(2) 우리가 평소에 물을 아주 헤프게 쓴다는 점을 강조하기 위해서 (　　　)

09~11 다음 글을 읽고, 물음에 답하시오.

> 오늘날 우리가 임시 정부를 위한 독립운동 단체를 조직하려면 준비할 것이 셀 수 없이 많습니다. 특히 사람이 많이 모이도록 힘써야 할 것이외다. 그러나 어려운 점이 있습니다. 누구나 자기가 한 가지 생각을 하면 다른 이의 생각을 무엇이든지 반대한다는 것입니다. ㉠<u>예를 들어 말하면 전쟁을 원하는 자가 대화를 원하는 자를 반대해 말하기를 "대화가 무엇이냐, 지금이 어느 때라고! 우리는 폭탄을 들고 나가야 한다."라고 떠듭니다. 또 대화를 원하는 자는 말하기를 "공연히 젊은 놈들이 애간장이 타서 당장 폭탄을 들고 나가면 우리 독립이 되는가?"라고 합니다.</u> 우리가 서로 자기 생각만 옳은 줄 알고 그것만 해야 한다고 하는 것은 [　㉡　] 까닭이외다.

09 말하는 사람을 비롯한 사람들이 조직하려는 것은 무엇인지 쓰시오.

(　　　　　　　　　　)

10 ㉠은 어떤 상황을 설명한 것입니까? (　　　)

① 사람이 많이 모이지 않는 상황
② 일본의 감시가 점점 심해지는 상황
③ 아무도 독립운동을 하고 싶어 하지 않는 상황
④ 무조건 다른 사람의 의견이 옳다고 따르는 상황
⑤ 자신의 의견만을 주장해 하나의 의견으로 합하지 못하는 상황

11 이 글의 내용으로 보아, ㉡에 알맞은 관용 표현은 무엇입니까? (　　　)

① 발 벗고 나서는
② 쇠뿔도 단김에 빼는
③ 말꼬리를 물고 늘어지는
④ 돌다리도 두들겨 보고 건너는
⑤ 한 가지만 알고 두 가지는 모르는

12~13 다음 그림을 보고, 물음에 답하시오.

우리 반 친구들이
고운 말을 사용하면
좋겠습니다.
㉠ 내가 남에게
말이나 행동을 좋게 해야 남도 나에게
좋게 한다는 뜻입니다. 우리 반 친구들도
고운 말을 사용하면 좋겠습니다.
규영
고운
우리 반 친구들이 고운 말을
사용하면 좋겠습니다. 친구에게
나쁜 말을 했다가 자신도 나쁜 말을
들은 경험, 반대로 친구를 칭찬하고
자신도 칭찬을 들은 경험이 있을
것입니다. ㉡
혜선

12 ㉠과 ㉡에 공통으로 들어갈 수 있는 관용 표현은 무엇입니까? (　　　)

① 소 잃고 외양간 고친다
② 발 없는 말이 천 리 간다
③ 까마귀 날자 배 떨어진다
④ 낫 놓고 기역 자도 모른다
⑤ 가는 말이 고와야 오는 말이 곱다

중요

13 12의 활동을 바탕으로 하였을 때, 다음 ㉮와 ㉯에 들어갈 이름이 순서대로 알맞게 짝지어진 것은 무엇입니까? (　　　)

> ㉮ 이는 듣는 사람의 관심을 끌 수 있도록 말을 시작할 때 관용 표현을 활용했고, ㉯ 이는 생각을 효과적으로 전달할 수 있도록 말을 끝낼 때 관용 표현을 활용했다.

① 규영, 고운　　② 고운, 혜선
③ 고운, 규영　　④ 혜선, 고운
⑤ 혜선, 규영

14 말하는 상황과 말할 내용으로 보아, 빈칸에 알맞은 관용 표현은 무엇입니까? (　　　)

말하는 상황	사회 수업 시간에 힘들게 준비한 모둠 과제를 발표하는 상황
말할 내용	"　　　　"라는 말이 있습니다. 모둠 과제를 열심히 준비했으니 반드시 좋은 결과가 있을 것입니다.

① 발이 넓다
② 귀가 얇다
③ 공든 탑이 무너지랴
④ 백지장도 맞들면 낫다
⑤ 말 한마디에 천 냥 빚도 갚는다

15 '전교 학생회 회장단 선거에서 후보자로 연설하는 상황'에서 관용 표현을 활용해 알맞게 말한 사람의 이름을 쓰시오.

> 세진: 학생들이 즐거운 학교생활을 할 수 있도록 발 벗고 나서겠습니다.
> 윤서: "소 잃고 외양간 고친다."라는 말처럼 학생들을 위해 노력하겠습니다.

(　　　　　　　　)

서술형

16 친구들에게 하고 싶은 말을 쓰고, 그 말에 어울리는 관용 표현을 쓰시오.

하고 싶은 말	(1)
관용 표현	(2)

17~18 다음 글을 읽고, 물음에 답하시오. [미래엔 중 1-2] 1단원

토끼와 자라 엄인희

토끼 (엄살을 떤다.) 아이고, 나 죽네. 그 아까운 간을, 그 용하다는 명약을 심심산골에 숨겨 두고 아까운 목숨만 사라지네.

(엄살: 아픔이나 괴로움을 거짓으로 꾸미거나 실제보다 보태어서 나타냄. 또는 그런 태도나 말.)
(심심산골: 깊고 깊은 산골.)

자라 폐하! 다시 육지로 나가 토끼 간을 받아오겠나이다. 산속 짐승이나 물속 짐승이나 모두 하나뿐인 생명입니다. 힘이 들더라도 한 번 더 다녀오겠습니다.

용왕 그래라, 그래. 간도 없는 놈을 죽여 무엇하겠느냐. 털가죽도 뒤집어 쓰는 걸 보니, 간 아니라 심장도 밖에다 내놓고 다닐 놈이로다. 얼른 서둘러 다녀오너라.

자라 다녀오겠습니다, 폐하!

뱀장어 (칼을 휘두르며 쫓아온다.) 속지 마십시오, 폐하! 이놈 간 내놔! 간 내놔!

토끼, 도망치며 얼른 자라의 등에 탄다.
토끼, 자라의 등을 발로 차며 '이랴 낄낄' 한다. / 둘은 헤엄쳐 간다.
둘의 뒤로 다른 물고기들이 헤엄쳐 따라온다.
재미있는 빠른 음악이 울린다.

토끼 아이고, 이놈아, 빨리 가자. ㉠간 떨어지겠다. 간이 콩알만 해지겠다.

자라 뭐라고? 간이 떨어져?

토끼 아냐, 어서 가. 똥 떨어진다는 소리다.

자라 앗! (걱정하며) 내 등에 싸지 마!

– 출처: 엄인희, 『아동과 청소년을 위한 희곡』, 북스토리, 2011.

어떻게 읽을까?

1. 글에서 활용된 관용 표현을 찾아보고, 그 뜻을 짐작해 보세요.
2. 등장인물들의 대화를 보고 인물이 말하는 의도를 파악해 보세요.

토끼가 말하는 의도

- "그 아까운 ①[ ]을, 그 용하다는 명약을 심심산골에 숨겨 두고 아까운 목숨만 사라지네."
  → 자신의 목숨을 구하려고 ②[ ][ ][ ]을 함.
- "간 떨어지겠다. 간이 ③[ ][ ]만 해지겠다."
  → 자라를 재촉하려고 자신의 놀라고 무서운 마음을 표현함.

답 ① 간 ② 거짓말 ③ 콩알

17 토끼가 간을 산골에 두고 왔다고 말한 의도는 무엇입니까? (　　　)

① 자라를 약 올려 주고 싶어서
② 자신의 목숨을 구하기 위해서
③ 용왕의 병을 고쳐 주고 싶어서
④ 뱀장어가 칼을 휘두르며 쫓아와서
⑤ 용왕에게 육지를 구경시켜 주고 싶어서

단원 개념

18 토끼의 상황으로 보아, ㉠의 뜻으로 알맞은 것은 무엇입니까? (　　　)

① 매우 느리다.
② 많이 아프다.
③ 무척 기쁘다.
④ 매우 화가 나다.
⑤ 순간적으로 몹시 놀라다.

어휘 확인

1 밑줄 그은 낱말의 뜻을 보기 에서 골라 기호를 쓰시오.

보기
㉠ 무엇에 영향을 입어.
㉡ 아무 까닭이나 실속이 없게.
㉢ 어떤 일을 이루는 데에 정성과 노력이 많이 든.

(1) 형은 <u>공연히</u> 심술을 부렸다. (　　　)
(2) 분위기에 <u>휩쓸려</u> 친구들과 놀러 나갔다. (　　　)
(3) <u>공든</u> 일에는 좋은 결과가 따르기 마련이다. (　　　)

어휘 적용

2 밑줄 그은 낱말과 뜻이 반대인 낱말을 찾아 ○표 하시오.

(1) 우리 반이 이길 것이라는 <u>확신</u>이 들었다.

자신	장담	불신

(2) 내 동생은 <u>허약해서</u> 감기에 잘 걸린다.

연약해서	건강해서	성급해서

(3) 우리나라의 희망찬 <u>앞날</u>을 기대한다.

지난날	뒷날	훗날

3 보기 의 낱말 뜻을 보고, 표기가 알맞은 낱말에 ○표 하시오.

보기
• 반드시: 틀림없이 꼭.
• 반듯이: 비뚤어지거나 굽거나 흐트러지지 않고 바르게.

(1) 부모님과 한 약속은 [반드시 / 반듯이] 지켜야 한다고 생각한다.

(2) 전개도를 그릴 때에는 자를 대고 선을 [반드시 / 반듯이] 그어야 한다.

➜ 바른답·알찬풀이 12쪽

사자성어

4 다음 글과 그림을 보고, **대동단결** 을 알맞게 사용한 친구의 이름을 쓰시오.

대동단결

(大 큰 대, 同 같을 동, 團 둥글 단, 結 맺을 결)
여러 집단이나 사람이 어떤 목적을 이루려고 크게 한 덩어리로 뭉친다는 뜻.

큰 목적을 이루기 위해서는 여러 사람이 한 마음을 갖는 것이 중요하겠죠? 아우내 장터에 모인 사람들이 한 목소리로 대한 독립을 외쳤듯이, 모든 무리가 같은 뜻을 향해 뜻을 모으고 함께 행동하는 모습을 가리키는 말이에요.

지우: 우리 반 친구들이 대동단결한 덕분에 줄다리기 시합에서 우승했어.

세윤: 가수 지망생들의 실력이 대동단결해서 누가 1등을 할지 결과를 예상할 수가 없어.

( )

3

타당한 근거로 글을 써요

무엇을 배울까요?

- 글을 읽고 주장 찾기
- 주장에 대한 근거가 적절한지 판단하며 글 읽기
- 논설문을 쓸 때 알맞은 자료를 활용하는 방법 알기
- 상황에 알맞은 자료를 활용해 논설문 쓰기

단원에 대한 공부 계획을 세우고, 공부한 내용을
얼마나 이해했는지 스스로 평가해 보세요.

	공부할 내용	스스로 평가
13회	그림으로 개념 탄탄 독해로 교과서 쏙쏙 ❶ •「'그냥'이 아니라 '왜'」	☆☆☆
14회	독해로 교과서 쏙쏙 ❷ •「공정 무역 제품을 사용합시다」	☆☆☆
15회	독해로 교과서 쏙쏙 ❸ •「숲을 보호하자」 • 가「소희네 가족 단체 대화방」 나「제발 저희 가게를 도와주세요」	☆☆☆
16회	단원 평가 독해로 생각 Up →「종이 신문을 읽자」 어휘 마무리 뚝딱 → 속담 〈세 치 혀가 사람 잡는다〉	☆☆☆

★★★ 잘함. ★★ 보통임. ★ 아쉬움.

그림으로 개념 탄탄

Q 주장의 근거가 타당한지 어떻게 판단해야 하나요?

A

- 주장과 근거가 관련이 있는지 파악해요.
- 근거가 주장을 뒷받침하는지, 근거를 뒷받침하는 자료가 적절한지 판단해요.

Q 자료가 근거를 잘 뒷받침하는지 어떻게 판단해야 하나요?

자료를 수집할 때는 설문 조사, 면담, 인터넷 검색, 책이나 신문 등을 활용해요.

A

- 활용된 자료가 근거의 내용과 관련 있는지, 믿을 수 있는 자료인지 살펴봐요.
- 수를 제시할 때는 정확한 숫자를 사용했는지 살펴봐요.
- 최신 자료를 사용했는지, 자료의 출처가 분명한지 살펴봐요.

출처: 말이나 사물이 생기거나 나온 곳.

공부한 날 월 일

자료를 활용하여 논설문을 쓸 때는 무엇을 주의해야 하나요?

안타까운 일이네.
누리 소통망을
올바르게 사용하자는
글을 써 보자!

그 글에는 며칠 전에 있었던 일이 사실과는 다르게 적혀 있었습니다. (중략)

잘못된 정보가 퍼짐.

사람들은 댓글에 모두 저희 가게를 욕하며 불매 운동을 벌이고 있었습니다. 게다가 저를 아는 누군가가 제 이름과 다니는 학교까지 인터넷에 올리는 바람에 학교에도 소문이 났습니다. 그리고 그 사건 뒤 저희 가게에는 정말 손님이 뚝 끊겨 저희 가족은 힘든 나날을 보내고 있습니다.

개인 정보가 유출됨.

누리 소통망으로
잘못된 정보가 퍼진
사례를 근거로
제시해 보자.

- 문제 상황을 파악하여 주장을 정하고 읽을 사람과 글을 올릴 곳을 정해요.
- 주장을 뒷받침할 적절한 근거를 생각해 보고, 근거를 뒷받침할 알맞은 자료를 수집해요.
- 논설문은 '서론-본론-결론' 형식으로 쓰고, 자신만의 생각이나 감정에 치우치는 주관적인 표현, 의미가 분명하지 않은 모호한 표현은 사용하지 않아야 해요.
- '반드시', '절대로', '결코' 같은 단정적인 표현은 조심해서 써요.

자료를 활용하여 논설문을 쓰는 방법으로 알맞으면 ○, 틀리면 ×에 ○표 하시오.

(1) 내용을 뒷받침할 수 있는 자료를 수집하여 제시한다. (○ / ×)

(2) 자신의 주장이 잘 드러나도록 주관적인 표현을 많이 쓴다. (○ / ×)

답 (1) ○ (2) ×

'그냥'이 아니라 '왜' 이어령

1 할아버지를 생각하면 긴 수염이 떠오르기도 하지? 정말 그렇게 수염을 길게 기른 할아버지 한 분이 마을 길을 걸어가고 있었단다. 그때 한 어린아이가 할아버지에게 다가왔어. 아이는 할아버지 가슴팍까지 내려온 하얗고 긴 수염을 신기한 눈으로 바라보았대. 그리고는 이렇게 물었지.

"할아버지! 할아버지는 주무실 때 그 수염을 이불 안에 넣나요, 아니면 꺼내 놓나요?" (어린아이가 한 질문)

할아버지는 "**예끼**! 이 버릇없는 놈." 하고 소리치려다가 문득 자기도 궁금해졌단다. 왜냐하면 수염을 기른 채 몇십 년 동안이나 살아왔지만, 그때까지 한 번도 그런 궁금증을 지녀 본 적이 없었거든.

'허허, 그러고 보니 내가 정말 수염을 꺼내 놓고 잤나, 넣고 잤나?'

아무리 생각해 봐도 알쏭달쏭하기만 했지. 결국 할아버지는 **난처한** 얼굴을 하고는 아이에게 이렇게 말할 수밖에 없었단다.

"글쎄다. 허, 참. 이 녀석, 별걸 다 묻는구나. 정 궁금하다면 말이다, 오늘 밤에 한번 자 보고 내일 아침에 가르쳐 주마."

중심 내용 어린아이가 수염을 길게 기른 할아버지께 수염을 이불 안에 넣고 자는지, 꺼내 놓고 자는지 묻자 할아버지는 내일 아침에 가르쳐 주겠다고 했어.

2 할아버지는 집에 돌아오기 무섭게 **이부자리**를 펴고 누웠지. 우선 이불 속에 수염을 넣고 말이야. 그런데 너무 갑갑하고 **거북해서** 아무래도 수염을 밖에 내놓고 자야 할 것 같았어.

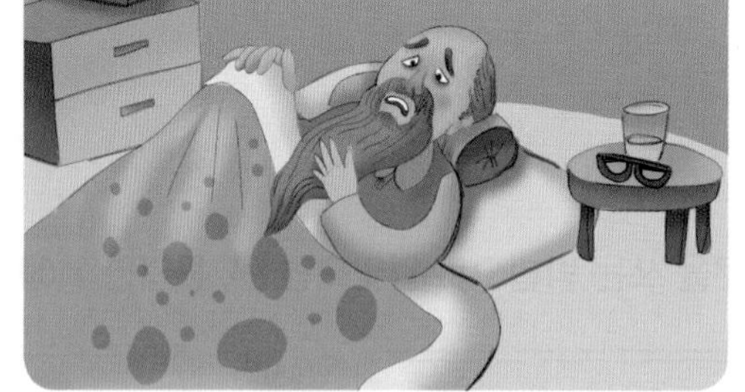

'옳지! 수염을 이불 밖으로 꺼내 놓고 잔 게 분명해!'

할아버지는 얼른 수염을 이불 밖으로 꺼내 놓고 눈을 감아 봤어. 그런데 불편한 건 마찬가지였어. 이불 밖으로 내놓은 수염 때문에 왠지 허전하고 썰렁한 느낌이 들어서 마음이 편하지 않았던 거야. 아무리 자려고 해도 잠을 이룰 수가 없었지.

수염을 이불로 덮으니 갑갑하고, 이불 밖으로 꺼내 놓으면 허전하고……. 할아버지는 밤새도록 수염을 넣었다 꺼냈다 하느라고 한숨도 잘 수가 없었단다. 물론 할아버지는 다음 날 아침에 가르쳐 주겠노라고 했던 아이와의 약속도 지키지 못했지.

읽기 팁

주장하는 내용이 무엇인지 생각하며 글을 읽어 보세요.

독해로 이해 콕

1. 어린아이는 가슴팍까지 내려온 할아버지의 (수염, 머리카락)을 신기하게 바라보았다.
2. 할아버지가 어린아이의 질문에 난처한 얼굴을 한 까닭은 아이가 자신보다 더 똑똑했기 때문이다. (○, ×)
3. 할아버지는 아이의 질문에 대한 답을 알아보려고 집에 돌아오자마자 이부자리를 펴고 누웠다. (○, ×)
4. 할아버지가 수염을 이불 (안, 밖)에 놓고 눈을 감아 보니 왠지 허전하고 썰렁한 느낌이 들었다.

낱말풀이

예끼 때릴 듯한 기세로 나무라거나 화가 났을 때 내는 소리. 주로 나이가 비슷한 사람이나 아랫사람에게 씀.

난처한 이럴 수도 없고 저럴 수도 없어 행동하기가 어려운. 예 선생님께서는 난처한 질문에 당황하셨다.

이부자리 이불과 요를 통틀어 이르는 말.

거북해서 몸이 찌뿌드드하고 괴로워 움직임이 자연스럽지 못하거나 불편한 느낌이 있어서.

바른답·알찬풀이 13쪽

공부한 날
월
일

이상한 일 아니니? 분명 그건 할아버지 자신의 수염이고, 할아버지는 몇십 년 동안 하루도 빼놓지 않고 잠을 잤는데 말이야. 그런데도 아이가 묻기 전까지 그 수염을 어떻게 하고 잤는지 기억할 수가 없었던 거야.

궁금증을 가지고 생각해 본 적이 없기 때문에

01 아이가 할아버지께 질문한 내용에 맞게 빈칸에 알맞은 말을 쓰시오.

> 주무실 때 (　　　　　　　　)을/를 이불 안에 넣는지, 아니면 꺼내 놓는지 물었다.

교과서 문제

02 아이가 한 질문에 할아버지가 바로 대답하지 못한 까닭은 무엇입니까? (　　　　)

① 아이가 한 질문을 잊어버려서
② 아이의 질문을 이해하지 못해서
③ 남에게 밝히고 싶지 않은 비밀이어서
④ 아이가 버릇없다는 생각에 화가 나서
⑤ 한 번도 그런 궁금증을 지녀 본 적이 없어서

03 글 **2** 에서 할아버지는 이불 속에 수염을 넣고 누워 보니 어떤 느낌이 들었다고 했습니까? (　　　　)

① 익숙하고 편하다.　　② 뻣뻣하고 거칠다.
③ 간지럽고 따끔하다.　　④ 갑갑하고 거북하다.
⑤ 허전하고 썰렁하다.

중요

04 할아버지가 밤새도록 한숨도 잘 수 없었던 까닭으로 알맞은 것에 ○표 하시오.

(1) 이부자리를 새로 펴느라고 (　　　)
(2) 아이가 밤새도록 질문을 해서 (　　　)
(3) 수염을 넣었다 꺼냈다 하느라고 (　　　)

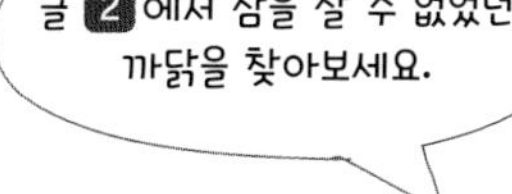

글 2 에서 잠을 잘 수 없었던 까닭을 찾아보세요.

서술형

05 할아버지가 아이와 한 약속을 지키지 못한 까닭은 무엇인지 쓰시오.

____

독해로 교과서 쏙쏙

그렇다고 다른 사람에게 물어볼 수도 없는 노릇이었어. 물어본다고 한들 누가 가르쳐 줄 수도 없는 문제잖아. 정말 답답하고 기막힌 일이었지. 그 뒤로 할아버지는 밤마다 수염 때문에 편안하게 잠을 잘 수가 없었대.

'그냥' 지낼 때는 몰랐는데 '어떻게'라는 궁금증이 생기고부터 잠을 잘 수가 없었음.

중심 내용 **할아버지는 밤새도록 수염을 넣었다 꺼냈다 하며 어떻게 자는지 알아보려고 했지만 수염을 어떻게 하고 잤는지 기억할 수가 없었어.**

3 재미있는 이야기라고 웃어넘길 일이 아니야. 가만히 생각해 보렴, 혹시 너에게도 그런 수염이 있는지 말이야. 아이들한테 무슨 수염이 있냐고? 아니야, 그렇지 않아. 너도 누가 질문을 할 때 가끔 '그냥'이라고 대답한 적이 있을 거야. 바로 그 '그냥'이라는 말이 너의 수염이란다. 아직도 잘 모르겠다고?

우리는 아무 생각 없이 '그냥' 지내는 날이 얼마나 많은지 몰라. 그냥 먹고, 그냥 자고, 그냥 노는 날 말이야. 어떤 때에는 봄이 와서 꽃이 피어도, 아침이 되어 찬란한 태양이 떠올라도 아무 느낌 없이 그냥 흘깃 보고 지나쳐 버리기도 하지. 새들이 어떻게 짝을 지어 날아가고, 구름이 어떻게 모였다가 흩어지는지 몇 번이나 눈여겨보았니? 자신에게 또는 남들에게 궁금한 일을 몇 번이나 질문해 보았니? 남들이 하니까 그냥 따라 하고, 어른들이 시키니까 그냥 했던 일은 없었니?

중심 내용 **우리에게도 누가 질문할 때 깊은 생각 없이 '그냥'이라고 대답하고, 남들이 하니까 따라 하고, 어른들이 시키니까 하는 '그냥'이라는 수염이 있어.**

4 자기 안에 물음표가 없어서 아무것도 묻지 못하는 사람은 건전지를 넣고 단추를 누르면 그냥 북을 쳐 대는 곰 인형과 별로 다를 것이 없어. 아무 생각 없이 모든 순간을 습관적으로 기계적으로 살아가는 사람은 이야기 속 할아버지와 똑같아. 자기 것이지만 자기 것이 아닌 수염을 달고 있으니까 말이야.

다르지 않아.

'그냥 수염'을 달고 있는 사람은 어느 날 누가 "왜?" 또는 "어떻게?" 하고 물으면 아무 대답도 하지 못해. 아무리 자기가 한 일을 뒤돌아보고 생각해 내려고 애써도 지나온 날들은 이미 멀리 사라져 버려서 흔적조차 찾을 길이 없기 때문이지. 어느 날엔가 너한테도 누군가가 물어 올지 몰라. 그때를 위해서라도 '그냥'이라는 대답이 아닌 무언가를 준비해야겠지?

중심 내용 **습관적으로 기계적으로 살아가지 말고 '왜' 또는 '어떻게'를 생각하며 살아야 해.**

독해로 이해 콕

5 이야기 속 할아버지는 (   ) 때문에 밤마다 편안하게 잠을 잘 수가 없었다.

6 글쓴이는 (그냥, 질문)이라는 말이 우리에게 있는 수염이라고 했다.

7 자기 안에 (대답, 물음표)이/가 없어서 아무것도 묻지 못하는 사람은 건전지를 넣고 단추를 누르면 그냥 북을 쳐 대는 곰 인형과 다르지 않다.

8 이야기 속 할아버지는 습관적으로 기계적으로 살아가는 사람이다. (○, ×)

낱말풀이

찬란한 빛이 번쩍거리거나 수많은 불빛이 빛나는 상태인. 또는 그 빛이 매우 밝고 강렬한.

흘깃 가볍게 한 번 흘겨보는 모양. 예 형은 나를 흘깃 보고는 방으로 들어가 버렸다.

눈여겨보았니 주의 깊게 잘 살펴보았니.

교과서 문제

06 글쓴이가 말한, 우리에게 있는 '수염'으로 알맞지 않은 것의 기호를 쓰시오.

> ㉮ 어른들이 시키니까 그냥 했던 것
> ㉯ 남들이 하니까 그냥 따라 하는 것
> ㉰ 자신에게 '왜' 또는 '어떻게'를 묻거나 생각하는 것
> ㉱ 누가 질문할 때 깊은 생각 없이 '그냥'이라고 대답하는 것

( )

서술형

07 '그냥 수염'을 달지 않으려면 어떻게 해야 할지 쓰시오.

08 이 글에서 글쓴이가 주장하는 것은 무엇입니까? ( )

① 남들이 하는 것은 모두 따라 하자.
② 가끔은 아무 생각 없이 '그냥' 살자.
③ 어른들이 시키는 일은 무조건 하자.
④ 지나간 일은 뒤돌아보지 말고 후회하지 말자.
⑤ 습관적으로 살지 말고 자기 안에 물음표를 가지고 살자.

09 이 글 전체에서 글쓴이가 자신의 주장을 뒷받침하려고 활용한 것은 무엇입니까? ( )

① 사진 ② 그래프
③ 이야기 ④ 동영상
⑤ 신문 기사

10 자신의 주장을 뒷받침할 때 09와 같은 자료를 활용하면 좋은 점은 무엇일지 쓰시오.

공정 무역 제품을 사용합시다

1 '공정 무역 도시', '공정 무역 커피' 이런 말을 들어 본 적이 있나요? 2017년에 ○○광역시가 국내 최초로 '공정 무역 도시'로 공식 인정을 받았다는 신문 기사를 접할 수 있었습니다. 공정 무역이란 생산자의 노동에 정당한 대가를 지불해 생산자가 경제적 자립과 발전을 하도록 돕는 무역입니다. ○○광역시는 공정 무역 상품을 사용하고 공정 무역을 확산시키려는 활동을 지원해 실질적인 변화를 만들어 내는 도시가 되었습니다. 우리도 공정 무역 제품을 사용해 이러한 변화에 동참해야 합니다.

중심 내용 우리나라에도 공정 무역 도시가 생기는 변화에 동참해 우리도 공정 무역 제품을 사용해야 합니다.

2 공정 무역 제품을 사용해야 하는 까닭은 다음과 같습니다. 첫째, 생산자에게 돌아갈 정당한 이익을 지켜 줍니다. 흔히 볼 수 있는 과일 가운데 하나인 바나나의 경우, 우리가 3천 원짜리 바나나 한 송이를 산다면 약 45원만이 생산자인 농민에게 이익으로 돌아갑니다. 그 까닭은 바나나 생산국에서 우리 손에 오기까지 바나나 농장 주인, 수출하는 회사, 수입하는 회사, 슈퍼마켓 등이 총수익의 98.5퍼센트를 가져가기 때문입니다. 공정 무역에서는 생산자 조합과 공정 무역 회사를 만들어 이러한 중간 유통 단계를 줄이고 실제로 바나나를 재배하는 생산자의 이익을 보장해 주었습니다.

일반 무역 유통 단계와 공정 무역 유통 단계

– 출처: 전국사회교사모임(2017), 『사회 선생님이 들려주는 공정 무역 이야기』

중심 내용 공정 무역 제품을 사용하면 생산자에게 돌아갈 정당한 이익을 지켜 줍니다.

3 둘째, 아이들을 위험에서 보호할 수 있습니다. 일부 다국적 기업들은 물건의 생산 비용을 낮추려고 임금이 상대적으로 낮은 어린이를 고용하기도 합니다. 예를 들어 우리가 좋아하는 초콜릿은 열대 과일인 카카오를 주재료로 해서 만듭니다. 카카오는 열대 지방에서만 자라는 식물로 아래의 「초콜릿 감옥」

읽기 팁

주장에 대한 근거가 적절한지, 알맞은 자료를 활용했는지 판단하며 글을 읽어 보세요.

9 공정 무역은 ① (생산자, 소비자)의 노동에 정당한 대가를 지불해 ② (생산자, 소비자)가 경제적 자립과 발전을 하도록 돕는 무역이다.

10 공정 무역에서 중간 유통 단계를 줄이는 것은 소비자의 이익을 보장하기 위해서이다. (○, ×)

11 일부 다국적 기업이 어린이를 고용하는 것은 임금이 상대적으로 낮아 생산 비용을 낮출 수 있기 때문이다. (○, ×)

12 공정 무역은 "안전하고 노동력 (   ) 없는 노동 환경이 유지되어야 한다."라는 조건을 지켜야 한다.

낱말풀이

정당한 올바르고 마땅한.

자립 남에게 지배되거나 의지하지 아니하고 자기 힘으로 살아감.

실질적인 실제의 내용과 같은 것인. 예 지원금은 어려운 사람들에게 실질적인 도움이 되고 있다.

고용 돈을 주고 사람에게 일을 시키기도.

바른답·알찬풀이 13쪽

동영상 자료에서처럼 그 지방 어린이들이 학교도 가지 못하고 카카오를 재배하고 수확하는 경우가 많습니다. 하지만 공정 무역은 "안전하고 노동력 착취 없는 노동 환경이 유지되어야 한다."라는 조건을 지켜야 하기 때문에 아이들의 노동력 착취를 막을 수 있습니다.

초콜릿 감옥

– 출처: 한국교육방송공사, 2012.

중심 내용 공정 무역 제품을 사용하면 아이들을 위험에서 보호할 수 있습니다.

착취 자원이나 재산, 노동력 등을 정당한 대가를 주지 않고 빼앗아 이용함.

교과서 문제

11 글 1에 해당하는 논설문의 짜임을 쓰고, 이 글에서 주장하는 내용이 무엇인지 쓰시오.

논설문의 짜임	(1)
이 글의 주장	(2)

서술형

12 일부 다국적 기업들이 어린이를 고용하는 까닭은 무엇인지 쓰시오.

중요

13 글 2~3에서 글쓴이가 주장을 뒷받침하는 근거로 제시한 것을 두 가지 고르시오. (　　　　)

① 환경 오염을 막을 수 있다.
② 가난한 나라를 도울 수 있다.
③ 중간 유통 단계를 늘릴 수 있다.
④ 아이들을 위험에서 보호할 수 있다.
⑤ 생산자에게 돌아갈 정당한 이익을 지켜 준다.

공정 무역 제품을 사용해야 하는 까닭이 무엇이라고 했나요?

14 글 3에서 글쓴이가 근거를 뒷받침하려고 활용한 자료는 무엇입니까? (　　　　)

① 책　② 그림　③ 기사문
④ 동영상　⑤ 그래프

독해로 **교과서 쏙쏙**

4 셋째, 자연을 보호하고 생산자의 건강을 지키는 방법이 됩니다. 공정 무역에서는 지구 환경을 보호하는 친환경 농사법을 **권장**합니다. 일반적으로 카카오나 바나나, 목화 같은 것은 재배할 때 많은 양을 싸고 빠르게 수확하려고 농약과 화학 비료를 사용합니다. 생산지에서는 농약 회사에서 권장하는 장갑과 마스크를 살 여유가 없기 때문에 해마다 가난한 나라의 농민 2만 명 이상이 작물 재배용 농약에 노출되어 여러 가지 질병을 앓고 있습니다. 『인간의 얼굴을 한 시장 경제, 공정 무역』이라는 책에 따르면 바나나를 재배하는 대부분의 대농장은 **원가**를 **절감**하느라 위험한 농약을 대량으로 **살포**합니다. 대농장 가까이에 사는 노동자들의 음식과 **식수**는 이 독극물로 오염됩니다. (중략) 바나나를 채취해서 나르는 여성 노동자들은 백혈병에 걸릴 확률이 평균 **발병률**보다 두 배나 높게 나타난다고 합니다. 하지만 공정 무역은 농민들이 농약과 화학 비료를 적게 쓰고 유기농으로 농사를 짓게 하여 이러한 문제를 해결하려고 노력하고 있습니다.

중심 내용 공정 무역 제품을 사용하면 자연을 보호하고 생산자의 건강을 지킬 수 있습니다.

5 넷째, 공정 무역 인증 표시는 국제기구가 생산지에서 공정 무역의 주요 원칙이 잘 지켜졌는지를 점검한 물건들에 붙일 수 있습니다. 국제공정무역기구의 조사원들은 농장과 관련 기관들을 찾아가서, 그들이 공정 무역의 규칙에 맞게 생산 활동을 하는지 평가합니다. 소비자들은 이 인증 표시를 보고 **윤리적인** 소비를 할 수 있습니다. 하지만 요즘은 공정 무역의 조건을 지키지 않고 공정 무역을 흉내 낸 인증 표시를 만들어 소비자들에게 혼란을 주는 기업들도 있습니다.

공정 무역 인증 표시

– 출처: 국제공정무역기구, 2018.

중심 내용 공정 무역 인증 표시는 공정 무역의 주요 원칙이 잘 지켜졌는지 점검한 물건에 붙일 수 있습니다.

6 여러분은 달콤한 초콜릿을 살 때 무엇을 보고 고르나요? 겉으로 보기에는 모두 똑같아 보이지만 그 초콜릿이 우리 손에 들어오기까지의 과정은 제품에 따라 매우 다를 수 있습니다. 그것을 만들려고 노력한 사람들이 학교도 못 다니고 음식도 제대로 먹지 못한, 여러분보다 어린 동생들이라면 그 초콜릿을 정말 맛있게 먹을 수 있을까요? 가난한 나라에 일시적인 **원조**를 제공하는 데 그치지 않고 자립하도록 도와주는 방법이자 우리 환경을 보호할 수 있는 공정 무역 제품, 이제는 우리가 관심을 기울이고 사용할 때입니다.

글쓴이의 주장을 정리하여 강조함.

중심 내용 우리가 공정 무역에 관심을 기울이고 공정 무역 제품을 사용해야 합니다.

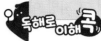

독해로 이해 콕

13 글쓴이는 공정 무역 제품을 사용하면 자연을 보호하고 생산자의 건강을 지키는 방법이 된다고 했다. (○, ×)

14 공정 무역에서는 농약과 화학 비료를 (많이, 적게) 쓰는 친환경 농사법을 권장한다.

15 (　　　　　　)은/는 국제기구가 생산지에서 공정 무역의 주요 원칙이 잘 지켜졌는지를 점검한 물건들에 붙일 수 있다.

16 공정 무역은 가난한 나라에 일시적인 원조를 제공하는 데 그치는 방법이다. (○, ×)

낱말풀이

- **권장** 어떤 일을 권하고 장려함.
- **원가** 상품을 만들어서 팔기까지의 과정에 들어간 모든 비용을 합한 가격.
- **절감** 아끼어 줄임.
- **살포** 액체, 가루 따위를 흩어 뿌림.
- **식수** 먹는 데 쓰이는 물.
- **발병률** 인구수에 대한 새로 생긴 질병 수의 비율.
- **윤리적인** 사람으로서 마땅히 지켜야 할 바람직한 행동 기준에 관련되거나 이를 따르는 것인. 예 로봇은 윤리적인 행동을 스스로 할 수 없다.
- **원조** 물품이나 돈 따위로 도와줌.

학습 확인

교과서 문제

15 공정 무역에서 친환경 농사법을 권장하는 까닭으로 알맞은 것에 ○표 하시오.

(1) 많은 양을 싸고 빠르게 수확하기 위해서 ( )
(2) 자연을 보호하고 생산자의 건강을 지키기 위해서 ( )
(3) 원가를 절감하고 생산자의 이익을 늘리기 위해서 ( )

16 글 4와 5에서 근거를 뒷받침하기 위해 활용한 자료는 무엇인지 자료의 종류와 이름을 각각 쓰시오.

글 4와 5에서는 활용한 자료의 출처를 밝히고 있어요.

	자료의 종류	자료의 이름
글 4	(1)	(2)
글 5	그림	(3)

17 이 글의 내용으로 보아, 공정 무역 제품을 사용해야 하는 까닭으로 알맞은 것을 두 가지 고르시오. ( )

① 제품의 원산지를 알 수 있다.
② 우리 환경을 보호할 수 있다.
③ 일시적으로 어린이를 도울 수 있다.
④ 가난한 나라의 자립을 도울 수 있다.
⑤ 목화나 카카오를 싸고 빠르게 수확할 수 있다.

서술형

18 글 5가 주장에 대한 근거로 타당한지 판단하고, 그렇게 생각한 까닭을 쓰시오.

중요

19 이와 같은 글에서 자료가 근거를 잘 뒷받침하는지 판단하는 방법으로 알맞지 않은 것은 무엇입니까? ( )

자료의 적절성을 판단하는 기준이 무엇일지 생각해 보세요.

① 최신 자료를 활용했는지 확인한다.
② 자료의 종류가 여러 가지인지 확인한다.
③ 출처를 보고 믿을 수 있는 자료인지 살펴본다.
④ 자료가 근거의 내용과 관련이 있는지 살펴본다.
⑤ 수를 제시할 때에는 정확한 숫자를 사용했는지 살펴본다.

숲을 보호하자

1 논설문의 주장과 근거

주장: ㉠

근거: ① 숲은 미세 먼지를 잡아 주어 공기를 깨끗하게 해 준다.
② 숲은 홍수와 산사태를 막아 준다.
③ 숲은 지구 온난화를 막아 준다.
④ 숲은 소중한 자원을 제공해 준다.

2 근거를 뒷받침하는 자료 수집

• [자료 1]

○○신문
기사문임을 알 수 있음.
20○○년 ○○월 ○○일

이산화 탄소 먹는 하마는 상수리나무

국립산림과학원의 연구 결과 우리나라의 가정이나 기업에서 1인당 평생 배출하는 이산화 탄소는 약 12.7톤이다. 개인이 배출한 이산화 탄소를 흡수하려면 평생 나무를 심어야 할지도 모른다. 이산화 탄소를 특히 잘 흡수하는 것은 상수리나무이다.

많은 양의 이산화 탄소를 흡수하고 지구 온난화 예방에도 큰 역할을 하는 나무 심기에 관심을 가지자. (◇◇◇ 기자)

• [자료 2]

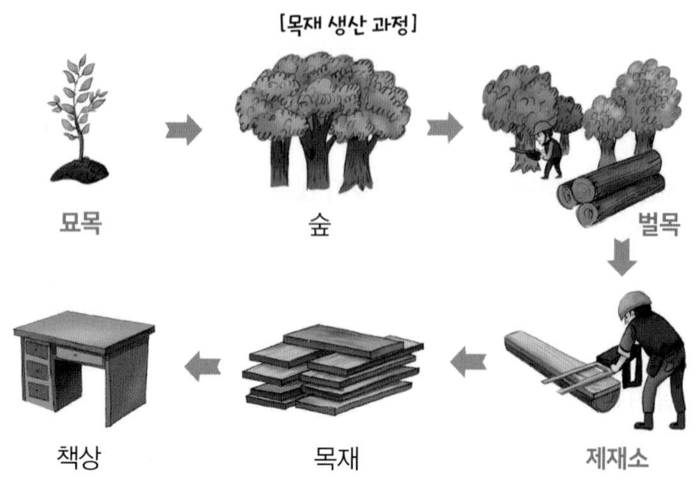

– 출처: △△산림박물관

활동 팁

논설문을 쓰려고 생각한 근거들이 어떤 주장을 뒷받침할 수 있을지 생각해 보고, 수집한 자료는 어떤 근거와 관련지어 활용하면 좋을지 파악해 보세요.

독해로 이해 콕

17 숲은 (미세 먼지, 산사태)를 잡아 주어 공기를 깨끗하게 해 준다.

18 이산화 탄소를 특히 잘 흡수하는 나무는 (   )이다.

19 2의 '자료 2'는 숲의 나무가 책상이 되는 과정을 보여 주고 있다. (◯, ✕)

20 2의 '자료 2'의 자료의 종류는 동영상이다. (◯, ✕)

낱말풀이

미세 먼지 눈에 보이지 않을 정도로 작은 먼지.

지구 온난화 지구의 기온이 높아지는 현상.

자원 광물, 산림, 수산물 등 인간 생활 및 경제 생산에 이용되는 원료. 예 자원 낭비를 막기 위해서 국민 모두가 노력해야 한다.

묘목 다른 곳으로 옮겨 심기 위하여 키우는 어린 나무.

벌목 산이나 숲에 있는 나무를 벰.

제재소 베어 낸 나무를 재료로 쓸 수 있게 자르거나 다듬는 곳.

교과서 문제

20 1에서 논설문을 쓰려고 생각한 근거 ①~④의 내용으로 보아, ㉠에 알맞은 주장은 무엇입니까? (　　　)

① 숲을 보호하자.
② 자연을 개발하자.
③ 숲에 사는 멸종 동물을 지키자.
④ 숲을 이용해 자연 재해를 극복하자.
⑤ 자연을 활용해 여가 생활을 즐기자.

21 2의 '자료 1'에 대한 설명으로 알맞지 않은 것에 ×표 하시오.

(1) 자료의 종류는 기사문이다. (　　　)
(2) 국립산림과학원의 연구 결과를 활용하고 있다. (　　　)
(3) 나무가 이산화 탄소를 배출한다는 것을 알려 준다. (　　　)

중요

22 2의 '자료 1'은 1의 근거 ①~④ 중 무엇을 뒷받침하는 자료로 활용할 수 있는지 알맞은 번호를 쓰시오.

(　　　　　　　　　　)

자료의 내용을 파악해 보고, 어떤 근거와 관련 있는지 생각해 보세요.

서술형

23 1의 근거 ①~④ 중에서 2의 '자료 2'와 관련 있는 내용의 번호를 쓰고, 자료가 근거를 뒷받침하는지 판단하여 그 까닭과 함께 쓰시오.

____

24 근거에 알맞은 자료를 활용할 때의 좋은 점을 두 가지 고르시오. (　　　)

① 설득력이 높아진다.
② 글의 타당성이 생긴다.
③ 글을 짧게 줄일 수 있다.
④ 근거를 직접 드러내지 않아도 된다.
⑤ 읽는 사람의 반응을 바로 알 수 있다.

가 소희네 가족 단체 대화방
나 제발 저희 가게를 도와주세요

가

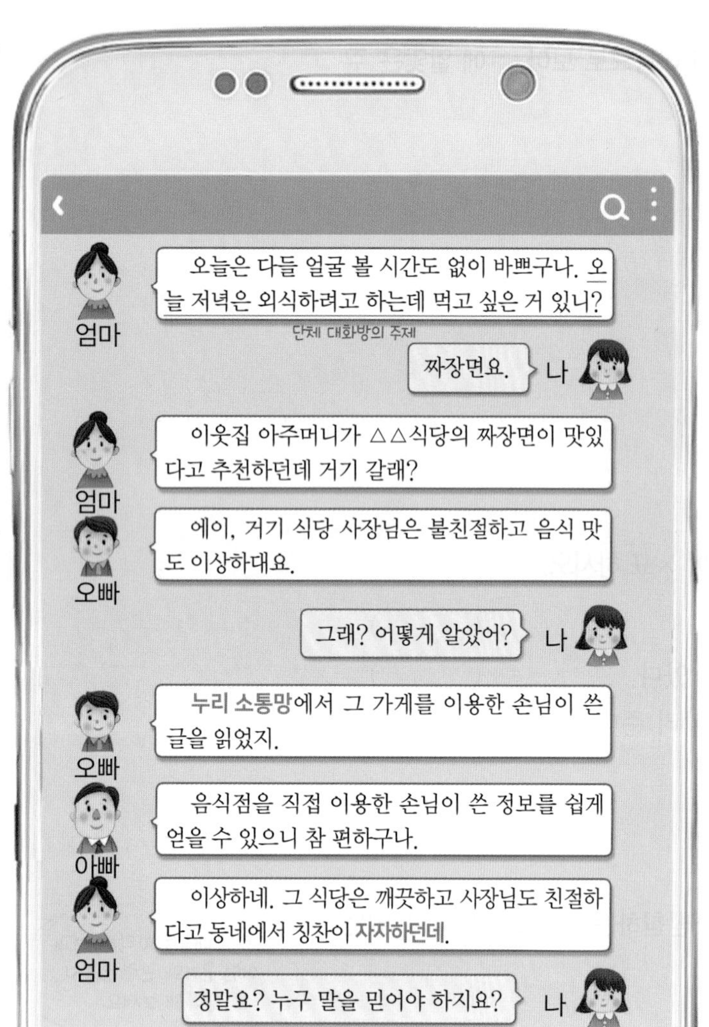

엄마
오늘은 다들 얼굴 볼 시간도 없이 바쁘구나. 오늘 저녁은 외식하려고 하는데 먹고 싶은 거 있니?
단체 대화방의 주제
나
짜장면요.
엄마
이웃집 아주머니가 △△식당의 짜장면이 맛있다고 추천하던데 거기 갈래?
오빠
에이, 거기 식당 사장님은 불친절하고 음식 맛도 이상하대요.
나
그래? 어떻게 알았어?
오빠
누리 소통망에서 그 가게를 이용한 손님이 쓴 글을 읽었지.
아빠
음식점을 직접 이용한 손님이 쓴 정보를 쉽게 얻을 수 있으니 참 편하구나.
엄마
이상하네. 그 식당은 깨끗하고 사장님도 친절하다고 동네에서 칭찬이 자자하던데.
나
정말요? 누구 말을 믿어야 하지요?

나 얼마 전, 누리 소통망에 퍼진 「△△식당 불매 운동」이라는 글을 보신 적이 있나요? 그 가게는 바로 저희 어머니께서 운영하시는 식당입니다. 하지만 누리 소통망에 실린 이야기는 사실과 다릅니다. / 저도 기억합니다. 「손님이 몰려들기 시작하는 토요일 점심시간에 한 손님께서 짜장면을 주문해서 드시고 계셨습니다. 그러다 곧 주문을 담당한 직원을 화난 표정으로 부르시더군요.

(손님이 누리 소통망에 쓴 글)
(「 」: 성민이네 가게에서 있었던 일)

"여기 짜장면 맛이 왜 이래? 빨리 사장 나오라고 해!" (중략)

손님께서는 새로 가져다드린 짜장면도 이상하다며 배상을 하라고 계속 소란을 피우셨습니다. 결국 저희는 음식값을 받지도 않고 연신 죄송하다고 사과하며 손님을 보내 드렸습니다.」

며칠 뒤, 친구에게 연락이 왔습니다. 걱정스러운 목소리로 "성민아, 인터넷 누리 소통망에 너희 가게 이야기가 있는데, 너도 한번 보는 게 좋을 것 같아."라며 인터넷 글을 보내 주더군요. 그 글에는 며칠 전 있었던 일이 사실과는 다르게 적혀 있었습니다.

읽기 팁

글에서 누리 소통망의 장점과 단점을 알아보고, 누리 소통망 이용과 관련된 자신의 주장과 근거를 생각해 보세요.

21 소희네 가족은 단체 대화방에서 저녁에 외식할 때 무엇을 먹을지에 대해 이야기하고 있다. (◯, ✕)

22 소희의 오빠는 (   )에서 식당에 대한 정보를 알게 되었다.

23 성민이는 누리 소통망에 손님이 쓴 「△△식당 불매 운동」에 실린 이야기는 사실과 (같다, 다르다)고 했다.

24 사람들은 손님의 글을 읽고 (   ) 운동을 벌였다.

낱말풀이

누리 소통망 '소셜 네트워크 서비스(SNS)'를 다듬은 말로, 온라인에서 자유롭게 글이나 사진 따위를 올리거나 나누는 것.

자자하던데 여러 사람의 입에 오르내려 떠들썩하던데.

불매 상품 따위를 사지 아니함. 예 과대 광고에 속은 소비자들이 불매 운동을 벌였다.

배상 남의 권리를 침해한 사람이 그 손해를 물어 주는 일.

연신 잇따라 자꾸.

바른답·알찬풀이 13쪽

공부한 날 월 일

△△식당에서 짜장면을 먹었는데 맛이 이상한 짜장면을 그냥 먹으라고 하고 사과는커녕 자신을 밀치며 불친절하게 말했다는 겁니다. 사람들은 댓글에 모두 저희 가게를 욕하며 불매 운동을 벌이고 있었습니다. 게다가 저를 아는 누군가가 제 이름과 다니는 학교까지 인터넷에 올리는 바람에 학교에도 소문이 났습니다. 그리고 그 사건 뒤 저희 가게에는 정말 손님이 뚝 끊겨 저희 가족은 힘든 나날을 보내고 있습니다. / 인터넷에 떠도는 소문이 아닌 제 말을 믿어 주시고, 이 글을 널리 퍼뜨려 주세요. 저희 가게를 도와주세요.

댓글 인터넷에 오른 원문에 대하여 짤막하게 답하여 올리는 글. 예 게임기를 무료로 준다는 글에 수십 개의 댓글이 달렸다.

교과서 문제

25 글 가 에서 소희네 가족이 단체 대화방에서 저녁 먹을 곳을 정하는 까닭으로 알맞은 것에 ○표 하시오.

(1) 한곳에 모여 의논하기 어려웠기 때문에 (　　)
(2) 엄마와 오빠 중에서 누구의 말을 믿어야 할지 몰랐기 때문에 (　　)

중요

26 글 가 에서 알 수 있는 누리 소통망의 좋은 점을 두 가지 고르시오. (　　)

① 친구를 쉽게 사귈 수 있다.
② 정확한 정보만 얻을 수 있다.
③ 자신을 밝히지 않고도 대화할 수 있다.
④ 다른 사람이 쓴 정보를 쉽게 접할 수 있다.
⑤ 많은 사람에게 정보를 쉽게 전달할 수 있다.

오빠의 말을 주의 깊게 살펴보세요.

27 글 나 에서 성민이네는 손님이 쓴 글 때문에 어떤 피해를 입었는지 생각하여 빈칸에 알맞은 말을 쓰시오.

> 가게에 손님이 끊겼고, 성민이의 (1) (　　　　)와/과 다니는 (2) (　　　　)이/가 인터넷에 알려졌다.

28 글 가 와 나 를 읽고 누리 소통망 이용에 대한 자신의 주장을 정하고 알맞은 근거를 들어 쓰시오.

3 타당한 근거로 글을 써요

맞힌 개수 　개

01~03 다음 글을 읽고, 물음에 답하시오.

> 가 "할아버지! 할아버지는 주무실 때 그 수염을 이불 안에 넣나요, 아니면 꺼내 놓나요?"
>
> 할아버지는 "예끼! 이 버릇없는 놈." 하고 소리치려다가 문득 자기도 궁금해졌단다. 왜냐하면 수염을 기른 채 몇십 년 동안이나 살아왔지만, 그때까지 한 번도 그런 궁금증을 지녀 본 적이 없었거든.
>
> '허허, 그러고 보니 내가 정말 수염을 꺼내 놓고 잤나, 넣고 잤나?'
>
> 나 재미있는 이야기라고 웃어넘길 일이 아니야. 가만히 생각해 보렴, 혹시 너에게도 그런 수염이 있는지 말이야. 아이들한테 무슨 수염이 있냐고? 아니야, 그렇지 않아. 너도 누가 질문을 할 때 가끔 '그냥'이라고 대답한 적이 있을 거야. 바로 그 '그냥'이라는 말이 너의 수염이란다. 아직도 잘 모르겠다고?
>
> 다 자기 안에 물음표가 없어서 아무것도 묻지 못하는 사람은 건전지를 넣고 단추를 누르면 그냥 북을 쳐 대는 곰 인형과 별로 다를 것이 없어. 아무 생각 없이 모든 순간을 습관적으로 기계적으로 살아가는 사람은 이야기 속 할아버지와 똑같아. 자기 것이지만 자기 것이 아닌 수염을 달고 있으니까 말이야.
>
> '그냥 수염'을 달고 있는 사람은 어느 날 누가 "왜?" 또는 "어떻게?" 하고 물으면 아무 대답도 하지 못해. 아무리 자기가 한 일을 뒤돌아보고 생각해 내려고 애써도 지나온 날들은 이미 멀리 사라져 버려서 흔적조차 찾을 길이 없기 때문이지. 어느 날엔가 너한테도 누군가가 물어 올지 몰라. 그때를 위해서라도 '그냥'이라는 대답이 아닌 무언가를 준비해야겠지?

01 이 글의 글쓴이는 이야기 속 할아버지는 어떤 사람과 같다고 했습니까? (　　　)

① 깊이 생각하고 행동하는 사람
② 자기가 한 일을 기록하는 사람
③ 나보다 남을 먼저 생각하는 사람
④ 계획한 일을 반드시 실천하는 사람
⑤ 습관적으로 기계적으로 살아가는 사람

02 글쓴이가 말한 우리에게 있는 '수염'은 무엇인지 글 나에서 찾아 두 글자로 쓰시오.

(　　　　　　　　　　　)

서술형

03 이 글에서 글쓴이의 주장은 무엇인지 쓰시오.

____

____

04~05 다음 글을 읽고, 물음에 답하시오.

> '공정 무역 도시', '공정 무역 커피' 이런 말을 들어 본 적이 있나요? 2017년에 ○○광역시가 국내 최초로 '공정 무역 도시'로 공식 인정을 받았다는 신문 기사를 접할 수 있었습니다. 공정 무역이란 생산자의 노동에 정당한 대가를 지불해 생산자가 경제적 자립과 발전을 하도록 돕는 무역입니다. ○○광역시는 공정 무역 상품을 사용하고 공정 무역을 확산시키려는 활동을 지원해 실질적인 변화를 만들어 내는 도시가 되었습니다. 우리도 공정 무역 제품을 사용해 이러한 변화에 동참해야 합니다.

중요

04 이 글에 대한 설명으로 알맞지 않은 것에 ×표 하시오.

(1) 글의 서론에 해당한다. (　　　)
(2) 글쓴이의 주장이 드러나 있다. (　　　)
(3) 주장을 뒷받침하는 근거를 밝혔다. (　　　)

05 생산자의 노동에 정당한 대가를 지불해 생산자가 경제적 자립과 발전을 하도록 돕는 무역을 무엇이라고 하는지 이 글에서 찾아 쓰시오.

(　　　　　　　　　　　)

바른답·알찬풀이 14쪽

06~08 다음 글을 읽고, 물음에 답하시오.

공정 무역 제품을 사용해야 하는 까닭은 다음과 같습니다. 첫째, 생산자에게 돌아갈 정당한 이익을 지켜 줍니다. 흔히 볼 수 있는 과일 가운데 하나인 바나나의 경우, 우리가 3천 원짜리 바나나 한 송이를 산다면 약 45원만이 생산자인 농민에게 이익으로 돌아갑니다. 그 까닭은 바나나 생산국에서 우리 손에 오기까지 바나나 농장 주인, 수출하는 회사, 수입하는 회사, 슈퍼마켓 등이 총수익의 98.5퍼센트를 가져가기 때문입니다. 공정 무역에서는 생산자 조합과 공정 무역 회사를 만들어 이러한 중간 유통 단계를 줄이고 실제로 바나나를 재배하는 생산자의 이익을 보장해 주었습니다.

일반 무역 유통 단계와 공정 무역 유통 단계

– 출처: 전국사회교사모임(2017), 『사회 선생님이 들려주는 공정 무역 이야기』

06 공정 무역에서 중간 유통 단계를 줄이려는 까닭은 무엇입니까? (　　　)

① 자연 환경을 보호하려고
② 생산자들끼리 경쟁하게 하려고
③ 소비자의 이익을 보장해 주려고
④ 생산자의 이익을 보장해 주려고
⑤ 소비자에게 더 좋은 제품을 제공하려고

07 이 글에서 근거를 뒷받침하기 위해 활용한 자료의 종류는 무엇입니까? (　　　)

① 책　② 그림　③ 사진
④ 이야기　⑤ 동영상

서술형

08 이 글의 내용이 '공정 무역 제품을 사용하자.'라는 주장에 대한 근거로 타당한지 판단하여 그 까닭과 함께 쓰시오.

____

____

09~10 다음을 보고, 물음에 답하시오.

주장	숲을 보호하자.
근거	① 숲은 미세 먼지를 잡아 주어 공기를 깨끗하게 해 준다. ② 숲은 홍수와 산사태를 막아 준다. ③ 숲은 지구 온난화를 막아 준다. ④ 숲은 소중한 자원을 제공해 준다.

09 이 주장과 근거를 뒷받침하기 위해 수집할 자료의 내용으로 알맞지 않은 것은 무엇입니까? (　　　)

① 숲이 제공해 주는 자원
② 숲이 미세 먼지를 잡아 주는 증거
③ 숲이 사람의 실수로 화재가 난 사진
④ 숲이 홍수와 산사태를 막아 주는 그림
⑤ 숲이 지구 온난화 예방에 도움이 된다는 증거

중요

10 다음 자료는 근거 ①~④ 중 무엇을 뒷받침할 자료로 적절한지 번호를 쓰시오.

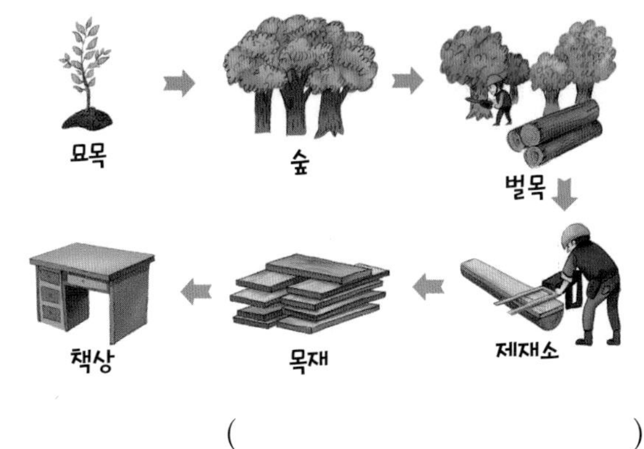

(　　　　　　)

11~12 다음 글을 읽고, 물음에 답하시오.

오늘은 다들 얼굴 볼 시간도 없이 바쁘구나. 오늘 저녁은 외식하려고 하는데 먹고 싶은 거 있니?
엄마
짜장면요.
나
이웃집 아주머니가 △△식당의 짜장면이 맛있다고 추천하던데 거기 갈래?
엄마
에이, 거기 식당 사장님은 불친절하고 음식 맛도 이상하대요.
오빠
그래? 어떻게 알았어?
나
누리 소통망에서 그 가게를 이용한 손님이 쓴 글을 읽었지.
오빠
음식점을 직접 이용한 손님이 쓴 정보를 쉽게 얻을 수 있으니 참 편하구나.
아빠

11 오빠는 식당 정보를 어떻게 알았습니까? (　　　)

① 광고지를 보고
② 친구의 말을 듣고
③ 직접 식당에 가 보고
④ 누리 소통망에서 글을 읽고
⑤ 이웃집 아주머니의 추천으로

중요
12 이 글에서 알 수 있는 누리 소통망의 장점으로 알맞은 것을 모두 고르시오. (　　　)

① 친구를 쉽게 사귈 수 있다.
② 비밀스럽게 이야기할 수 있다.
③ 다른 의견을 쉽게 제시할 수 있다.
④ 많은 사람에게 쉽게 전달할 수 있다.
⑤ 한곳에 모이지 않고도 의논할 수 있다.

13~15 다음 글을 읽고, 물음에 답하시오.

가 얼마 전, 누리 소통망에 퍼진 「△△식당 불매 운동」이라는 글을 보신 적이 있나요? 그 가게는 바로 저희 어머니께서 운영하시는 식당입니다. 하지만 누리 소통망에 실린 이야기는 사실과 다릅니다.

나 △△식당에서 짜장면을 먹었는데 맛이 이상한 짜장면을 그냥 먹으라고 하고 사과는커녕 자신을 밀치며 불친절하게 말했다는 겁니다. 사람들은 댓글에 모두 저희 가게를 욕하며 불매 운동을 벌이고 있었습니다. 게다가 저를 아는 누군가가 제 이름과 다니는 학교까지 인터넷에 올리는 바람에 학교에도 소문이 났습니다. 그리고 그 사건 뒤 저희 가게에는 정말 손님이 뚝 끊겨 저희 가족은 힘든 나날을 보내고 있습니다. / 인터넷에 떠도는 소문이 아닌 제 말을 믿어 주시고, 이 글을 널리 퍼뜨려 주세요. 저희 가게를 도와주세요.

13 글쓴이와 손님이 누리 소통망을 이용하여 글을 쓴 까닭으로 알맞은 것은 무엇입니까? (　　　)

① 칭찬하려고　② 자기만 보려고
③ 널리 알리려고　④ 한 곳에 모이려고
⑤ 가게를 홍보하려고

14 손님이 쓴 글 때문에 글쓴이의 가족에게 일어난 일로 알맞은 것을 두 가지 고르시오. (　　　)

① 이사를 갔다.
② 가게 문을 닫았다.
③ 음식 값을 물어 주었다.
④ 가게에 손님이 뚝 끊겼다.
⑤ 글쓴이의 개인 정보가 유출되었다.

서술형
15 이 글을 읽고 알 수 있는 누리 소통망의 단점은 무엇인지 쓰시오.

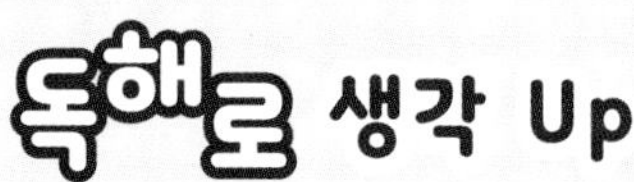

➔ 바른답·알찬풀이 14쪽

16~17 다음 글을 읽고, 물음에 답하시오. [미래엔 중 1-2] 2단원

종이 신문을 읽자

신문은 매일 새로운 소식을 빠르게 전해 주는 매체이다. 인터넷 검색이 편하고 효율적이며, 텔레비전은 재미와 생동감이 넘치지만, 종합적이고 체계적인 정보를 얻는 데는 신문만 한 것이 없다. 특히, 종이 신문은 새로운 소식을 한눈에 볼 수 있어 세상을 보는 가장 효율적인 창이 된다.

인터넷 신문은 조회 수를 높이려고 흥미 위주의 기사를 많이 내보내지만, 종이 신문은 다양한 분야의 기사를 실어 균형 잡힌 정보를 전해 준다. 게다가 종이 신문을 다 읽은 다음 채소나 과일을 보관하는 데 쓰면 신선함을 유지하는 데 도움이 된다.

신문을 읽는 것이 우리에게 어떤 도움이 될까? 첫째, 신문을 읽으면 성적이 향상된다. △△ 대학 연구진이 학생들을 대상으로 조사한 결과 신문을 읽는 빈도가 높을수록 국어뿐만 아니라 수학과 과학에서도 성적이 높았다고 한다.
(빈도: 같은 일이나 현상이 나타나는 횟수.)

둘째, 신문을 읽으면 지식이 풍부해진다. 우리가 살아가는 데 필요한 지식이 교과서에 다 담겨 있는 것은 아니다. 신문을 읽음으로써 학교에서 배우지 못하는 살아 있는 지식을 배우고, 사회적 사안들에 관한 다양하고 풍부한 지식을 바탕으로 하여 사회를 보는 눈을 키울 수 있다. (중략)
(사안: 법률, 규정 등으로 문제가 되어 여럿이서 의논하거나 살펴보아야 할 내용.)

세상의 흐름을 한눈에 보여 주는 종이 신문을 읽어 세상을 보는 눈을 넓히자. 다양한 지식은 물론 삶의 지혜도 얻을 수 있어 한 뼘 더 성장할 것이다. 시간이 나면 휴대 전화부터 들여다보는 습관을 버리고, 종이 신문 읽기를 생활화하자.

어떻게 읽을까?

1. 글쓴이의 주장이 무엇인지 생각하며 읽어 보세요.
2. 글쓴이의 주장을 뒷받침하는 근거가 타당한지 판단하며 읽어 보세요.

● 매체의 특징
- 인터넷: 검색이 편하고 효율적이다.
- 텔레비전: 재미와 생동감이 넘친다.
- ①☐☐: 종합적이고 체계적인 정보를 얻을 수 있다.

● 글쓴이의 주장

②☐☐ ☐☐ 읽기를 생활화하여 세상을 보는 눈을 넓히자.

● 근거의 타당성 판단

'신문을 읽으면 ③☐☐이/가 향상된다.', '신문을 읽으면 지식이 풍부해진다.'라는 글쓴이의 주장과 관련이 있고 주장을 뒷받침하므로 적절하다.

답 ① 신문 ② 종이 신문 ③ 성적

16 글쓴이가 말한 종이 신문의 특징을 두 가지 고르시오. (　　　)

① 사진이나 그림 위주로 실린다.
② 흥미 위주의 기사가 대부분이다.
③ 새로운 소식을 한눈에 볼 수 있다.
④ 세상을 보는 가장 효율적인 창이다.
⑤ 한 분야의 기사만 자세히 실려 있다.

단원 개념

17 글쓴이가 주장에 대한 근거로 제시한 것을 두 가지 고르시오. (　　　)

① 신문을 읽으면 성적이 향상된다.
② 신문을 읽으면 지식이 풍부해진다.
③ 신문을 읽으면 재미와 생동감을 얻는다.
④ 신문을 읽으면 교과서 공부가 필요 없다.
⑤ 신문을 읽으면 자신의 재능을 알 수 있다.

마무리 어휘 뚝딱

어휘 확인

1 다음 문장에서 밑줄 그은 낱말의 뜻으로 알맞은 것을 찾아 선으로 이으시오.

(1) 회사가 어려워지자 비용 절감을 위해 광고부터 줄였다. •

(2) 교통사고를 낸 사람이 피해자에게 자동차 수리비를 배상해 주었다. •

(3) 사람들은 특정 나라에서 만든 제품에 대해 불매 운동을 벌였다. •

• ㉮ 아껴서 줄임.

• ㉯ 상품 등을 사지 않음.

• ㉰ 남에게 입힌 손해를 물어 줌.

어휘 적용

2 보기의 문장에서 밑줄 그은 낱말과 같은 뜻으로 쓰인 낱말에 ○표 하시오.

보기
수염을 길게 기른 할아버지 한 분이 마을 길을 걸어가고 있었단다.

(1) 꾸준한 운동으로 체력을 기른 사람은 쉽게 지치지 않는다. (　　)
(2) 허리까지 기른 머리카락을 싹둑 자르고 단발머리로 변신했다. (　　)
(3) 할아버지께서 오랫동안 기른 고양이를 우리 집으로 데리고 오셨다. (　　)

어법

3 문장 성분의 호응 관계를 생각하여 밑줄 그은 부분을 바르게 고쳐 쓰시오.

(1) 어머니께서 나를 밖으로 불렀다. →

(2) 하루가 지나 새해가 되었지만 어제와 별로 다르다. →

(3) 식당에 손님이 많은 까닭은 주인 아저씨의 음식 솜씨가 좋다. →

속담

4 다음 글과 그림을 보고, **세 치 혀가 사람 잡는다** 와 뜻이 비슷한 속담으로 알맞지 않은 것에 ×표 하시오.

세 치 혀가 사람 잡는다

세 치밖에 안 되는 짧은 혀라도 잘못 놀리면 사람이 죽게 되는 수가 있다는 뜻으로, 말을 함부로 하여서는 안 됨을 비유적으로 이르는 말.

친구의 말에 상처받거나 억울해했던 경험이 있나요? 혹은 나쁜 말로 친구에게 상처를 준 경험은요? 한 치는 약 3센티미터예요. 혀는 고작 9센티미터 정도이지만 누군가를 아프게 할 수 있을 만큼 힘이 세답니다. 우리 모두 내가 한 말이 상대방에게 상처가 되지 않을지 한 번 더 생각해 보아요.

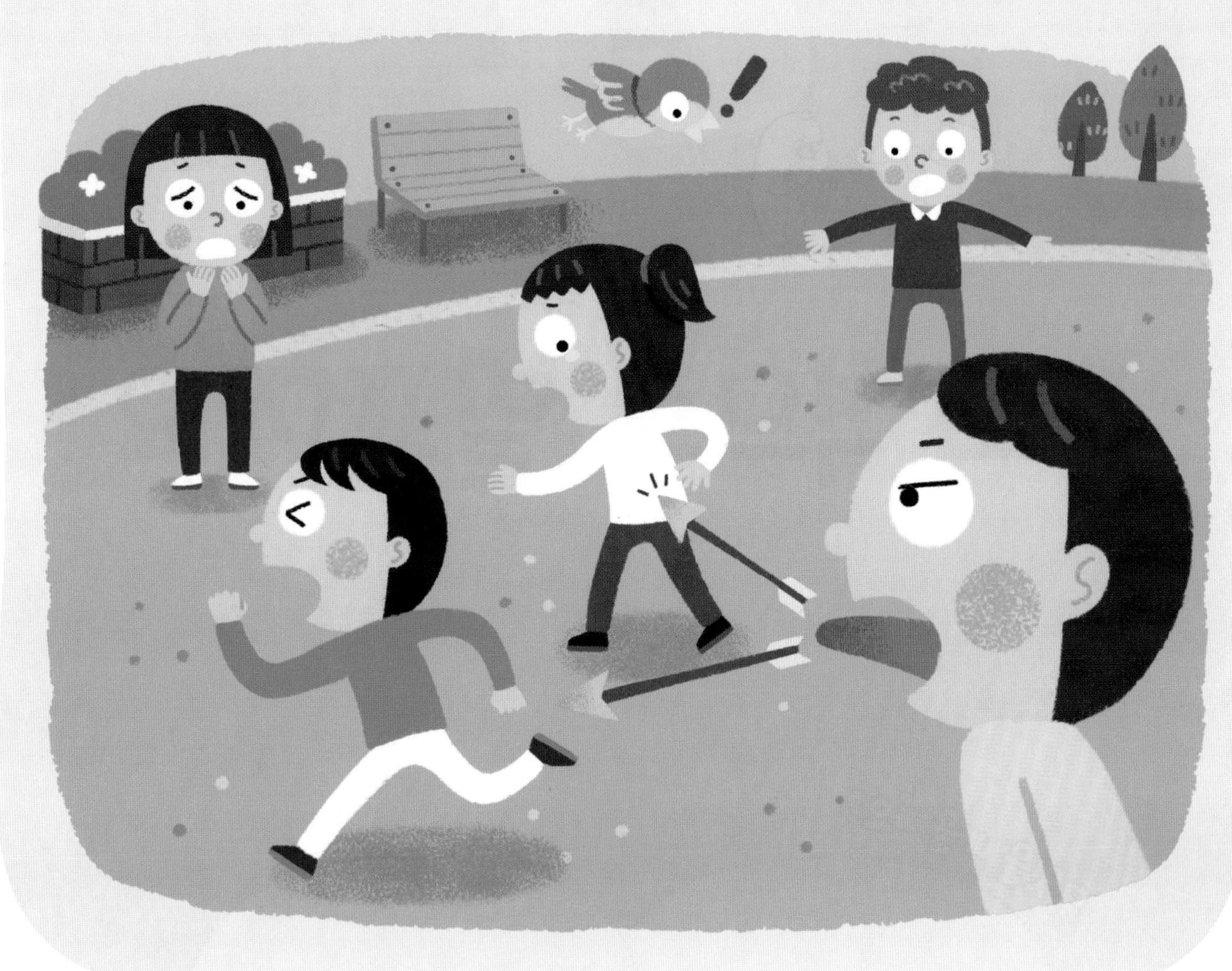

(1) 발 없는 말이 천 리 간다. (　　)
(2) 낮말은 새가 듣고 밤말은 쥐가 듣는다. (　　)
(3) 자라 보고 놀란 가슴 솥뚜껑 보고 놀란다. (　　)

효과적으로 발표해요

무엇을 배울까요?

주제에 맞는
매체 자료 찾기

발표 상황에 맞는
영상 자료를 만드는 방법 알기

단원에 대한 공부 계획을 세우고, 공부한 내용을 얼마나 이해했는지 스스로 평가해 보세요.

	공부할 내용	스스로 평가
17회	그림으로 개념 탄탄 독해로 교과서 쏙쏙 ❶ • 가 「휴대 전화 사용 습관」 나 「온라인 언어폭력: 능력자」	☆☆☆
18회	독해로 교과서 쏙쏙 ❷ • 건강을 주제로 한 영상 만들기	☆☆☆
19회	단원 평가 독해로 생각 Up → 「해양 쓰레기의 뜻과 쓰레기 분해 시간」 어휘 마무리 뚝딱 → 사자성어 〈금상첨화〉	☆☆☆

★★★ 잘함. ★★ 보통임. ★ 아쉬움.

그림으로 개념 탄탄

Q 매체 자료에는 무엇이 있나요?

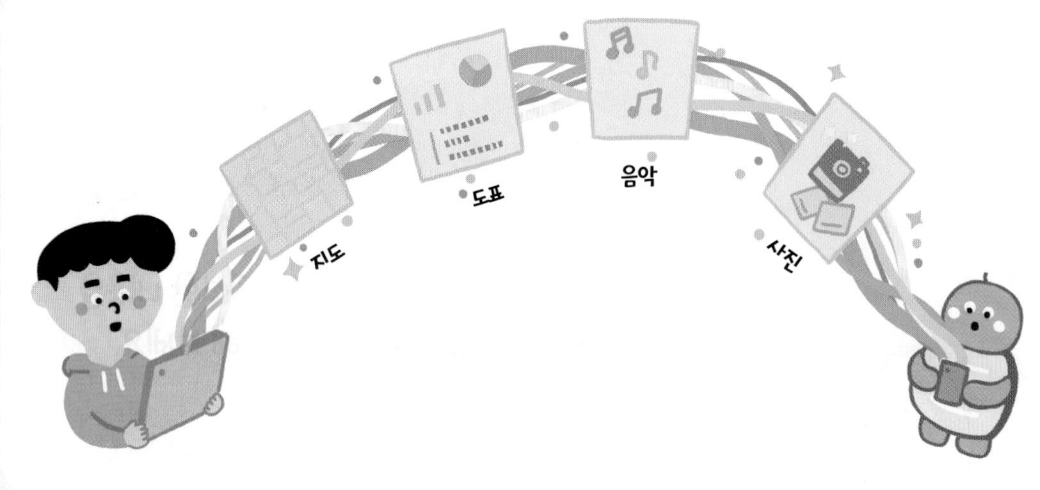

A
- 매체 자료에는 영상, 사진, 표, 지도, 도표, 그림, 소리, 음악 따위가 있어요.
- 매체 자료를 활용하면 내용을 효과적으로 전달할 수 있어요.

Q 주제에 맞는 매체 자료는 어떻게 찾아야 하나요?

당신은 능력자입니다. 손가락만 까딱하면 누군가를 울릴 수도, 아프게 할 수도, 포기하게 할 수도 있습니다. 하지만 당신은 누군가를 기쁘게 할 수도, 행복하게 할 수도 있으며, 다시 뛰게 할 수도 있습니다. 손가락만 까딱하면.
'온라인 언어폭력'이라는 주제가 잘 나타나 있어.
내용과 음악이 잘 어울려.

A
- 매체 자료의 종류, 매체 자료에 담긴 내용과 주제를 살펴보고, 내가 전달하려는 주제에 맞는지 판단해요.
- 각 매체 자료가 주제를 전달하기 위해 사용한 효과적인 표현을 탐색하여 정리해요. 영상 자료는 장면 구성, 음악, 소리, 비유적 표현, 자막, 해설 등을 살펴볼 수 있어요.

발표 영상 자료는 어떻게 만들어야 하나요?

맨발 걷기 모습
뭐래. 자막 수정이나 하자. 우리 초등학교 이름을 넣는 게 좋겠어.
나 예쁘게 나왔지? 나한테 어울리는 배경 음악을 골라야지!

- 발표 목적과 듣는 사람, 고려할 점 등 발표 상황을 파악하고 영상의 주제를 정해요.
- 영상의 주제에 맞는 내용과 장면을 정해요.
- 촬영 계획을 세워 역할을 나누고 촬영 내용, 촬영 일시와 장소 등을 정한 후 촬영해요.
- 영상을 편집할 때는 주제가 잘 드러나는 장면을 고르고, 제목, 자막, 배경 음악, 인용 자료의 출처 등을 넣어요.
- 영상 자료를 인터넷에 올릴 때는 비속어, 은어 같은 격식에 맞지 않는 언어를 사용하지 않아야 하고, 영상에 나오는 사람들의 동의를 얻어야 해요.

확인 문제

영상 자료를 인터넷에 올릴 때 주의할 점으로 알맞으면 ○표, 틀리면 ×표 하시오.

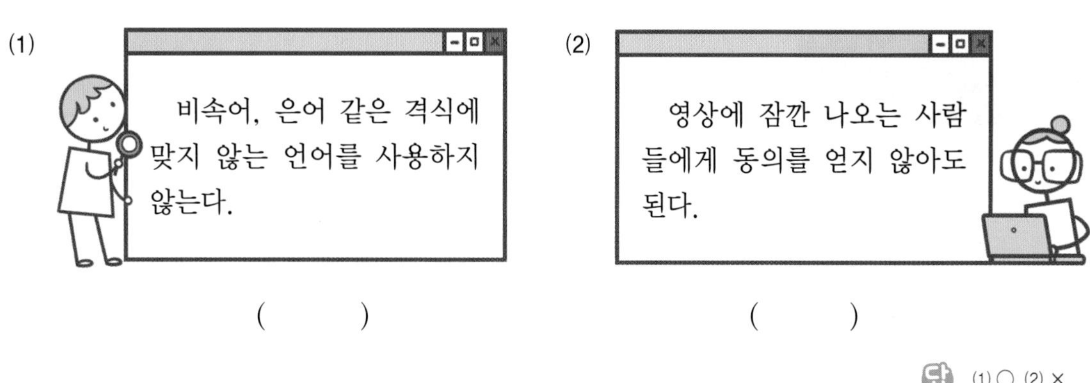

(1) 비속어, 은어 같은 격식에 맞지 않는 언어를 사용하지 않는다.
( )
(2) 영상에 잠깐 나오는 사람들에게 동의를 얻지 않아도 된다.
( )

답 (1) ○, (2) ×

독해로 교과서 쏙쏙

가 휴대 전화 사용 습관
나 온라인 언어폭력: 능력자

가

• [자료 1]

• [자료 2]

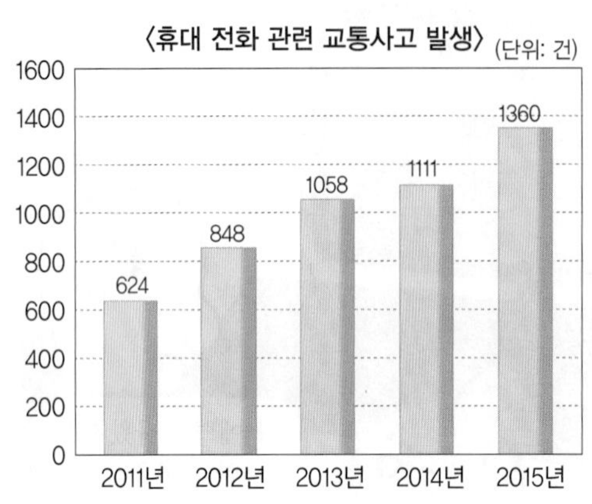

– 출처: 국민안전처, 2016.

나

당신은 **능력자**입니다.

손가락만 **까딱하면** 누군가를 울릴 수도, 아프게 할 수도, 포기하게 할 수도 있습니다. (나쁜 댓글이 주는 영향)

하지만 당신은 누군가를 기쁘게 할 수도, 행복하게 할 수도 있으며, 다시 뛰게 할 수도 있습니다. (좋은 댓글이 주는 영향)

손가락만 까딱하면.

[자막] 온라인 댓글, 당신은 어떻게 쓰시겠습니까?

활동 팁

매체 자료의 내용을 파악하고, 매체를 활용하여 전하려는 주제가 무엇인지 알아보세요.

독해로 이해 콕

1. 가의 '자료 1'은 ( )이/가 사람을 붙잡고 있는 모습을 나타낸 공익 광고이다.
2. 가의 '자료 2'를 보면 휴대 전화 사용으로 생긴 교통사고가 2012년 이후 1년에 1000건이 넘는다. (○, ×)
3. 나의 자료의 종류는 (영상, 지도)이다.
4. 나에서는 나쁜 댓글과 좋은 댓글이 주는 영향을 알려 주고 있다. (○, ×)

낱말풀이

능력자 어떠한 일을 할 능력이 있는 사람. 또는 그 능력이 뛰어난 사람.

까딱하면 고개나 손가락을 아래위로 가볍게 한 번 움직이면.

교과서 문제

01 가 의 '자료 1', '자료 2'에서 전하려는 주제를 찾아 선으로 이으시오.

(1) 자료 1 • • ㉮ 걸을 때나 운전할 때 휴대 전화를 사용하면 위험하다.

(2) 자료 2 • • ㉯ 하루 종일 휴대 전화를 잡고 있는 등 휴대 전화에 중독된 사람이 많다.

서술형

02 가 를 참고하여 휴대 전화 사용 습관을 소재로 발표하고 싶은 주제는 무엇인지 쓰고, 활용할 매체 자료와 그 까닭은 무엇인지 쓰시오.

발표하고 싶은 주제	(1)
활용할 매체 자료와 그 까닭	(2)

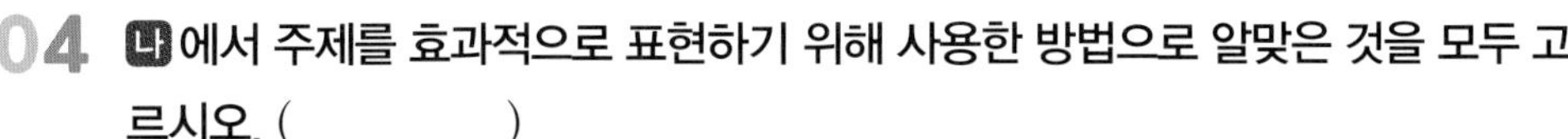

중요

03 나 에서 전하려는 주제로 알맞은 것에 ○표 하시오.

(1) 온라인 언어폭력을 하지 말자. ( )

(2) 누리 소통망을 이용하지 말자. ( )

(3) 보행 중에 휴대 전화를 사용하지 말자. ( )

'손가락만 까딱하면'에 담긴 뜻을 생각해 보세요.

04 나 에서 주제를 효과적으로 표현하기 위해 사용한 방법으로 알맞은 것을 모두 고르시오. ( )

① 주제를 명확하게 전달하려고 비유적 표현을 사용하지 않았다.

② 밝은 표정의 학생을 통해 좋은 댓글의 긍정적인 면을 보여 주었다.

③ 마지막에 질문을 제시하여 영상을 보는 사람이 스스로를 돌아보게 했다.

④ 인터넷을 영웅과 악당으로 표현해 상황에 따라 능력이 달라짐을 나타냈다.

⑤ 손가락에 망토를 둘러 작성하는 댓글의 내용에 따라 손가락이 다른 영향을 줄 수 있음을 나타냈다.

05 나 를 보고, 빈칸에 알맞은 말을 쓰시오.

상대에게 영향을 주는 댓글을 다는 ( )을/를 악마 또는 천사의 모습으로 비유했다.

건강을 주제로 한 영상 만들기

1 발표 상황 파악하기

학교 방송국에서 '건강 주간'을 맞아 건강을 주제로 한 매체 자료를 공모합니다. 뽑힌 작품은 전교생에게 발표할 예정입니다. 많이 참여해 주세요.

우리 반도 '건강한 생활을 위해 실천하면 좋은 일'을 직접 영상으로 만들어 보자!

2 주제 정하기

건강한 생활을 위해 실천하면 좋은 일
줄넘기, 손 씻기, 맨발 걷기, 긍정적 생각

'맨발 걷기'가 새로운 주제라서 흥미롭다는 의견이 많았습니다. 따라서 우리 반은 맨발 걷기를 주제로 영상 자료를 만들어 봅시다.

3 내용 정하기

요즘 맨발 걷기를 하는 사람이 많다는 것을 먼저 알려 주자.

내가 맨발 걷기를 해 봤더니 스트레스가 해소되고 기분이 좋아졌어.

맨발 걷기가 건강에 좋은 점을 효과적으로 알릴 수 있는 내용을 생각해 보자.

4 장면 정하기

운동장 모래 위에서 사람들이 맨발 걷기를 하는 장면 → 맨발 걷기를 꾸준히 한 사람을 면담하는 장면 → ㉠

활동 팁

발표 상황에 맞는 영상 자료의 주제와 내용을 정하고, 영상 자료를 만들어 발표하는 방법과 그 과정을 알아보세요.

독해로 이해 콕

5 학교 방송국에서는 (　　　　)을/를 주제로 한 매체 자료를 공모한다고 했다.

6 건강한 생활을 위해 실천하면 좋은 일 중 '맨발 걷기'가 (익숙한, 새로운) 주제라서 흥미롭다는 의견이 많았다.

7 3의 대화에서 맨발 걷기를 하면 스트레스는 좀 쌓이지만 기분은 좋아진다고 했다. (○, ×)

8 4의 과정에서 사람들이 맨발 걷기를 하는 장면을 넣기로 하였다. (○, ×)

낱말풀이

주간 월요일부터 일요일까지 한 주일 동안.

공모 일반에게 널리 공개하여 모집함. 예 불조심과 관련된 포스터를 공모합니다.

해소 어려운 일이나 문제가 되는 상태가 해결되어 없어짐.

면담 서로 만나서 이야기함.

교과서 문제

06 1에서 알 수 있는 발표의 목적은 무엇입니까? (   )

① 학교 방송국 부원을 뽑기 위한 것
② 건강을 주제로 한 작품을 발표하는 것
③ 자신의 적성과 흥미를 알아보기 위한 것
④ 우리 학교를 누리 소통망에 홍보하기 위한 것
⑤ 학교 급식에 나타난 문제를 파악하여 해결하기 위한 것

07 1의 내용으로 보아, 발표를 듣는 사람은 누구입니까? (   )

① 전국민　② 전교생　③ 6학년 학생들
④ 1~3학년 학생들　⑤ 병원에 있는 환자들

서술형

08 2의 내용으로 보아, 주제를 정할 때 고려할 점은 무엇인지 쓰시오.

중요

09 영상 자료를 만들기 위해 3과 4의 과정에서 고려할 점을 생각해 보고, 빈칸에 알맞은 말을 보기에서 골라 쓰시오.

보기
분량　주제　편집　제목

(1) 발표 내용은 (   )을/를 효과적으로 전할 수 있어야 한다.
(2) 발표 장면을 정할 때에는 (   )이/가 발표 시간에 알맞도록 정해야 한다.
(3) 발표 장면을 정할 때에는 촬영이나 (   )이/가 가능한 장면을 정해야 한다.

영상 자료를 만들기 위해 내용과 장면을 정할 때 주의할 점을 생각해 보세요.

10 ㉠에 추가할 수 있는 장면으로 알맞은 것의 기호를 모두 쓰시오.

㉮ 맨발 걷기의 효과를 정리한 내용
㉯ 신발 때문에 발에 상처가 나서 치료하는 장면
㉰ 발표자가 맨발 걷기를 직접 체험해 보는 장면

(   )

5 촬영 계획 세우기

- 역할 정하기
  연출, 편집, 촬영, 대본 등이 있음.
- 촬영 일시와 장소 정하기

장면 번호	촬영 내용	촬영 일시와 장소	준비물
1	운동장 모래 위에서 맨발 걷기를 하는 사람들	○○월 ○○일 ○○시 ○○초등학교 운동장	휴대 전화 (캠코더)
2	맨발 걷기를 꾸준히 한 사람과 면담	○○월 ○○일 ○○시 ○○초등학교 운동장	휴대 전화 (캠코더), 수첩

6 촬영하기

- 계획에 따라 촬영하고, 보완할 점 점검하기
  - 전하려는 내용이 잘 드러나게 촬영하고, 삼각대를 이용하거나 흔들림 없이 안정된 자세로 촬영한다.
  - 화면을 이동할 때에는 너무 빠르지 않게 하고 음성이 기록되는지 확인한다.
  - 면담 촬영은 질문 내용을 미리 준비하며 면담 대상이 몸을 많이 움직이지 않도록 한다.
  - 보완할 점은 다시 촬영하거나 여러 번 촬영해 알맞은 장면을 골라 사용한다.

7 편집하기

→ • 촬영한 영상에서 발표에 사용할 장면을 고른 후 장면을 차례에 맞게 편집하고, 자막은 필요한 내용만 간단하게 넣는다.
• 발표 효과를 높이는 다른 매체 자료(표, 도표, 신문 기사 등)를 활용한다.

제목을 무엇으로 하면 주제가 잘 드러날까?
맨발 걷기 장면에 경쾌한 느낌의 배경 음악을 넣자.
시청각 장애인을 고려해 자막이나 수어 통역을 넣으면 좋겠어.
'○○초등학교의 맨발 걷기' 신문 기사를 넣고 자료 출처는 자막으로 넣자.
인용한 내용은 출처를 넣어야 함.

8 발표하기

- 효과적으로 발표하기 → • 소개하거나 부탁할 내용과 같이 발표하기 전이나 발표한 뒤에 말할 내용을 다양한 방법으로 준비한다.
  • 발표를 하거나 들을 때 집중하고 듣는 사람이나 발표하는 사람을 존중한다.

독해로 이해 콕

9 5에서 정한 촬영 장소는 ○○초등학교 운동장이다. (○, ×)

10 5의 '장면 번호 2'에서 촬영할 면담 대상자는 맨발 걷기를 꾸준히 한 사람이다. (○, ×)

11 자막을 넣을 때에는 (모든, 필요한) 내용을 넣는다.

12 7에서는 발표의 효과를 높이기 위해서 (도표, 신문 기사) 자료를 활용하였다.

낱말 풀이

보완 모자라거나 부족한 것을 보충하여 완전하게 함.

편집 일정한 계획 아래 여러 가지 재료를 모아 신문, 잡지, 책 따위를 만드는 일. 또는 영화 필름이나 녹음테이프, 문서 따위를 하나의 작품으로 완성하는 일.

수어 듣거나 말하지 못하는 사람들이 사용하는 '수화 언어'를 줄여 이르는 말.

통역 서로 다른 나라 말을 사용하는 사람들 사이에서 뜻이 통하도록 말을 옮겨 줌.

출처 말이나 사물이 생기거나 나온 곳.

11 ⑤ '촬영 계획 세우기' 과정에서 정해야 할 것으로 알맞지 않은 것은 무엇입니까? (　　　)

① 장면 번호 정하기　② 촬영 내용 정하기
③ 배경 음악 정하기　④ 필요한 준비물 생각하기
⑤ 촬영 일시와 장소 정하기

중요

12 영상을 촬영하는 방법을 알맞게 말한 친구의 이름을 쓰시오.

송아: 화면을 이동할 때에는 최대한 빠르게 해야 해.
진우: 면담 촬영을 할 때 질문 내용을 미리 준비하면 재미가 없어.
서진: 전하려는 내용이 잘 드러나게 촬영하고 흔들림 없이 촬영해야 해.

촬영할 때 주의할 점이나 준비할 점이 무엇일지 생각해 보세요.

(　　　　　　　　　　)

13 ⑦ '편집하기' 과정에서 해야 할 일이 아닌 것은 무엇입니까? (　　　)

① 면담 대상자 고르기
② 자막, 배경 음악 넣기
③ 발표에 사용할 장면 고르기
④ 주제와 어울리는 제목 정하기
⑤ 발표 효과를 높이는 매체 자료 활용하기

서술형

14 만든 영상 자료를 효과적으로 발표하려면 어떻게 해야 할지 쓰시오.

___

교과서 문제

15 영상 자료를 직접 제작하고 발표하는 과정에 맞게 순서대로 기호를 쓰시오.

㉮ 편집하기　㉯ 발표하기
㉰ 주제 정하기　㉱ 발표 상황 파악하기
㉲ 내용 및 장면 정하기　㉳ 촬영 계획 세우고 촬영하기

㉱ – (　　　) – (　　　) – (　　　) – (　　　) – ㉯

4 효과적으로 발표해요

맞힌 개수 개

01~02 다음 매체 자료를 보고, 물음에 답하시오.

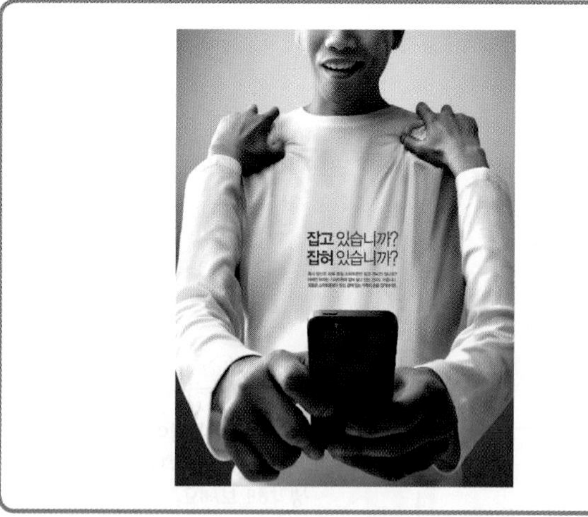

01 이 매체 자료에 대한 설명으로 알맞지 않은 것은 무엇입니까? (   )

① 공익 광고 사진이다.
② 사람이 휴대 전화를 붙잡고 있다.
③ 휴대 전화가 사람을 꽉 붙잡고 있다.
④ 누리 소통망 이용 방법을 알려 주는 광고이다.
⑤ 휴대 전화 사용 습관과 관련된 내용을 담고 있다.

중요

02 이 매체 자료에서 전하려는 주제를 알맞게 말한 친구의 이름을 쓰시오.

> 나연: 길거리에서 휴대 전화를 사용하면 교통사고 위험이 있다는 내용을 전하고 있어.
> 윤아: 휴대 전화의 노예가 되지 말고 휴대 전화를 알맞게 사용하자는 내용을 전하고 있어.
> 서현: 휴대 전화를 가까이 보면 눈이 나빠지므로 적당한 거리를 두고 보자는 내용을 전하고 있어.

(   )

03~05 다음 매체 자료를 보고, 물음에 답하시오.

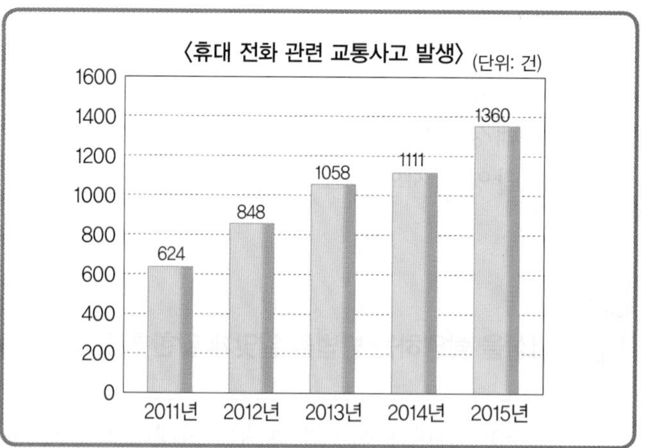

03 이 매체 자료의 종류는 무엇입니까? (   )

① 사진　② 도표
③ 영상　④ 그림
⑤ 신문 기사

04 이 매체 자료를 활용하여 전하려는 주제는 무엇입니까? (   )

① 매년 휴대 전화 판매 수가 증가한다.
② 휴대 전화 중독으로 건강이 나빠진다.
③ 휴대 전화는 우리 생활을 편리하게 해 준다.
④ 걸을 때나 운전할 때 휴대 전화를 사용하면 위험하다.
⑤ 어린이 관련 교통사고가 해마다 늘어나고 있어 위험하다.

서술형

05 이 매체 자료가 04의 주제를 잘 전하는지 판단하고, 그 까닭과 함께 쓰시오.

06~08 다음 영상을 보고, 물음에 답하시오.

당신은 능력자입니다. 손가락만 까딱하면 누군가를 울릴 수도, 아프게 할 수도, 포기하게 할 수도 있습니다.

하지만 당신은 누군가를 기쁘게 할 수도, 행복하게 할 수도 있으며, 다시 뛰게 할 수도 있습니다.
손가락만 까딱하면.

[자막] 온라인 댓글, 당신은 어떻게 쓰시겠습니까?

06 이 영상에서 주제를 효과적으로 표현하기 위해 '당신'을 무엇에 비유하였는지 찾아 쓰시오.

( )

07 이 영상에서 서로 대조되도록 구성한 장면의 번호를 쓰시오.

( ), ( )

서술형

08 장면 ④와 같이 질문을 하며 영상을 마무리하면 어떤 효과가 있는지 쓰시오.

____

____

09~11 다음 그림을 보고, 물음에 답하시오.

학교 방송국에서 '건강 주간'을 맞아 건강을 주제로 한 매체 자료를 공모합니다. 뽑힌 작품은 전교생에게 발표할 예정입니다. 많이 참여해 주세요.
우리 반도 '건강한 생활을 위해 실천하면 좋은 일'을 직접 영상으로 만들어 보자!

09 이 그림은 영상 자료를 직접 만들고 발표하는 과정 중 무엇에 해당합니까? ( )

① 편집하기
② 촬영하기
③ 주제 정하기
④ 촬영 계획 세우기
⑤ 발표 상황 파악하기

중요

10 이 과정에서 파악해야 할 내용으로 알맞은 것을 두 가지 고르시오. ( )

① 발표 목적
② 듣는 사람
③ 촬영 도구
④ 발표 장소
⑤ 촬영 장면

11 이 발표 상황에서 고려해야 할 내용으로 알맞은 것에 ○표 하시오.

(1) 건강을 주제로 하지 않더라도 좀 더 새롭고 흥미로운 것을 찾아야겠어. ( )
(2) 전교생을 대상으로 하니 1~6학년 모두 이해할 수 있는 내용을 찾아야겠어. ( )

12~14 다음 그림을 보고, 물음에 답하시오.

1
'맨발 걷기'가 새로운 주제라서 흥미롭다는 의견이 많았습니다. 따라서 우리 반은 맨발 걷기를 주제로 영상 자료를 만들어 봅시다.
건강한 생활을 위해 실천하면 좋은 일
줄넘기, 손 씻기, 맨발 걷기, 긍정적 생각
2
요즘 맨발 걷기를 하는 사람이 많다는 것을 먼저 알려 주자.
맨발 걷기가 건강에 좋은 점을 효과적으로 알릴 수 있는 내용을 생각해 보자.
내가 맨발 걷기를 해 봤더니 스트레스가 해소되고 기분이 좋아졌어.

12 그림 ①과 ②는 영상 자료를 만드는 과정 중 어떤 과정에 해당하는지 알맞게 선으로 이으시오.

(1) 그림 ① •   • ㉮ 내용 정하기

(2) 그림 ② •   • ㉯ 주제 정하기

13 그림 ①의 과정에서 고려할 점으로 알맞지 않은 것은 무엇입니까? (　　　)

① 관련 있는 자료를 더 찾아본다.
② 토의 진행자가 좋아하는 주제를 정한다.
③ 친구들과 토의해서 다양한 의견을 나눈다.
④ 듣는 사람이 흥미를 느낄 만한 주제를 정한다.
⑤ 듣는 사람에게 도움이 될 만한 주제를 정한다.

서술형

14 그림 ①에서 정한 주제와 그림 ②에서 토의한 내용을 참고하였을 때, 어떤 내용을 촬영하면 좋을지 한 가지만 쓰시오.

____

____

15 다음은 영상 자료를 제작하고 발표하는 과정에서 토의한 내용입니다. 이와 같은 토의가 필요한 과정은 무엇입니까? (　　　)

- 맨발 걷기 장면에 경쾌한 느낌의 배경 음악을 넣자.
- 시청각 장애인을 고려해 자막이나 수어 통역을 넣으면 좋겠어.
- '○○초등학교의 맨발 걷기' 신문 기사를 넣고 자료 출처는 자막으로 넣자.

① 촬영하기 　　② 발표하기
③ 편집하기 　　④ 촬영 계획 세우기
⑤ 발표 상황 파악하기

중요

16 영상 자료를 만들어 인터넷에 올릴 때 주의할 점으로 알맞지 않은 것은 무엇입니까? (　　　)

① 영상에 나오는 사람의 동의를 얻는다.
② 격식에 맞지 않는 언어는 사용하지 않는다.
③ 영상에 매체 자료를 넣을 때에는 그 자료의 출처를 밝힌다.
④ 영상 자료가 보는 사람들에게 좋은 영향을 주는지 생각한다.
⑤ 신뢰감을 주기 위해 영상에 나오는 모든 사람의 개인 정보를 공개한다.

17~18 다음 글을 읽고, 물음에 답하시오.

[미래엔 중 1-1] 3단원

해양 쓰레기의 뜻과 쓰레기 분해 시간

1 해양 쓰레기란?

해양 쓰레기는 사람이 살면서 만들어 낸 부산물이 바다로 들어가 못 쓰게 되는 것들을 모두 이르는 말이에요. 해안에 있는 것, 바다에 있는 것, 육지에서 버려 바다로 들어간 것 모두 해양 쓰레기인 거죠.

부산물: 중심이 되거나 기본적인 물건을 만들 때 딸려 생기는 물건.

2 쓰레기가 분해되는 데 걸리는 시간은?

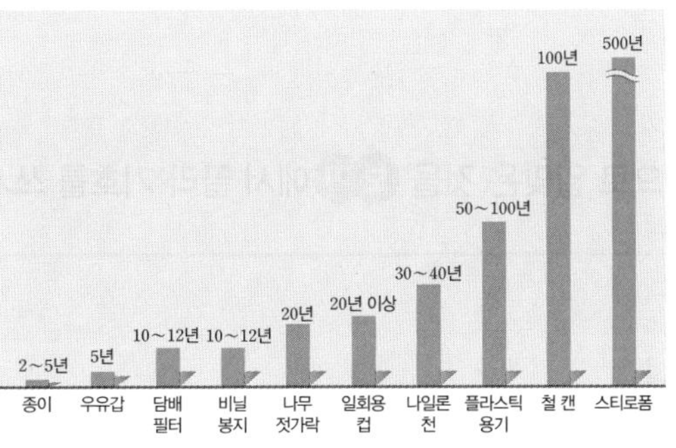

사실 바다에 쓰레기를 버리는 습관은 아주 오래됐어요. 배에서 발생하는 쓰레기를 처리하는 방법으로 바다에 버리는 것만큼 간편하고 확실한 게 없었으니까요. 하지만 시대가 변하면서 버려지는 쓰레기의 종류가 달라졌어요. 플라스틱, 깡통, 유리병 등 잘 썩지 않는 폐기물들이 바다에 버려져 해양 환경을 파괴하기 시작한 거죠.

해양수산부의 '현장 지도자용 해양 폐기물 모니터링 안내서'에 따르면 해양 쓰레기의 분해 시간은 종이 2~5년, 담배 필터 10~12년, 일회용 컵 20년 이상, 플라스틱 용기 50~100년 이상이라고 해요. 작은 일회용 컵조차 분해되는 데 20년 넘게 걸린다니 정말 놀라운데요, 이는 곧 우리의 실천이 중요하다는 뜻 아닐까요?

– 출처: 해양환경공단

어떻게 읽을까?

1. 글의 내용을 효과적으로 전달하기 위해 어떤 매체 자료를 활용했는지 살펴보세요.
2. 매체 자료를 활용하여 전하고 싶은 주제는 무엇인지 파악해 보세요.

글의 중심 내용

1	① ☐☐ 과 바다에 있는 것, 육지에서 버려 바다로 들어간 것 모두 해양 쓰레기이다.
2	썩지 않는 폐기물들이 바다에 버려져 해양 환경이 파괴되었고, 해양 쓰레기를 분해하는 데 오랜 시간이 걸린다.

활용한 자료

- ② ☐☐ : 해양 쓰레기의 생생한 모습을 보여 주고 있다.
- ③ ☐☐ : 썩지 않는 폐기물들이 분해되는 데 시간이 얼마나 걸리는지 보여 주고 있다.

답 ① 해안 ② 사진 ③ 도표

17 이 글에서 설명한 내용을 두 가지 고르시오. ( )

① 해양 쓰레기의 뜻
② 해양 쓰레기의 분해 방법
③ 해양 쓰레기의 분해 시간
④ 해양 쓰레기의 재활용 방법
⑤ 바다에 쓰레기를 버려도 되는 까닭

단원 개념

18 이 글의 내용을 효과적으로 전달하기 위해 활용한 매체 자료로 알맞은 것을 두 가지 고르시오. ( )

① 그림 ② 일화
③ 사진 ④ 도표
⑤ 동영상

어휘 확인

1 다음 빈칸에 들어갈 알맞은 낱말을 보기에서 골라 쓰시오.

보기

까딱　　공모　　보완

(1) 설계도에서 [　　　]할 점을 찾았다.

(2) 모델을 [　　　]한다는 소식을 듣고 많은 사람이 모여들었다.

(3) 온종일 바쁘게 돌아다녔더니 집에 와서는 손가락 하나 [　　　]할 수 없었다.

어휘 적용

2 다음 문장에 쓰인 '흐르다'의 뜻으로 알맞은 것을 보기에서 골라 기호를 쓰시오.

보기

흐르다

㉠ 시간이나 세월이 지나가다.

㉡ 빛, 소리, 향기 따위가 부드럽게 퍼지다.

㉢ 액체 따위가 낮은 곳으로 내려가거나 넘쳐서 떨어지다.

(1) 세월이 <u>흐르면</u> 세상도 변한다. (　　　)

(2) 물은 높은 곳에서 낮은 곳으로 <u>흐른다</u>. (　　　)

(3) 캠핑장에는 경쾌한 음악이 <u>흐르고</u> 있었다. (　　　)

어법

3 다음 표에서 밑줄 그은 낱말 가운데 맞춤법이 잘못된 것을 찾아 바르게 고쳐 쓰시오.

장면 번호	촬영 내용	촬영 일시와 장소	준비물
1	운동장 <u>모래</u> 위에서 <u>맨발</u> 걷기를 하는 사람들	○○월 ○○일 ○○시 ○○초등학교 운동장	휴대 전화 (캠코더)
2	맨발 걷기를 <u>꾸준이</u> 한 사람과 면담	○○월 ○○일 ○○시 ○○초등학교 운동장	<u>휴대 전화</u> (캠코더), 수첩

(　　　　　) → (　　　　　)

바른답·알찬풀이 19쪽

사자성어

4 다음 글과 그림을 보고, **금상첨화** 를 알맞게 사용한 문장에 ○표 하시오.

금상첨화

(錦 비단 금, 上 위 상, 添 더할 첨, 花 꽃 화)
비단 위에 꽃을 보탠다는 뜻으로 좋은 일에 또 좋은 일이 더하여진다는 뜻.

비단은 가볍고 빛깔이 우아해서 많은 사람들이 귀하게 여긴 천이에요. 비단 자체만으로도 고운데, 비단에 꽃을 수놓았다면 어떨까요? 비단이 더 예쁘게 보일 거예요. 이처럼 금상첨화는 좋은 것에 또 좋은 것이 더해질 때 사용하는 말이에요.

가을맞이 30퍼센트 할인
이 원피스는 디자인도 예쁜데 할인이 되어 가격까지 저렴하니 금상첨화네.

⑴ 성우는 노래는 잘하는데 춤은 잘 추지 못해서 금상첨화이다. (　　)
⑵ 새 운동화를 신었더니 하필 비가 내리고 금상첨화로 바람까지 분다. (　　)
⑶ 이 수업을 들으면 그 나라의 문화도 배우고 언어도 배울 수 있어 금상첨화이다. (　　)

글에 담긴 생각과 비교해요

무엇을 배울까요?

- 글쓴이의 생각을 파악하며 글을 읽어야 하는 까닭 알기
- 글을 읽고 글쓴이의 생각 파악하기
- 글쓴이의 생각과 자신의 생각을 비교하며 글 읽기
- 자신의 생각과 상대의 생각을 비교하며 토론하기

단원에 대한 공부 계획을 세우고, 공부한 내용을
얼마나 이해했는지 스스로 평가해 보세요.

	공부할 내용	스스로 평가
20회	그림으로 개념 탄탄 독해로 교과서 쏙쏙 ❶ •「내가 원하는 우리나라」	☆☆☆
21회	독해로 교과서 쏙쏙 ❷ •「로봇세를 도입해야 한다」 •「로봇세 도입을 늦추어야 한다」	☆☆☆
22회	독해로 교과서 쏙쏙 ❸ •「기와 조각과 똥 덩어리」	☆☆☆
23회	독해로 교과서 쏙쏙 ❹ •「기와 조각과 똥 덩어리」 •「착한 사마리아인의 법」	☆☆☆
24회	단원 평가 독해로 생각 Up → 「극지 연구가 지니는 의미」 어휘 마무리 뚝딱 → 속담 〈사람과 그릇은 있는 대로 쓴다〉	☆☆☆

★★★ 잘함. ★★ 보통임. ★ 아쉬움.

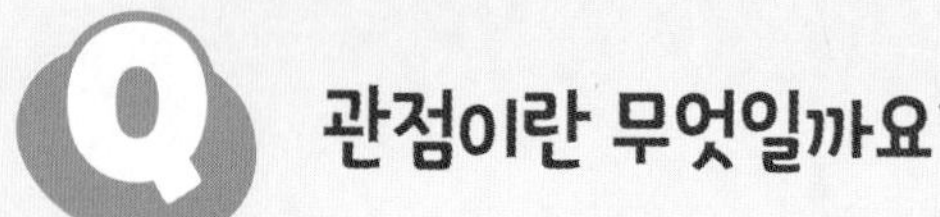

Q 관점이란 무엇일까요?

A

- 관점은 사물이나 현상을 관찰할 때 그 사람이 바라보는 태도나 방향 또는 처지를 뜻해요.
- 관점에 따라 같은 사물이나 현상도 다르게 보일 수 있어요.

Q 글 속에 담긴 글쓴이의 생각은 어떻게 파악해야 할까요?

A

- 제목은 글쓴이의 생각이 잘 드러나는 부분이에요. 제목을 그렇게 정한 까닭을 살펴보며 글쓴이의 생각을 파악해요.
- 글에 포함된 사진이나 그림, 글쓴이의 생각이 담긴 낱말이나 문장 같은 표현을 살펴봐요.
- 글의 내용과 관련해 글쓴이가 예상하는 독자, 글쓴이가 글을 쓴 의도와 목적을 생각해 봐요.

토론은 어떻게 준비하고 토론해야 하나요?

〈착한 사마리아인의 법〉은 위험에 처한 사람을 돕지 않으면 처벌할 수 있는 법 제도입니다. 우리나라도 착한 사마리아인의 법을 제정해야 할까요?
생명은 무엇보다 소중한 것이니 법을 만들어서 처벌해야 한다고 생각해.
사람을 구해 주지 않았다고 벌을 받아야 할까?

- 토론 주제를 확인하고 역할을 정해요.
- 우리 편 주장의 적절한 근거를 마련하고, 상대편 주장의 근거와 우리 편 주장에 대한 반론을 예상해요.
- 우리 편이 마련한 근거를 설명할 수 있는 뒷받침 자료를 제시하면 설득력이 높아져요.
- 자신의 생각을 효과적으로 나타낼 수 있는 낱말이나 문장 같은 표현을 써요.
- 토론 과정에서는 다른 사람의 이야기를 잘 듣고, 나와 다른 생각을 존중해요.

확인 문제

글쓴이의 생각을 파악하는 방법입니다. 빈칸에 알맞은 말을 선으로 이으시오.

(1) 글을 쓴 [ ] 와/과 목적 생각하기 • • ㉠ 제목

(2) 글의 [ ] 을/를 정한 까닭 살펴보기 • • ㉡ 낱말

(3) 글쓴이의 생각이 담긴 [ ] 찾기 • • ㉢ 의도

답 (1) ㉢ (2) ㉠ (3) ㉡

독해로 **교과서 쏙쏙**

내가 원하는 우리나라 김구

1 나는 우리나라가 세계에서 가장 아름다운 나라가 되기를 원한다. 가장 **부강한** 나라가 되기를 원하는 것은 아니다. 내가 남의 침략에 가슴이 아팠으니, 내 나라가 남을 침략하는 것을 원치 아니한다. 우리의 부는 우리 생활을 풍족히 할 만하고, 우리의 힘은 남의 침략을 막을 만하면 족하다. 오직 한없이 가지고 싶은 것은 높은 문화의 힘이다. 문화의 힘은 우리 자신을 행복하게 하고, 나아가서 남에게도 행복을 주기 때문이다. 지금 인류에게 부족한 것은 무력도 아니요, 경제력도 아니다. 자연 과학의 힘은 아무리 많아도 좋으나, 인류 전체로 보면 현재의 자연 과학만 가지고도 편안히 살아가기에 넉넉하다.

(나: 백범 김구 / 남의 침략: 일본이 우리나라를 침략한 일)

인류가 현재에 불행한 근본 이유는 **인의**가 부족하고, 자비가 부족하고, 사랑이 부족한 때문이다. 이 마음만 발달이 되면, 현재의 물질력으로 인류 20억이 다 편안히 살아갈 수 있을 것이다. 인류에게 이 정신을 **배양하는** 것은 오직 문화이다. 나는 우리나라가 남의 것을 모방하는 나라가 되지 말고, 이러한 높고 새로운 문화의 근원이 되고, 목표가 되고, 모범이 되기를 원한다. 그래서 진정한 세계의 평화가 우리나라에서, 우리나라로 말미암아 세계에 실현되기를 원한다.

홍익인간이라는 우리 **국조** 단군의 이상이 이것이라고 믿는다. 또 우리 민족의 재주와 정신과 과거의 **단련**이 이 **사명**을 달성하기에 넉넉하고, 국토의 위치와 기타의 지리적 조건이 그러하며, 또 제1차·제2차 세계 대전을 치른 인류의 요구가 그러하며, 새로 나라를 고쳐 세우는 우리가 서 있는 시기가 그러하다고 믿는다. 우리 민족이 주연 배우로 세계의 무대에 등장할 날이 눈앞에 보이지 아니하는가.

(홍익인간: 널리 인간을 이롭게 함.)

중심 내용 우리나라가 높은 문화를 가져 세계에서 가장 아름다운 나라가 되기를 원한다.

2 이 일을 하기 위하여 우리가 할 일은 사상의 자유를 확보하는 정치 양식의 **건립**과 국민 교육의 **완비**이다. 내가 위에서 자유의 나라를 강조하고, 교육의 중요성을 말한 것도 이 때문이다. 최고의 문화를 건설하는 사명을 달성할 민족은 한마디로 말하면 국민 모두를 성인으로 만드는 데 있다. 대한 사람이라면 간데마다 신용을 받고 대접을 받아야 한다.

우리의 적이 우리를 누르고 있을 때에는 미워하고 분해하는 **살벌 투쟁**의 정신을 길렀지만, 적은 이미 물러갔으니 우리는 증오의 투쟁을 버리고 화합의 건설을 일삼을 때다. 집안이 불화하면 망하듯, 나라 안이 갈려서 싸우면 망한다.

읽기 팁

글쓴이인 백범 김구 선생이 어떤 나라를 원하는지 생각하며 글을 읽어 보세요.

1. 글쓴이가 한없이 가지고 싶은 것은 높은 (문화 , 무력)의 힘이다.
2. 지금 인류에게 부족한 것은 경제력이다. (○, ×)
3. 글쓴이는 진정한 세계의 (   )이/가 우리나라로 말미암아 실현되기를 원한다.
4. 글쓴이는 동포 간의 투쟁에서 이겨야 한다고 생각한다. (○, ×)

낱말풀이

- **부강한** 부유하고 강한.
- **인의** 사람으로서 마땅히 지켜야 할 도덕적 원칙.
- **배양하는** 인격, 실력 등이 발전하도록 가르치고 키우는.
- **국조** 한 나라를 세우거나 그 시작의 바탕이 되는 사람. 예 우리나라는 단군왕검을 국조로 받든다.
- **단련** 몸과 마음을 강하고 튼튼하게 함.
- **사명** 맡겨진 임무.
- **건립** 기관, 조직체 따위를 새로 만듦.
- **완비** 빠짐없이 완전히 갖춤. 예 새로 생긴 병원은 최신 의료 기구를 완비하였다.
- **살벌** 행동이나 분위기가 거칠고 무시무시함.
- **투쟁** 어떤 대상을 이기거나 극복하기 위한 싸움.

동포 간의 증오와 투쟁은 망할 징조이다. 우리의 용모에서는 화기가 빛나야 한다. 우리 국토 안에는 언제나 봄바람이 가득해야 한다. 이것은 우리 국민 각자가 한번 마음을 고쳐먹음으로써 가능하게 되고, 그러한 정신을 교육함으로 영원히 이어질 것이다.

중심 내용 문화를 높이기 위하여 우리가 할 일은 사상의 자유를 확보하는 정치 양식의 건립과 국민 교육의 완비이다.

용모 사람의 얼굴 모양.
화기 온화한 기색. 또는 화목한 분위기.

교과서 문제

01 글쓴이는 어떤 나라를 원한다고 했습니까? (　　　　)

① 세계에서 가장 힘이 센 나라
② 세계에서 가장 아름다운 나라
③ 세계에서 가장 많은 부를 가진 나라
④ 세계에서 가장 많은 국민을 가진 나라
⑤ 세계에서 자연 과학이 가장 발전한 나라

서술형

02 글 1에서 글쓴이는 인류가 현재 불행한 근본 까닭을 무엇이라고 생각했는지 쓰시오.

___

중요

03 글쓴이는 문화를 높이기 위해 우리가 해야 할 일이 무엇이라고 생각하였는지 알맞은 것을 두 가지 고르시오. (　　　　)

① 국민 교육을 완비한다.
② 살벌 투쟁의 정신을 기른다.
③ 다른 나라의 자유 정신을 모방한다.
④ 현재의 물질력을 풍족하게 확보한다.
⑤ 사상의 자유를 확보하는 정치 양식을 건립한다.

백범 김구 선생은 사상의 자유를 강조하고, 교육의 중요성을 말하였어요.

04 글을 읽을 때 글쓴이의 생각을 파악하며 읽어야 하는 까닭으로 알맞은 것에 모두 ○표 하시오.

(1) 글의 주제를 쉽게 찾을 수 있기 때문이다. (　　　)
(2) 글의 내용을 좀 더 깊이 이해할 수 있기 때문이다. (　　　)
(3) 글의 내용을 내 의도대로 이해할 수 있기 때문이다. (　　　)

3 최고의 문화로 인류의 모범이 되는 것을 사명으로 삼는 우리 민족의 개개인은 이기적 개인주의자(단체보다 개인의 이익을 더 우선하는 사람)가 되어서는 안 된다. 우리는 개인의 자유를 **극도로** 주장하되, 그것은 저 짐승들과 같이 저마다 제 배를 채우기에(자기 욕심을 채우기에) 쓰는 자유가 아니요, 제 가족을, 제 이웃을, 제 국민을 잘 살게 하는 데 쓰이는 자유이다. 공원의 꽃을 꺾는 자유가 아니라 공원에 꽃을 심는 자유이다. 우리는 남의 것을 빼앗거나 남의 덕을 보려는 사람이 아니라 가족에게, 이웃에게, 동포에게 주는 것을 즐거움으로 삼는 사람이다. 이것이 우리말에 이른바 선비요 점잖은 사람이다.

그러므로 우리는 게으르지 아니하고 부지런하다. 사랑하는 **처자**를 가진 가장은 부지런할 수밖에 없다. 한없이 주기 위함이다. 힘든 일은 내가 앞서 하니 사랑하는 동포를 아낌이요, 즐거운 것은 남에게 권하니 사랑하는 자를 위하기 때문이다. 이것이 우리 조상들이 좋아하던 ㉠ 인자하고 어진 덕이다.

이러함으로써 우리나라 산에는 **삼림**이 **무성하고**, 들에는 오곡백과(온갖 곡식과 과실.)가 풍성하며, 촌락과 도시는 깨끗하고 풍성하고 **화평할** 것이다. 그리하여 우리 동포, 즉 대한 사람은 남자나 여자나 얼굴에는 항상 화기가 있고, 몸에서는 어진 향기를 발할 것이다. 이러한 나라는 불행하려 해도 불행할 수 없고, 망하려 해도 망할 수 없는 것이다. 민족의 행복은 결코 계급 투쟁에서 오는 것이 아니요, 개인의 행복이 이기심에서 오는 것도 아니다. 계급 투쟁(서로 이해관계가 다른 지배 계급과 피지배 계급 사이에 정치적 · 경제적으로 일어나는 투쟁.)은 끝없는 계급 투쟁을 낳아서 국토에 피가 마를 날 없고, 내가 이기심으로 남을 해하면 천하가 이기심으로 나를 해할 것이니, 이것은 조금 얻고 많이 빼앗기는 것이다. 일본이 이번 전쟁에 패해 보복당한 것은 국제적·민족적으로 그것을 증명하는 가장 좋은 **실례**다.

중심 내용 우리 민족의 개개인은 이기적 개인주의자가 되어서는 안 되고, 인자하고 어진 덕을 가져야 한다.

4 이상에 말한 것은 내가 바라는 새 나라의 용모의 **일단**을 그린 것이다. 동포 여러분! 이러한 나라가 된다면 얼마나 좋겠는가. 우리 자손에게 이러한 나라를 남기고 가면 얼마나 만족하겠는가. 옛날 한나라 지역의 기자가 우리나라를 **사모하여** 왔고, 공자께서도 우리 민족이 사는 데 오고 싶다고 하셨으며 우리 민족을 인을 좋아하는 민족이라 하였다. 옛날에도 그러하였거니와, 앞으로 세계 인류가 모두, 우리 민족의 문화를 이렇게 사모하도록 하지 아니하려는가. 나는 우리의 힘으로, 특히 교육의 힘으로 반드시 이 일이 이루어질 것이라고 믿는다. 우리나라의 젊은 남녀가 다 이 마음을 가진다면 아니 이루어지고 어찌하랴!(이루어질 것임을 강조함.)

나도 일찍이 황해도에서 교육에 **종사**하였거니와, 내가 교육에서 바라던 것이

독해로 이해 쿡

5 글쓴이는 우리가 개인의 자유를 주장해서는 안 된다고 하였다. (○, ✕)

6 가족에게, 이웃에게, 동포에게 주는 것을 즐거움으로 삼는 사람을 우리말로 이른바 (   )(이)요 점잖은 사람이라고 하였다.

7 민족의 행복은 계급 투쟁에서 오는 것이라고 하였다. (○, ✕)

8 공자는 우리 민족을 어떻게 생각하였는지 알맞은 것에 ○표 하시오.

① 인을 좋아하는 민족 (   )
② 부를 좋아하는 민족 (   )
③ 책을 좋아하는 민족 (   )

9 글쓴이는 (교육, 투쟁)의 힘으로 자신이 바라는 새 나라가 이루어질 것이라고 믿었다.

낱말풀이

- **극도로** 더할 수 없는 정도로.
- **처자** 아내와 자식.
- **삼림** 나무가 많이 우거진 숲. 예 환경 보호 단체에서는 삼림의 무분별한 개발을 반대한다.
- **무성하고** 풀이나 나무 따위가 자라서 우거져 있고.
- **화평할** 화목하고 평온할.
- **실례** 구체적인 예.
- **일단** 사물의 한 부분.
- **사모하여** 우러러 받들고 마음속 깊이 따라.
- **종사** 어떤 일을 직업으로 삼아 일함.

바른답·알찬풀이 19쪽

공부한 날 월 일

이것이었다. 내 나이 이제 일흔이 넘었으니 직접 국민 교육에 종사할 **시일**이 넉넉지 못하지만, 나는 천하의 교육자와 남녀 **학도**들이 한번 크게 마음을 고쳐먹기를 빌지 아니할 수 없다.

1947년 / 새문 밖에서
'돈의문'의 다른 이름.

중심 내용 교육의 힘으로 높은 문화를 가진 아름다운 나라를 이룰 수 있을 것이라고 믿는다.

시일 어떤 일을 마치기까지의 기간이나 기한.

학도 학생. 학문을 닦는 사람.

05 글쓴이가 바라는 우리 민족의 개개인의 모습으로 알맞지 않은 것은 무엇입니까? ( )

① 선비
② 이기적 개인주의자
③ 인자하고 어진 덕을 가진 사람
④ 공원에 꽃을 심는 자유를 주장하는 사람
⑤ 이웃에게 주는 것을 즐거움으로 삼는 사람

중요

06 우리 민족이 ㉠을 가졌을 때의 모습으로 알맞지 않은 것은 무엇입니까? ( )

① 산에는 삼림이 무성할 것이다.
② 들에는 오곡백과가 풍성할 것이다.
③ 대한 사람의 얼굴에는 항상 화기가 있을 것이다.
④ 대한 사람의 몸에서는 어진 향기를 발할 것이다.
⑤ 촌락은 사라지고 도시는 더욱 깨끗하고 풍성해질 것이다.

교과서 문제

07 이 글 전체에 드러난 글쓴이의 생각으로 알맞은 것에 ○표 하시오.

(1) 우리나라의 젊은 남녀가 다른 나라의 문화를 사모하기 바란다. ( )
(2) 교육의 힘으로 높은 문화를 이루고 세계에서 가장 아름다운 나라가 되기를 바란다. ( )

서술형

08 글쓴이가 이 글의 제목을 「내가 원하는 우리나라」라고 정한 까닭은 무엇이겠는지 쓰시오.

제목은 글쓴이의 생각을 잘 드러낼 수 있어야 해요.

독해로
교과서 쏙쏙 로봇세를 도입해야 한다

인공 지능 기술이 발전하면서 로봇이 사람을 대신해 일하는 영역이 늘어나고, 그 규모도 커지고 있다. 이에 따라 외국에서는 로봇을 소유한 기업이나 로봇에게 세금을 **부과**하자는 주장이 나오고 있다. 우리도 **로봇세**를 **도입**하여 인간과 로봇이 함께 살아가는 방법을 찾아야 한다.

세계 경제 포럼(매년 스위스에서 열리는 국제 회의)은 로봇이나 인공 지능이 이끄는 4차 산업 혁명으로 수많은 사람이 일자리를 잃을 것이라고 전망했다. 로봇 때문에 일자리를 잃고 소득을 얻지 못하는 사람들은 새로운 일자리를 찾기 위해 재교육을 받아야 한다. 로봇세를 도입하면 그 세금으로 일자리를 잃은 사람들에게 진로 상담이나 적성 검사, 기술 교육 등을 할 수 있다. 또 로봇세를 활용하면 일자리를 잃은 사람들이 재교육을 받고 새로운 일자리를 찾는 데 도움을 줄 수 있다.

미래 사회에는 소수의 사람이 로봇으로 소득을 **독점할** 수 있다. 로봇을 소유하고 이용하는 사람이나 로봇에게 세금을 부과하면 소득의 독점을 막을 수 있다. 그런데 로봇에게 세금을 부과하려면 법적 근거를 마련해야 한다. 법적인 의미에서 **자연인**과 **법인**에게만 세금을 부과할 수 있다. 현행법으로는 기계인 로봇에게 세금을 부과할 수 없다. 그래서 2017년에 유럽 의회는 장기적으로 로봇에게 '특수한 권리와 의무를 가진 전자 인간'으로 법적 지위를 부여하는 **입법**을 집행 위원회가 추진하도록 **결의**했다. 이는 로봇을 소유하고 이용하는 사람뿐만 아니라 로봇에게도 세금을 부과할 수 있는 근거가 된다. 또 로봇세를 활용하면 소득을 재분배함으로써 국민의 복지 향상에 도움을 줄 수 있다.

최근 과학의 발달에서 로봇의 변화는 눈부시다. 우리나라도 이미 2008년에 「지능형 로봇 개발 및 보급 촉진법」을 **제정해** 로봇 산업의 법적 기반을 마련했다. 인간과 로봇이 공존하는 방법을 찾을 수 있도록 지금이라도 로봇세를 도입해야 한다.

읽기 팁

로봇세에 대한 글쓴이의 관점을 파악하며 글을 읽어 보세요.

독해로 이해 쿡

10 외국에서는 로봇을 소유한 기업이나 로봇에게 (　　　　)을/를 부과하자는 주장이 나오고 있다.

11 미래 사회에는 로봇 때문에 수많은 사람이 일자리를 (얻을, 잃을) 것이다.

12 현재 법적인 의미에서 로봇에게 세금을 부과할 수 있다. (○, ×)

13 글쓴이는 로봇세 도입이 (필요하다, 필요하지 않다)고 생각한다.

낱말풀이

- **부과** 세금이나 부담금 따위를 매겨서 내게 함.
- **로봇세** 로봇이 노동으로 생산하는 경제적 가치에 부과하는 세금.
- **도입** 기술, 방법, 물자 따위를 들여옴. 예 어린이 보호 구역에 스마트 신호등을 도입했다.
- **독점할** 혼자서 모두 차지할.
- **자연인** 법이 권리의 주체가 될 수 있는 자격을 인정하는 자연적 생활체로서의 인간.
- **법인** 나라의 법에 의하여 권리나 의무를 가지는 기관이나 단체.
- **입법** 법률을 만들어 정함.
- **결의** 의논하여 결정함.
- **제정해** 제도나 법률 따위를 만들어서 정해.

이미지로 보는 사전

#로봇 #로봇세 #4차 산업 혁명

4차 산업 혁명은 인공 지능, 사물 인터넷, 로봇 기술, 드론, 자율주행차, 가상 현실 등이 주도하는 차세대 산업 혁명을 말해요.

세계 경제 포럼은 제4차 산업 혁명으로 710만 개의 일자리가 사라질 것이라고 예상했어요.

중요

09 글쓴이가 이 글의 제목을 「로봇세를 도입해야 한다」라고 정한 까닭으로 알맞은 것을 찾아 기호를 쓰시오.

㉠ 로봇세가 생긴 까닭을 설명하려고
㉡ 로봇세 도입의 필요성을 강조하려고
㉢ 로봇세를 도입했을 때 생기는 문제점을 알려 주려고

( )

제목에는 글쓴이의 의도나 관점이 드러나 있어요.

교과서 문제

10 글쓴이가 로봇세에 대한 자신의 생각을 드러내기 위하여 사용한 낱말이나 문장으로 알맞은 것을 모두 고르시오. ( )

① 도입
② 소수의 사람
③ 소득을 재분배
④ 법적인 의미에서
⑤ 인간과 로봇이 함께 살아가는 방법

11 세계 경제 포럼에서 전망한 내용으로 알맞은 것에 ○표 하시오.

(1) 소수의 로봇이 소득을 독점할 것이다. ( )
(2) 4차 산업 혁명으로 수많은 사람이 일자리를 잃을 것이다. ( )
(3) 로봇이 사람을 대신해 일하는 영역이 점점 줄어들 것이다. ( )

12 글쓴이가 이 글을 쓴 의도와 목적에 맞도록 알맞은 말에 ○표 하시오.

로봇세 도입에 (긍정적인, 부정적인) 사람들에게 다른 관점으로도 생각할 수 있게 하려고 이 글을 썼을 것이다.

서술형

13 글쓴이가 로봇에게 세금을 부과하자는 까닭은 무엇인지 한 가지만 쓰시오.

____

로봇세 도입을 늦추어야 한다

로봇을 소유한 기업이나 로봇에게 세금을 부과하자는 주장이 나오고 있다. 로봇이 인간의 일거리를 대신 맡아 할 수 있기 때문에 인간에게 필요한 비용을 로봇세로 보충하려는 것이다. 하지만 로봇세 도입은 로봇 산업의 발전과 국가의 미래 경쟁력에 부정적인 영향을 끼칠 수 있다.

로봇 산업이 본격적으로 발전하면 로봇은 인간을 대신하여 일을 하게 된다. 이럴 경우에 인간은 위험하거나 단순한 일, 반복적인 일에서 해방될 수 있다. 그런데 인간을 대신하여 일을 할 로봇에게 성급하게 세금을 부과한다면 로봇 산업 발전을 더디게 할 것이다. 특히 로봇 개발자는 개발 비용에 세금까지 더하여 마음의 ㉠부담을 느낄 수 있다. 로봇 개발자가 느끼는 마음의 부담은 로봇을 개발하는 과정에서 ㉡**혁신적인** 생각을 발전시키거나 **과감한 투자**를 하는 데에 ㉢걸림돌이 될 수 있다. 로봇세는 이제 발전하려는 로봇 산업에 방해가 된다.

로봇세를 부과하는 근거가 명확하지 않기 때문에 세계의 모든 국가가 동시에 로봇세를 도입하기 어렵다. 서둘러 로봇세를 도입한 국가가 다른 국가에 비해 미래 경쟁력에서 뒤처질 수 있다. 지금도 로봇 기술은 외국의 대기업들이 독차지하고 있다. 그래서 우리의 기술 없이 로봇을 만들면 ㉣**막대한** 특허 사용료를 외국에 지급해야 한다. 그렇게 될 경우 로봇세를 도입한 국가는 다른 국가에 비해 기술 개발이 늦어질 수 있다. 국가의 미래 경쟁력을 기르려면 로봇 기술의 개발이 먼저 이루어져야 한다.

지금은 로봇 산업 발전에 투자해야 할 때이다. 특히 로봇 개발에 필요한 **원천** 기술에 더 집중해야 한다. 그래야 우리나라의 재산을 지키고 국내 로봇 산업을 이끌 수 있는 힘을 기를 수 있다. 따라서 우리나라의 미래 경쟁력인 로봇 산업을 키울 수 있도록 로봇세 도입을 늦추어야 한다.

읽기 팁

로봇세에 대한 글쓴이의 관점을 파악하며 글을 읽어 보세요.

독해로 이해 쏙

14 로봇 산업이 본격적으로 발전하면 인간은 주로 위험한 일을 담당하게 될 것이다. (○, ×)

15 로봇에게 성급하게 세금을 부과한다면 특히 (외국의 대기업, 로봇 개발자)이/가 마음의 부담을 느낄 것이다.

16 우리의 기술 없이 로봇을 만들면 막대한 (   )을/를 외국에 지급해야 한다.

17 글쓴이는 우리나라의 미래 경쟁력인 로봇 산업을 키울 수 있도록 로봇세 도입을 (앞당겨야 , 늦추어야) 한다고 생각한다.

낱말풀이

혁신적인 오래된 풍속, 관습, 조직, 방법 따위를 완전히 바꾸어서 새롭게 한.

과감한 행동이나 결정이 머뭇거림이나 주저함이 없이 용감한. 예 소녀는 어린 나이에도 불구하고 과감한 결정을 내렸다.

투자 이익을 얻기 위하여 어떤 일이나 사업에 돈을 대거나 시간이나 정성을 쏟음.

막대한 더할 수 없을 만큼 많거나 큰.

원천 사물의 근원.

바른답·알찬풀이 19쪽

공부한 날 월 일

중요

14 글쓴이가 이 글의 제목을 「로봇세 도입을 늦추어야 한다」라고 정한 까닭으로 알맞지 않은 것 두 가지를 고르시오. (   )

① 로봇 산업 발전을 더디게 하기 때문이다.
② 로봇 기술 개발에 집중할 때이기 때문이다.
③ 로봇은 현행법적으로 인간이 아니기 때문이다.
④ 로봇이 발전해도 인간을 대신할 수 없기 때문이다.
⑤ 우리나라의 재산을 지키고 국내 로봇 산업이 발전할 수 있도록 로봇세 도입을 늦추어야 하기 때문이다.

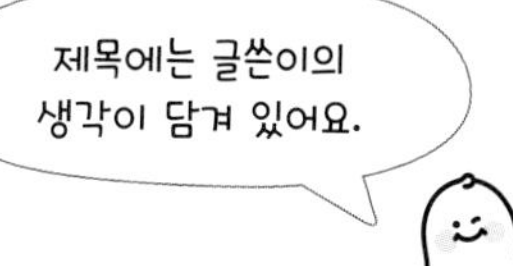

제목에는 글쓴이의
생각이 담겨 있어요.

15 이 글에서 로봇세 도입이 미치는 영향에 대한 글쓴이의 생각으로 알맞은 것에 ○표 하시오.

(1) 로봇 산업을 발전시킬 것이다. (   )
(2) 로봇 산업에 아무런 영향을 주지 않을 것이다. (   )
(3) 국가의 미래 경쟁력에 부정적인 영향을 끼칠 수 있다. (   )

16 글쓴이는 국가의 미래 경쟁력을 기르기 위하여 먼저 이루어져야 하는 것은 무엇이라고 하였습니까? (   )

① 로봇 기술을 개발하는 것
② 로봇세 도입에 찬성하는 것
③ 기업들의 일자리를 늘리는 것
④ 특허 사용료 비용을 높이는 것
⑤ 로봇 개발자에 대한 무분별한 투자를 제한하는 것

교과서 문제

17 ㉠~㉣ 중 글쓴이가 로봇세 도입에 대한 자신의 생각을 나타내려고 쓴 표현으로 알맞지 않은 것을 찾아 기호를 쓰시오.

(   )

서술형

18 이 글에 나타난 글쓴이의 생각을 알맞게 쓰시오.

글쓴이의 주장이 잘 드러난
곳을 찾아보세요.

____

독해로 교과서 쏙쏙 기와 조각과 똥 덩어리 박지원 원작, 강민경 글

1 나리는 일행보다 서둘러 새벽같이 길을 떠났다. 나리의 부지런함 때문에 말은 히힝 울고 잠이 덜 깬 장복이는 툴툴거렸지만, 창대는 그런 나리가 좋았다. 나리 덕분에 창대는 이번 사행길(사신이 임무를 수행하기 위하여 떠나는 길.)이 흙먼지만 먹고 가는 마부의 길이 아니라 자기 자신을 찾는 여행처럼 느껴졌다.

"창대야, 장복아! ㉠우리나라 선비들이 연경에서 돌아온 사람을 만나면 반드시 물어보는 말이 있다. 그게 무엇인지 아느냐?" / 나리의 질문에 창대가 미처 생각할 겨를도 없이, 장복이가 대답을 툭 뱉었다.

"뭘 먹고 왔냐는 거 아니겠습니까요? ㉡이 나라 사람들은 책상다리 빼놓고 다 먹는다 하지 않습니까요."

장복이의 대답에 나리가 껄껄 웃으며 고개를 저었다.

"이번 여행에서 제일가는 경치가 뭐였는지 하나만 짚으라는 거다."

"한마디로 제일 눈 호강을 시킨 게 뭐였는가 묻는 것이지요?"

창대가 제법 아는 척을 하며 말하자, 나리가 얼른 고개를 끄덕였다. 창대는 나리를 쫓아 이곳저곳 눈에 담기는 했지만 딱히 제일가는 경치가 뭐였는지 꼽아 볼 생각은 못 했었다. 나리 뒤에서 흘깃흘깃 곁눈질을 했을 뿐이어서 창대는 스스로 감탄한 경관이 무엇이었는지 생각이 나지 않았다. 창대는 묵묵히 나리의 말을 기다렸다.

"어떤 이는 요동 천 리 넓은 들판을 꼽고, 어떤 이는 구요동의 백탑을 꼽기도 하지. 큰 길가의 저자와 점포, 계문의 안개 낀 숲, 노구교, 산해관, 동악묘, 북진묘 등 대답이 분분하여 참으로 어떤 것이 진짜 장관인가 싶기도 하고, 중국의 거대함에 혀를 내두르기도 하지.(몹시 놀라거나 어이없어서 말을 못하지.)"

나리가 말한 것 중에는 아직 창대가 보지 못한 것도 있지만, 이미 본 것도 있었다. 하지만 창대는 뚜렷이 기억나는 것이 별로 없었다. 여기가 거기 같고, 거기가 여기 같았다. 제대로 알고 본 것이 없어, 조선이나 중국이나 동악묘나 북진묘나 다 거기서 거기였다.

중심 내용 중국에서 돌아온 사람에게 제일가는 경치가 무엇이었냐고 물으면 여러 가지 대답이 나온다.

2 "그러나 일류 선비는 뭐라고 말하는 줄 아느냐? 얼굴에 웃음기를 거두고 진지하고 근엄하게 말하곤 하지. ㉢'중국엔 도무지 볼 것이라곤 없습니다.' 사람들이 놀라 물으면, 일류 선비는 이렇게 대답할 것이다. '황제는 물론 장상과 대신 등 모든 관원과 백성이 머리를 깎았으니 오랑캐요, 오랑캐의 나라에서 볼 게 뭐가 있겠습니까?'"

읽기 팁

조선 시대의 신분 제도, 사물의 가치 따위에 대한 글쓴이의 생각을 파악하며 글을 읽어 보세요.

독해로 이해 쏙

18 나리, 창대, 장복이는 우리나라 곳곳을 여행 중이다. (○, ×)

19 나리가 일행보다 서둘러 새벽같이 길을 떠나자 잠이 덜 깬 (창대, 장복이)는 툴툴거렸다.

20 나리는 창대와 장복이에게 이번 여행에서 무엇을 배웠는지 물어보았다. (○, ×)

21 창대는 여행에서 본 모든 곳이 장관이어서 하나만 꼽을 수가 없었다. (○, ×)

22 일류 선비는 중국을 가리켜 (   )의 나라라고 말한다.

낱말풀이

- **연경** 중국 베이징의 옛 이름.
- **호강** 호화롭고 편안한 삶을 누림. 또는 그런 생활.
- **경관** 산이나 들, 강, 바다 따위의 자연이나 지역의 풍경.
- **저자** '시장'을 예스럽게 이르는 말.
- **점포** 물건을 늘어놓고 파는 곳.
- **분분하여** 여러 사람의 의견이 일치하지 않고 서로 달라. 예 의견이 분분하여 회의가 끝나지 않았다.
- **장관** 훌륭하고 대단한 광경.
- **장상** 장수와 재상을 아울러 이르는 말.
- **관원** 관청에 나가서 나랏일을 맡아보는 사람.
- **오랑캐** 예전에 두만강 일대에 살던 여진족을 낮잡아 부르던 말.

교과서 문제

19 이 글에 나오는 인물에 대한 설명으로 알맞지 않은 것은 무엇입니까? (　　　　)

① 나리는 부지런하다.
② 창대는 나리를 좋아한다.
③ 나리는 사행길을 떠난 마부이다.
④ 창대와 장복이는 나리와 신분이 다르다.
⑤ 창대는 이번 여행이 자기 자신을 찾는 여행처럼 느껴졌다.

중요

20 글 ❶로 보아, 여행을 하는 창대의 모습은 어떠하였을지 알맞은 것을 찾아 기호를 쓰시오.

> ㉮ 나리 뒤에서 곁눈질을 하며 경치를 보는 모습
> ㉯ 중국의 거대함에 혀를 내두르며 감탄하는 모습
> ㉰ 장복이와 함께 요동 천 리 넓은 들판을 보며 웃는 모습

(　　　　　　　　)

창대는 제일가는 경치가 무엇이었는지 묻는 나리의 물음에 선뜻 대답하지 못했어요.

21 ㉠은 무엇인지 알맞게 말한 친구의 이름을 쓰시오.

여행에서 무엇을 먹고 왔습니까?

서하

여행에서 제일가는 경치가 무엇이었습니까?

지오

(　　　　　　　　)

22 ㉡이 가리키는 곳은 어디인지 쓰시오.

(　　　　　　　　)

서술형

23 일류 선비가 ㉢과 같이 말하는 까닭은 무엇인지 쓰시오.

나리의 말에 장복이가 무릎을 치며 깔깔 웃었다.

"진짜 일류 선비가 맞는뎁쇼. 어쩜 그리 내 속을 시원하게 알아준단 말입니까? 암, 맞지요. 중국은 오랑캐의 나라인데, 볼거리가 뭐가 있겠습니까?"

나리는 장복이의 말에 대꾸 없이 말을 이었다.

"이류 선비들은 또 이렇게 말할 것이다. '성곽은 만리장성을 본받았고, **궁실**은 아방궁을 흉내 냈을 뿐입니다. 선비와 백성은 위나라, 진나라 때처럼 겉만 화려한 **기풍**을 좇고, 풍속은 온갖 사치에 빠져 있습디다. 10만 대군을 얻어 산해관으로 쳐들어가, 만주족 오랑캐들을 **소탕**한 뒤라야 비로소 경치를 이야기할 수 있을 겁니다.'"

(아방궁: 중국 진나라 시황제가 세운 궁전.)

장복이는 아까보다 더 좋아하며 배를 잡고 낄낄거렸다.

"저는 이류 선비가 더 좋습니다요. 과연 맞는 말이지요. 10만 대군으로 오랑캐를 쳐부수면 얼마나 속이 시원하겠습니까?"

장복이뿐 아니라 조선의 백성이라면 지금의 중국인 청나라를 다 오랑캐의 나라로 여겼다.(중국에 대한 조선 백성들의 생각) 청나라나 왜적이 조선에 쳐들어왔을 때, 명나라가 도와준 고마움을 오랫동안 잊지 않은 까닭도 있었다.

중심 내용 중국에서 제일가는 경치를 물으면 일류 선비는 오랑캐의 나라라 볼 것이 없다고 하였고, 이류 선비는 오랑캐들을 소탕한 후에 경치를 이야기할 수 있다고 말하였다.

3 창대는 나리의 생각이 궁금했다.

"나리는 어떻게 생각하시는지요? 역시 오랑캐의 나라라 볼 게 없다고 여기시는지요?"

창대의 질문에 나리는 기다렸다는 듯이 대답했다.

"나는 시골의 삼류 선비지만, 중국의 제일가는 경치는 저 기와 조각과 똥 덩어리라고 말하고 싶구나."

나리의 말에 장복이가 이번엔 아예 배를 잡고 대굴대굴 굴렀다.

"이히히, 기와 조각요? 똥, 똥 덩어리랍쇼? 개똥요? 소똥요? 우헤헤, 그럼 똥을 조선까지 **고이고이** 가져갈깝쇼?"

창대는 장복이처럼 웃지는 않았지만, 나리의 말을 이해할 수 없기는 마찬가지였다. 나리가 창대와 장복이를 상대로 말장난을 하는 것 같기도 했고, 더위에 지쳐 헛소리를 하는 것 같기도 했다. 창대가 슬쩍 나리의 표정을 살폈지만, 나리는 장난을 치는 것 같지도, 헛소리를 하는 것 같지도 않았다. 나리의 표정은 어느 때보다도 진지했다.

독해로 이해 콕

23 장복이와 일류 선비는 중국을 바라보는 관점이 같다. (○, ×)

24 이류 선비는 언제 중국의 경치를 이야기할 수 있을 것이라고 하였는지 알맞은 것에 ○표 하시오.
① 아방궁을 지은 뒤에 ( )
② 만리장성을 쌓은 뒤에 ( )
③ 만주족 오랑캐들을 소탕한 뒤에 ( )

25 조선의 백성들은 지금의 중국인 (청나라, 명나라)를 오랑캐의 나라로 여겼다.

26 나리도 일류 선비와 이류 선비처럼 중국을 오랑캐의 나라라 볼 게 없다고 생각하였다. (○, ×)

27 나리의 말을 듣고 장복이는 배를 잡고 웃었지만, 창대는 금방 그 말뜻을 이해하였다. (○, ×)

낱말풀이

궁실 궁전 안에 있는 방.

기풍 어떤 사회나 집단의 사람들을 지배하는 공통적인 분위기.

소탕 휩쓸어 죄다 없애 버림. 예 경찰은 각종 범죄 소탕을 위해 밤낮으로 일한다.

고이고이 매우 소중하게 또는 정성을 다하여.

중요

24 중국에 대한 이류 선비의 생각으로 알맞지 않은 것은 무엇입니까? (　　　　)

① 궁실은 아방궁을 흉내 냈다.
② 성곽은 만리장성을 본받았다.
③ 풍속은 온갖 사치에 빠져 있다.
④ 위나라, 진나라 때보다 볼거리가 없다.
⑤ 선비와 백성은 겉만 화려한 기풍을 좇는다.

이류 선비도 일류 선비처럼 중국을 오랑캐의 나라로 여겼어요.

서술형

25 창대가 일류 선비와 이류 선비의 말을 듣다가 나리에게 질문한 까닭은 무엇인지 쓰시오.

____

26 나리는 스스로를 가리켜 무엇이라고 하였습니까? (　　　　)

① 일류 선비　　② 이류 선비
③ 조선의 백성　　④ 위나라의 선비
⑤ 시골의 삼류 선비

교과서 문제

27 나리는 중국을 여행하며 가장 인상 깊었던 경치가 무엇무엇이라고 하였는지 이 글에서 찾아 쓰시오.

(　　　　　　　)와/과 (　　　　　　　)

나리는 사물의 가치에 대해 다른 관점으로 생각할 수 있는 사람이에요.

28 이 글에 나오는 인물에 대한 설명으로 알맞은 것을 찾아 기호를 쓰시오.

㉮ 창대는 자신을 일류 선비라고 생각한다. ㉯ 나리는 창대와 장복이를 상대로 자주 말장난을 한다. ㉰ 장복이는 지금의 중국인 청나라를 오랑캐의 나라로 여긴다.

(　　　　　　　)

"대개 백성을 위해 일하는 자는 백성과 나라에 도움이 될 일이라면 ㉠그 법이 비록 오랑캐에서 나온 것이라 해도, 마땅히 이를 배우고 본받아야 할 것이니라. 그래야 오랑캐를 물리칠 수 있는 법이다. 저들의 것을 다 익히고, 저들보다 낫게 되어야 비로소 '중국에는 볼만한 것이 없다'고 말할 수 있는 거다."

"그게 기와 조각이랑 똥 덩어리랑 무슨 상관이란 말씀입니까?"

장복이가 얼굴에 웃음기를 거두지 않고 물었다.

"깨진 기와 조각은 천하에 쓸모없는 물건이다. 그러나 백성들의 집에 담을 쌓을 때 깨진 기와 조각을 둘씩 짝을 지어 물결무늬를 만들기도 하고, 혹은 네 조각을 모아 쇠사슬 모양이나 엽전 모양을 만들지 않느냐? ㉡깨진 기와 조각도 알뜰하게 사용했기에 천하의 고운 빛깔을 다 낼 수 있었던 것이다."

그러고 보니, 창대도 중국에서 뜰 앞에 벽돌을 깔 형편이 안 되는 가난한 집들도 여러 빛깔의 유리 기와 조각과 둥근 조약돌을 주워다가 꽃, 나무, 새, 동물 모양 등을 아로새겨 깔아 놓은 것을 본 적이 있었다. 이는 예쁘기도 했지만, 비 올 때 흙이 진창이 되는 것을 막아 주기도 했다.

"똥오줌을 생각해 보아라. 세상에 둘도 없이 더러운 것들이다. 하지만 거름으로 쓸 때는 한 덩어리라도 흘릴까 하여 조심하고, 말똥을 모으려 삼태기를 들고 말 꽁무니를 따라다니기도 하지 않느냐. 똥을 모아 그냥 두는 법도 없다. 네모반듯하게 쌓거나 팔각, 육각 등의 누각으로 쌓아 올려 똥거름 또한 모양을 만들어 두지 않았느냐. 그러니 나는 저 깨진 기와 조각과 똥 덩어리야말로 가장 볼만한 것이라 꼽을 것이다. 높디높은 성곽이나 궁실, 웅장한 사찰과 광활한 벌판보다 이것들이(깨진 기와 조각과 똥 덩어리) 더 아름답다 하지 않겠느냐."

말을 마친 나리는 흐뭇한 표정으로 주위를 둘러보았다. 창대도 나리를 따라 주위를 둘러보았다. 저 멀리 똥 누각이 보였다. 그전까진 멀리서 보기만 해도 냄새가 날까 코를 막고 고개를 돌렸던 똥 누각이 나리의 말씀에 오늘은 달리 보였다. 무심코 보아 넘겼던 깨진 기와 조각들이 오늘은 그보다 아름다울 수 없게 느껴졌다.

중심 내용 나리는 중국의 제일가는 경치는 기와 조각과 똥 덩어리라고 하였다.

독해로 이해 콕

28 나리는 오랑캐의 법은 모두 배우고 본받아야 한다고 생각한다. (○, ×)

29 나리는 언제 '중국에는 볼만한 것이 없다'고 말할 수 있다고 하였는지 알맞은 것에 ○표 하시오.
① 중국을 물리쳤을 때 (   )
② 중국보다 낫게 되었을 때 (   )

30 나리는 세상에 둘도 없이 더러운 똥오줌도 (거름으로 쓸 때, 비가 올 때)는 쓸모 있게 사용된다고 하였다.

31 나리의 말을 듣고 주위를 둘러본 창대는 높디높은 성곽이 무척 아름답게 보였다. (○, ×)

낱말 풀이

아로새겨 무늬나 글자 따위를 또렷하고 정교하게 파서 새겨.

진창 땅이 질어서 질퍽질퍽하게 된 곳. 예 밤새 내린 비로 바닥이 온통 진창이 되어 버렸다.

거름 식물이 잘 자라도록 땅을 기름지게 하기 위하여 주는 것. 똥, 오줌, 썩은 동식물 따위가 있다.

삼태기 흙이나 쓰레기, 거름 따위를 담아 나르는 데 쓰는 기구.

(출처: 국립민속박물관)

누각 사방을 바라볼 수 있도록 문과 벽이 없이 다락처럼 높이 지은 집.

웅장한 크기나 분위기 등이 매우 크고 무게가 있는.

광활한 막힌 데가 없이 트이고 넓은.

29 나리가 ㉠처럼 말한 까닭으로 알맞은 것에 ○표 하시오.

(1) 오랑캐보다 힘이 약하기 때문에 (   )
(2) 그래야 오랑캐를 물리칠 수 있기 때문에 (   )
(3) 아무리 애써도 오랑캐보다 낫게 될 수 없기 때문에 (   )

서술형

30 나리는 깨진 기와 조각이 쓸모 있게 사용되는 때가 언제라고 하였는지 쓰시오.

____

교과서 문제

31 ㉡과 같은 나리의 말로 보아 글쓴이가 이 글을 쓴 의도와 목적은 무엇인지 알맞은 것의 기호를 쓰시오.

> ㉮ 사물의 가치에 대해 다른 관점으로 생각할 수 있어야 한다.
> ㉯ 모든 사물은 정해진 쓰임대로만 쓰여야 한다는 것을 알아야 한다.
> ㉰ 사람보다 사물이 더 가치가 있을 때도 있음을 생각할 수 있어야 한다.

나리는 깨진 기와 조각도 쓸모 있게 사용되면 고운 빛깔을 낸다고 했어요.

(   )

중요

32 이 글에 드러난 나리의 생각을 알맞게 말한 친구의 이름을 쓰시오.

인혜: 똥오줌은 천하에 쓸모없고 더러운 것들이라고 하였어.

민호: 똥오줌이 거름으로 쓰일 때는 매우 쓸모 있고 귀한 것이라고 하였어.

대상을 바라보는 나리의 관점을 생각해 보아요.

(   )

33 나리의 말을 들은 창대가 평소와 달리 아름답다고 느낀 것은 무엇입니까? (   )

① 성곽 ② 궁실 ③ 사찰
④ 벌판 ⑤ 똥 누각

4 창대의 머릿속에 불현듯 스치는 생각이 있었다. 깨진 기와 조각을 눈여겨보는 나리라면, 똥오줌을 아름답다 하는 나리라면 혹시.

"나리! 저 같은 천민도 저런 똥오줌이나 깨진 기와 조각처럼 쓸모가 있을깝쇼?"

㉠창대보다 먼저 입을 연 건 장복이였다. 자신의 생각과 비슷한 장복이의 말에 창대는 깜짝 놀라 장복이를 건너다보았다. 낄낄거리며 웃던 장복이의 얼굴에 어느새 장난기와 웃음기가 싹 걷혀 있었다. 나리에게 묻는 장복이의 말투도 사뭇 가라앉아 있었다. 나리는 대답 대신 장복이를 잠시 말없이 내려다보았다. 눈빛이 따뜻한 것 같기도 하고, 흔들리는 것 같기도 했다. 창대는 나리의 대답이 너무나 궁금했다. 혹여 똥오줌보다 못할까, 깨진 기와 조각보다 쓸모가 없을까 가슴이 조마조마했다. 창대가 느끼기엔 한 식경 같은 시간이 지나갔다.

"똥과 기와 조각은 사람의 손길에 따라 쓰임새가 정해지기도 하고, 버려지기도 하는 거다. ㉡사람으로 태어나서 어찌 다른 사람의 손길만 기다리겠느냐? 스스로 쓰임새를 찾는다면 어찌 똥오줌이나 깨진 기와 조각의 쓰임새에 비하겠으며, 그렇지 못하다면(스스로 쓰임새를 찾지 못한다면) 그야말로 길거리에 굴러다니는 개똥보다 못할 것이니라."

"에이, 그게 뭡니까요? ㉢맞으면 맞는다, 아니면 아니다 명확히 대답을 해주셔야지요."

장복이의 응석에 나리는 다시 한번 꼬집어 말하였다.

㉣"스스로의 가치는 스스로가 매기는 거야. 다른 사람에게 맡길 것이 아닌 거야."

그 이후로 장복이가 아무리 아양을 떨고 투정을 부려도 나리는 입을 열지 않았다. ㉤창대는 나리의 말을 씹고 또 곱씹어 보았다. 스스로의 쓰임새를 스스로가 찾지 않으면 똥오줌, 깨진 기와 조각보다 못하다는 말은 창대의 가슴을 아프게 했다.

'나의 쓰임새는 과연 무엇인가?'

말고삐를 잡고 흙먼지를 마시는 것밖에 세상에서 창대가 할 수 있는 일은 없어 보였다. 장복이는 그새 진지함은 게 눈 감추듯 하고, 흥얼흥얼 콧노래를 부르고 있었다.

창대는 저 멀리 서 있는 똥 누각이 차라리 부러웠다.

중심 내용 나리는 장복이와 창대에게 스스로의 가치는 스스로가 매기는 것이라고 하였다.

독해로 이해 콕

32 창대와 장복이는 자신들이 똥오줌이나 깨진 기와 조각처럼 쓸모가 있을지 궁금해하였다. (○, ×)

33 나리는 스스로의 가치는 (스스로, 다른 사람)이/가 매기는 것이라고 하였다.

34 나리의 말을 씹고 또 곱씹어 본 창대는 '나의 (   )은/는 과연 무엇인가?' 하고 고민하였다.

35 창대는 똥 누각을 보고 어떤 마음이 들었는지 알맞은 것에 ○표 하시오.
① 부러웠다. (   )
② 더러웠다. (   )
③ 부끄러웠다. (   )

낱말풀이

- **불현듯** 갑자기 어떠한 생각이 걷잡을 수 없이 일어나는 모양. 예 나는 불현듯 엄마 생각이 났다.
- **천민** 조선 시대에 가장 낮은 계급의 백성.
- **사뭇** 아주 딴판으로. 예 오랜만에 만난 친구는 이전과는 사뭇 분위기가 달랐다.
- **식경** 밥을 먹을 동안이라는 뜻으로, 잠깐 동안을 이르는 말.
- **응석** 어른에게 어리광을 부리거나 귀여워해 주는 것을 믿고 버릇없이 구는 일.
- **아양** 귀염을 받으려고 하는 애교 있는 말. 또는 그런 행동.
- **곱씹어** 말이나 생각 따위를 곰곰이 되풀이하여.

34 장복이의 질문에 대한 나리의 대답을 기다리면서 창대의 가슴이 조마조마했던 까닭은 무엇입니까? (　　　)

① 자신이 똥오줌보다 못할까 봐서
② 장복이가 계속 장난기 있는 말투여서
③ 장복이가 나리에게 꾸중을 들을까 봐서
④ 똥과 기와 조각의 쓰임새를 빨리 알고 싶어서
⑤ 나리가 한 식경이 지나도록 대답을 하지 않으셔서

교과서 문제

35 ㉠~㉤ 중 글쓴이의 생각이 담긴 표현으로 알맞은 것을 두 가지 고르시오.

(　　　)

① ㉠　② ㉡　③ ㉢
④ ㉣　⑤ ㉤

이 글은 나리의 말로써 글쓴이가 전하고 싶은 의도와 목적을 나타냈어요.

중요

36 이 글에 나타난 글쓴이의 생각으로 알맞은 것의 기호를 쓰시오.

㉮ 자신의 가치는 다른 사람이 높게 평가할 때 더 빛나는 것이라고 생각한다.
㉯ 다른 사람에게 맡기려고 하지 말고 자신이 할 수 있는 일을 스스로 찾아야 한다고 생각한다.

(　　　　　　　　)

글쓴이의 생각을 파악하려면 제목, 글쓴이의 생각이 담긴 표현을 살펴봐야 해요.

37 글쓴이가 이 글을 쓰면서 예상한 독자는 누구일지 알맞은 것에 ○표 하시오.

(1) 조선 시대 양반이나 관직에 있는 사람들 (　　)
(2) 깨진 기와를 주워모아 집 앞에 깔아 둔 사람들 (　　)

서술형

38 이 글을 읽고 나리와 창대, 장복이 중 한 사람에게 궁금한 점을 질문하여 쓰시오.

____

독해로

교과서 쏙쏙 착한 사마리아인의 법

1
1928년 미국의 한 부두가……
산책하던 중 실수로 바다에 빠진 남자

"살려 주세요."
"살려 주세요."

ㄴ, 친구들이 황급히 달려오지만 이미 남자는 싸늘한 주검이 됨.

ㄴ, 사고 지점 불과 몇 미터 거리에서 일광욕을 즐기고 있던 한 젊은이가 있었으나 바다에 빠진 남자를 외면함.

5
젊은이를 상대로 소송을 낸 익사자 가족
"그때 도와줬다면 내 아들은 죽지 않았어요."

현재 법률엔 구조의 의무가

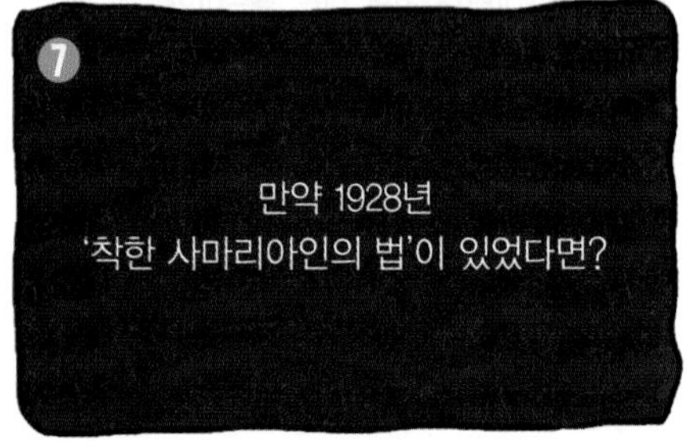

활동 팁

영상을 보고 '착한 사마리아인의 법'을 제정하는 것에 대한 자신의 생각을 정해 보세요.

독해로 이해 콕

36 미국의 한 부두가에서 남자가 바다에 빠졌다가 무사히 구조되었다. (○, ×)

37 그림 4의 젊은이는 구조 요청에 어떻게 행동하였는지 알맞은 것에 ○표 하시오.

① 무관심하였다. ( )

② 경찰에 신고하였다. ( )

38 익사자 가족은 구조 요청에 무관심했던 젊은이를 상대로 ( )을/를 냈다.

39 ( )은/는 위험에 처한 사람을 돕지 않으면 처벌할 수 있는 법 제도이다.

낱말풀이

부둣가 배를 대어 사람과 짐이 오르내릴 수 있도록 만들어 놓은 부두가 있는 근처.

소송 법률상의 판결을 법원에 요구함. 또는 그런 절차.

기각 소송을 처리한 법원이 소송이 이유가 없거나 법에 맞지 않다고 판단하여 무효를 선고함.

명시돼 분명하게 드러내 보이지. 예 체육관에 이용 안내 시간이 명시돼 있지 않았다.

이미지로 보는 사전

#사마리아인 #착한 사마리아인의 법

사마리아인은 팔레스타인 사마리아 지역에 살던 민족을 말해요. 종교적 차이로 유대인들에게 차별을 당했어요.

'착한 사마리아인의 법'은 강도를 당한 유대인을 보고 사람들이 모두 외면했으나, 오히려 차별당하던 사마리아인이 유대인을 치료하고 돌봐주었다는 이야기에서 유래된 법이에요.

39 죽은 남자의 가족이 사고 지점과 가까운 곳에서 일광욕을 즐기던 젊은이를 상대로 소송을 낸 까닭은 무엇입니까? (　　　)

① 죽은 남자가 젊은이 때문에 사고가 났다고 생각해서
② 당시에는 일광욕을 하는 것이 법에 위반되는 것이어서
③ 젊은이가 도와줬으면 남자가 죽지 않았을 수도 있다고 생각해서
④ 평소에 죽은 남자와 젊은이의 사이가 좋지 않았던 것을 알고 있어서
⑤ 남자가 죽기 전에 구조 요청을 하지 않았다고 젊은이가 거짓말을 해서

중요

40 '착한 사마리아인의 법'의 내용으로 알맞은 것에 ○표 하시오.

(1) 위험에 처한 사람을 돕지 않으면 처벌할 수 있는 법 제도 (　　　)
(2) 법률에 명시돼 있지 않아도 잘못한 사람을 처벌할 수 있는 법 제도 (　　　)

곤경에 처한 사람을 외면해서는 안 된다는 도덕적 의무를 법으로 규정한 것이에요.

서술형

41 '착한 사마리아인의 법'을 제정하는 것에 대한 자신의 생각을 정하여 그렇게 생각한 근거와 함께 쓰시오.

교과서 문제

42 41에서 정한 생각과 근거를 바탕으로 토론하려고 할 때, 근거를 설명할 수 있는 자료로 알맞지 않은 것은 무엇입니까? (　　　)

① 책
② 신문 기사
③ 통계 자료
④ 친구의 의견
⑤ 전문가의 의견

43 자신의 생각과 상대의 생각을 비교하며 토론을 할 때의 좋은 점으로 알맞은 것의 기호를 모두 쓰시오.

㉮ 다른 사람의 이야기를 듣고 그 사람의 태도를 이해할 수 있다.
㉯ 다른 사람들의 생각을 모두 자신의 생각과 같게 만들 수 있다.
㉰ 자신과 다른 생각을 알게 되어 내용을 더 깊이 있게 이해할 수 있다.

(　　　　　　　　　　)

5 글에 담긴 생각과 비교해요

맞힌 개수 개

01~04 다음 글을 읽고, 물음에 답하시오.

가 나는 우리나라가 세계에서 가장 아름다운 나라가 되기를 원한다. 가장 부강한 나라가 되기를 원하는 것은 아니다. 내가 남의 침략에 가슴이 아팠으니, 내 나라가 남을 침략하는 것을 원치 아니한다. 우리의 부는 우리 생활을 풍족히 할 만하고, 우리의 힘은 남의 침략을 막을 만하면 족하다. 오직 한없이 가지고 싶은 것은 높은 문화의 힘이다. 문화의 힘은 우리 자신을 행복하게 하고, 나아가서 남에게도 행복을 주기 때문이다. 지금 인류에게 부족한 것은 무력도 아니요, 경제력도 아니다. 자연 과학의 힘은 아무리 많아도 좋으나, 인류 전체로 보면 현재의 자연 과학만 가지고도 편안히 살아가기에 넉넉하다.

인류가 현재에 불행한 근본 이유는 인의가 부족하고, 자비가 부족하고, 사랑이 부족한 때문이다. 이 마음만 발달이 되면, 현재의 물질력으로 인류 20억이 다 편안히 살아갈 수 있을 것이다. 인류에게 이 정신을 배양하는 것은 오직 문화이다.

나 이상에 말한 것은 내가 바라는 새 나라의 용모의 일단을 그린 것이다. 동포 여러분! 이러한 나라가 된다면 얼마나 좋겠는가. 우리 자손에게 이러한 나라를 남기고 가면 얼마나 만족하겠는가. 옛날 한나라 지역의 기자가 우리나라를 사모하여 왔고, 공자께서도 우리 민족이 사는 데 오고 싶다고 하셨으며 우리 민족을 인을 좋아하는 민족이라 하였다. 옛날에도 그러하였거니와, 앞으로 세계 인류가 모두, 우리 민족의 문화를 이렇게 사모하도록 하지 아니하려는가. 나는 우리의 힘으로, 특히 교육의 힘으로 반드시 이 일이 이루어질 것이라고 믿는다.

01 이 글에서 글쓴이가 한없이 가지고 싶다고 한 것은 무엇인지 알맞은 것에 ○표 하시오.

(1) 풍족한 경제력 (　　)
(2) 높은 문화의 힘 (　　)
(3) 넉넉한 자연 과학의 힘 (　　)

서술형

02 글쓴이가 01에서 답한 것을 가지고 싶다고 한 까닭은 무엇인지 쓰시오.

____

____

03 글쓴이가 현재 인류에게 부족하다고 말한 것을 모두 고르시오. (　　　)

① 인의 ② 자비
③ 사랑 ④ 무력
⑤ 물질력

중요

04 이 글에 나타난 글쓴이의 생각을 잘 드러낼 수 있는 제목으로 알맞은 것은 무엇입니까? (　　　)

① 내가 원하는 우리나라
② 우리나라 교육의 현실
③ 내가 가 보고 싶은 나라
④ 우리가 편안하게 사는 방법
⑤ 가장 부강한 나라가 되는 길

05 글쓴이의 생각을 파악하며 글을 읽어야 하는 까닭으로 알맞은 것을 모두 고르시오. (　　　)

① 글쓴이와 같은 생각을 할 수 있다.
② 글쓴이가 글을 쓴 의도를 알 수 있다.
③ 글쓴이가 글을 쓴 목적을 알 수 있다.
④ 글 내용을 좀 더 깊이 이해할 수 있다.
⑤ 글을 읽지 않고도 전체 내용을 빠르게 파악할 수 있다.

06~09 다음 글을 읽고, 물음에 답하시오.

가 외국에서는 로봇을 소유한 기업이나 로봇에게 세금을 부과하자는 주장이 나오고 있다. 우리도 로봇세를 도입하여 인간과 로봇이 함께 살아가는 방법을 찾아야 한다.

세계 경제 포럼은 로봇이나 인공 지능이 이끄는 4차 산업 혁명으로 수많은 사람이 일자리를 잃을 것이라고 전망했다. 로봇 때문에 일자리를 잃고 소득을 얻지 못하는 사람들은 새로운 일자리를 찾기 위해 재교육을 받아야 한다. 로봇세를 도입하면 그 세금으로 일자리를 잃은 사람들에게 진로 상담이나 적성 검사, 기술 교육 등을 할 수 있다. 또 로봇세를 활용하면 일자리를 잃은 사람들이 재교육을 받고 새로운 일자리를 찾는 데 도움을 줄 수 있다.

나 로봇을 소유한 기업이나 로봇에게 세금을 부과하자는 주장이 나오고 있다. 로봇이 인간의 ㉠일거리를 대신 맡아 할 수 있기 때문에 인간에게 필요한 ㉡비용을 로봇세로 보충하려는 것이다. 하지만 로봇세 도입은 로봇 ㉢산업의 발전과 국가의 미래 경쟁력에 부정적인 영향을 끼칠 수 있다.

로봇 산업이 본격적으로 발전하면 로봇은 인간을 대신하여 일을 하게 된다. 이럴 경우에 인간은 위험하거나 단순한 일, 반복적인 일에서 해방될 수 있다. 그런데 인간을 대신하여 일을 할 로봇에게 성급하게 세금을 부과한다면 로봇 산업 발전을 더디게 할 것이다. 특히 로봇 개발자는 개발 비용에 세금까지 더하여 마음의 ㉣부담을 느낄 수 있다. 로봇 개발자가 느끼는 마음의 부담은 로봇을 개발하는 과정에서 혁신적인 생각을 발전시키거나 과감한 투자를 하는 데에 ㉤걸림돌이 될 수 있다. 로봇세는 이제 발전하려는 로봇 산업에 방해가 된다.

06 글 가 에 나타난 글쓴이의 생각을 드러낼 수 있는 제목으로 알맞은 것에 ○표 하시오.

(1) 로봇세를 도입해야 한다 (   )
(2) 로봇세 도입을 늦추어야 한다 (   )
(3) 로봇세는 로봇 개발에 필요하다 (   )

07 글 가 에서는 4차 산업 혁명으로 어떤 일이 일어날 것이라고 했습니까? (   )

① 나라의 세금이 줄어들 것이다.
② 수많은 사람이 일자리를 잃을 것이다.
③ 모든 일을 사람 대신 로봇이 할 것이다.
④ 로봇을 소유한 기업이 점점 사라질 것이다.
⑤ 일자리를 구하기 위해 교육을 받지 않아도 될 것이다.

중요

08 ㉠~㉤ 중 글 나 의 글쓴이가 자신의 생각을 나타내려고 쓴 낱말을 두 가지 고르시오. (   )

① ㉠ ② ㉡ ③ ㉢
④ ㉣ ⑤ ㉤

서술형

09 글 나 에 나타난 글쓴이의 생각을 잘 드러낼 수 있는 제목을 정하여 쓰시오.

10 글에 나타난 글쓴이의 생각을 파악하는 방법으로 알맞지 않은 것은 무엇입니까? (   )

① 글의 처음 부분만 읽어 본다.
② 예상 독자가 누구일지 생각해 본다.
③ 글에 포함된 그림이나 사진을 살펴본다.
④ 글의 제목과 글에서 사용한 표현을 살펴본다.
⑤ 글쓴이가 글을 쓴 의도와 목적을 생각해 본다.

11~14 다음 글을 읽고, 물음에 답하시오.

> 가 "똥오줌을 생각해 보아라. 세상에 둘도 없이 더러운 것들이다. 하지만 거름으로 쓸 때는 한 덩어리라도 흘릴까 하여 조심하고, 말똥을 모으려 삼태기를 들고 말 꽁무니를 따라다니기도 하지 않느냐. 똥을 모아 그냥 두는 법도 없다. 네모반듯하게 쌓거나 팔각, 육각 등의 누각으로 쌓아 올려 똥거름 또한 모양을 만들어 두지 않았느냐. 그러니 나는 저 깨진 기와 조각과 똥 덩어리야말로 가장 볼만한 것이라 꼽을 것이다. 높디높은 성곽이나 궁실, 웅장한 사찰과 광활한 벌판보다 이것들이 더 아름답다 하지 않겠느냐."
>
> 말을 마친 나리는 흐뭇한 표정으로 주위를 둘러보았다.
>
> 나 "나리! 저 같은 천민도 저런 똥오줌이나 깨진 기와 조각처럼 쓸모가 있을깝쇼?"
>
> 창대보다 먼저 입을 연 건 장복이였다.
>
> 다 "똥과 기와 조각은 사람의 손길에 따라 쓰임새가 정해지기도 하고, 버려지기도 하는 거다. 사람으로 태어나서 어찌 다른 사람의 손길만 기다리겠느냐? 스스로 쓰임새를 찾는다면 어찌 똥오줌이나 깨진 기와 조각의 쓰임새에 비하겠으며, 그렇지 못하다면 그야말로 길거리에 굴러다니는 개똥보다 못할 것이니라."
>
> "에이, 그게 뭡니까요? 맞으면 맞는다, 아니면 아니다 명확히 대답을 해 주셔야지요." / 장복이의 응석에 나리는 다시 한번 꼬집어 말하였다.
>
> "스스로의 가치는 스스로가 매기는 거야. 다른 사람에게 맡길 것이 아닌 거야."

11 이 글에서 알 수 있는 나리에 대한 설명으로 알맞은 것은 무엇입니까? (　　　)

① 다른 사람에게 우스갯소리를 잘한다.
② 자신보다 신분이 낮은 사람을 무시한다.
③ 자신의 생각이 무조건 옳다고 고집한다.
④ 사물의 가치에 대해 다른 관점으로 생각한다.
⑤ 다른 사람의 도움을 받는 것을 당연하게 여긴다.

12 글 가 에서 나리는 똥오줌이 쓸모 있게 사용되는 때가 언제라고 하였는지 쓰시오.

(　　　　　　　　　　　　)

중요

13 이 글에 나타난 나리의 생각으로 알맞지 <u>않은</u> 것은 무엇입니까? (　　　)

① 신분이 낮은 사람은 쓸모가 없다.
② 스스로 노력하는 삶을 살아야 한다.
③ 자신의 가치는 자신이 만드는 것이다.
④ 다른 사람의 손길만 기다려서는 안 된다.
⑤ 스스로 자신이 할 수 있는 일을 찾아야 한다.

서술형

14 이 글에 나타난 글쓴이의 생각과 자신의 생각을 비교하여 쓰시오.

____

____

15 '착한 사마리아인의 법을 제정해야 한다'라는 주제로 토론하려고 합니다. 주제에 찬성하는 의견을 말한 친구의 이름을 쓰시오.

> • 착한 사마리아인의 법: 위험에 처한 사람을 돕지 않으면 처벌할 수 있는 법 제도

> 민규: 도덕까지 법으로 규제하는 것은 강압에 가깝다고 생각한다.
> 인아: 도덕적 의무를 따르지 않으면 법으로 처벌해야 한다고 생각한다.

(　　　　　　　　　　　　)

바른답·알찬풀이 22쪽

해설 강의

16~17 다음 글을 읽고, 물음에 답하시오. [미래엔 중 1-2] 2단원

극지 연구가 지니는 의미 김예동

극지(남극과 북극을 중심으로 한 그 주변 지역.)는 인류에게 필요한 자원을 많이 보유하고 있다. 과학 기술의 발전과 함께 극지 연구가 진행되면서 극지가 얼음으로 덮인 불모(땅이 거칠고 메말라 식물이 나거나 자라지 아니함.)의 땅이 아니라는 사실이 알려지게 됐다. 남극해에서 잡을 수 있는 크릴(작은 새우와 비슷하며 남극 주변의 바다에 흔함.)의 양은 연간 2억 톤 정도로 짐작된다. 이는 현재 세계 총어획량(바다나 강에 사는 생물을 잡음.)의 배가 넘는 양으로, 인류의 식량 문제를 해결해 줄지도 모른다. 또한, 머지않아 남극의 대륙붕(대륙 주변에 있는 완만한 경사의 바다 밑바닥.)에서 석유 자원을 개발할 수 있게 되었다. 북극권에서는 현재 러시아에서 생산하는 석유와 천연가스의 70% 이상이 나오고 있으며, 북극해에서 해상 석유도 생산되고 있다.

극지는 지구 환경 변화를 연구하는 데 매우 중요하다. 최근에 지구 온난화와 관련하여 남극과 북극이 언론에 자주 등장하고 있다. 남극은 지구상에서 가장 깨끗한 지역이다. 산업 지역에서 가장 멀리 떨어져 있고 사람도 살지 않는다. 따라서 외부로부터의 조그마한 오염에도 민감하게 반응하며, 한번 오염되면 회복이 거의 안 된다. 북극 또한 전 세계 공업 생산의 80%가 북위 30도 위쪽에서 이루어지는 점을 고려할 때 오염에 따른 환경 변화를 감시하기에 적합한 지역이다. 최근 연구 결과에서 북극 지역이 지구의 기상, 기후, 해류 순환 등 환경에 커다란 역할을 하고 있음이 밝혀지면서 주목받고 있다.

아직 극지 연구는 자원 개발이나 활용보다는 기초 과학 부문에 더 가치를 두고 있다. 극지 연구도 다른 기초 과학과 마찬가지로 그 결과가 빨리 나타나지 않아 주목받지 못했다. 극지 연구와 같은 기초 분야에 민간의 투자를 기대하기는 어렵다. 따라서 정부를 중심으로 공익성이 기대되는 극지 연구 분야에 장기적으로 투자할 필요가 있다.

– 출처: 『국제신문』, 2016년 2월 22일 자

어떻게 읽을까?

1. 글쓴이가 극지 연구가 필요하다고 말한 까닭은 무엇인지 파악해 보세요.
2. 제목과 글에서 사용한 표현을 살펴보고 글쓴이의 생각을 파악해 보세요.

● 극지 연구가 필요한 까닭

- 극지는 인류에게 필요한 ① □□을 많이 보유하고 있다.
- 극지는 지구 환경 변화를 연구하는 데 매우 중요하다.

● 글쓴이가 제목을 「극지 연구가 지니는 의미」라고 정한 까닭

극지 연구가 가지는 의미를 알려 주고, ② □□ □□의 필요성을 말하려고

● 글쓴이의 생각이 담긴 낱말이나 문장

장기적으로 ③ □□할 필요가 있다.

답 ① 자원 ② 극지 연구 ③ 투자

16 이 글에서 극지에 대해 설명한 내용으로 알맞지 않은 것은 무엇입니까? (　　)

① 얼음으로 덮인 불모의 땅이다.
② 북극해에서 해상 석유가 생산되고 있다.
③ 지구 환경 변화를 연구하는 데 중요하다.
④ 인류에게 필요한 자원을 많이 보유하고 있다.
⑤ 최근 연구 결과에서 북극 지역이 지구 환경에 커다란 역할을 하고 있음이 밝혀졌다.

단원 개념

17 이 글에 나타난 글쓴이의 생각으로 알맞은 것은 무엇입니까? (　　)

① 남극보다는 북극 연구가 좀 더 중요하다.
② 정부는 인류의 식량 문제를 해결해야 한다.
③ 극지 연구에 민간의 투자가 집중되어야 한다.
④ 남극과 북극이 오염되지 않도록 힘써야 한다.
⑤ 정부를 중심으로 극지 연구 분야에 투자해야 한다.

어휘 확인

1 다음 빈칸에 들어갈 알맞은 낱말을 보기에서 찾아 쓰시오.

보기

종사　　도입　　혁신

(1) 새로운 기술을 [　　　　]하여 더 나은 제품을 만들려고 노력한다.

(2) 같은 직종에 [　　　　]하는 사람들은 서로 동질감을 느낀다.

(3) 우리나라는 몇 년 사이에 놀라운 기술 [　　　　]을/를 이루었다.

어휘 적용

2 다음 중 뜻이 서로 비슷한 낱말끼리 짝지어진 것을 모두 골라 ○표 하시오.

(1) 독점하다　　독차지하다 (　　　)

(2) 완비하다　　미비하다 (　　　)

(3) 응석받이　　어리광쟁이 (　　　)

(4) 아양　　교양 (　　　)

(5) 사모하다　　동경하다 (　　　)

(6) 부과하다　　부가하다 (　　　)

어법

3 문장의 호응에 맞게 다음 빈칸에 들어갈 알맞은 낱말에 ○표 하시오.

(1) 선생님께서는 방학 계획표에 적은 것을 [반드시 / 결코] 지켜야 한다고 말씀하셨다.

(2) 엄마가 오시기 전에 [미처 / 마치] 숙제를 끝내지 못했다.

(3) [비록 / 만약] 내일 친구를 만나지 못한다면 무척 속상할 것이다.

바른답·알찬풀이 23쪽

속담

4 다음 글과 그림을 보고, **사람과 그릇은 있는 대로 쓴다** 를 말해 주면 좋을 것 같은 상황에 ○표 하시오.

사람과 그릇은 있는 대로 쓴다

살림을 하다 보면 쓸모없어 보이는 쪽박이나 그릇도 있는 대로 다 쓴다는 뜻으로, 사람도 다 제 나름대로 쓸모가 있음을 비유적으로 이르는 말.

무엇을 담을 수 있을까 싶은 조그마한 그릇도 간장을 담을 땐 아주 쓸모 있는 것처럼, 생활하다 보면 각양각색으로 생긴 그릇이 다 쓸모가 있지요. 사람도 그릇과 같아요. 제각각 다른 장점과 가치를 가지고 있답니다.

다음 날

(1) 바르고 고운 말을 쓰지 않고 거친 말을 자주 쓰는 친구에게 ( )

(2) 공부는 하지 않고 놀기만 하면서 시험 성적이 좋기를 바라는 친구에게 ( )

(3) 공부도, 운동도 잘하는 것이 없어 자신이 쓸모없게 느껴진다고 말하는 친구에게 ( )

6 정보와 표현 판단하기

무엇을 배울까요?

광고에 나타난 표현의 적절성 살펴보기

뉴스에 나타난 정보의 타당성 알기

관심 있는 내용으로 뉴스 원고 쓰기

단원에 대한 공부 계획을 세우고, 공부한 내용을
얼마나 이해했는지 스스로 평가해 보세요.

	공부할 내용	스스로 평가
25회	그림으로 개념 탄탄 독해로 교과서 쏙쏙 ❶ • 가 「중형차 백만 대를 버렸다」 나 「신바람 자전거」	☆☆☆
26회	독해로 교과서 쏙쏙 ❷ • 「스마트 기부 확산」 • 뉴스 만들기	☆☆☆
27회	단원 평가 독해로 생각 Up → 「멋쟁이 미용실」 어휘 마무리 뚝딱 → 사자성어 〈침소봉대〉	☆☆☆

★★★ 잘함. ★★ 보통임. ★ 아쉬움.

그림으로 개념 탄탄

Q 뉴스와 광고는 어떤 역할을 하나요?

A

- 사람들에게 새로운 정보를 알려 줘요. 광고는 사람들이 상품을 사도록 설득하기도 해요.
- 어떤 일을 긍정적이거나 비판적인 시각으로 보게 해요.
- 여러 사람의 생각에 영향을 주어 여론을 형성하기도 해요.

Q 광고는 어떻게 판단해야 할까요?

A

- 광고에서 인상 깊은 사진이나 그림, 글, 소리를 찾아요.
- 글씨체, 글씨 크기, 색, 화면 구도, 색감, 반복되는 말 등을 살펴 적절한지 판단해요.
- 과장하거나 감추는 내용이 무엇인지 살펴봐요.
- '무조건', '절대로', '최고', '100퍼센트' 같은 과장된 표현이 없는지 비판적으로 살펴보고, 과장 광고, 허위 광고를 판단해요.

뉴스의 타당성은 어떻게 판단하나요?

독감 때문에 요즘 감염 걱정이 많죠? 하지만 '30초 손 씻기'만 제대로 실천해도 웬만한 감염병은 막을 수 있다고 합니다. '30초의 기적'이라고까지 하는 올바른 손 씻기 방법을 이선주 기자가 알려 드립니다.

건강한 생활에 꼭 필요한 가치 있는 내용이야.

하루에도 몇 번씩 씻는 손, 손을 씻는 방법은 제각각입니다. (중략) 손을 어떻게 씻어야 손에 번식하는 세균을 없앨 수 있을지 알아보려고 손에 형광 물질을 바르고 실험했습니다. 10초 동안 비누로 손바닥과 손가락을 비벼 가며 열심히 씻는 것이 중요합니다.

뉴스의 관점에 맞게 손 씻기 방법을 소개하고 있네!

- 가치 있고 중요한 내용을 다루었는지 살펴보세요.
- 뉴스의 관점과 보도 내용이 서로 관련 있는지 살펴보세요.
- 활용한 자료들이 뉴스의 관점을 뒷받침하는지 살펴보세요.
- 자료의 출처가 명확한지 살펴보세요.

확인 문제

다음 설명이 뉴스에 관한 것이면 '뉴', 광고에 관한 것이면 '광'이라고 쓰시오.

(1)
사람들에게 중요하거나 흥미로운 사건을 때에 알맞게 보도한다.
(2)
상품에 대한 정보를 제공하고 사람들이 상품을 선택하도록 설득한다.

(1) (　　)　　(2) (　　)

답 (1) 뉴 (2) 광

3 독해로 교과서 쏙쏙

가 중형차 백만 대를 버렸다
나 신바람 자전거

가

1
뭘 이렇게 많이 시켜?
다 못 먹으면 남기면 되지.

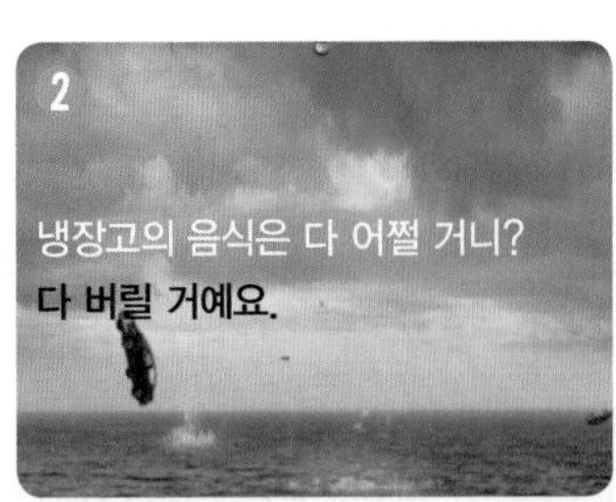

2
냉장고의 음식은 다 어쩔 거니?
다 버릴 거예요.

3
남은 음식 싸 달라고 할까?
싸 가긴 뭘 싸 가, 창피하게.

4
음식물 쓰레기 경제적 손실
연간 약 20조 원

5
중형차 100만 대를 버리는
것과 같습니다.

6
버려야 할 것은
잘못된 음식 문화입니다.

나

무료하고 따분하고 재미있는 일이 없을 때, 당신의 일상에 신바람이 일어납니다.
건강해지려고 아령도 들고 줄넘기도 해 보지만 체력이 여전히 바닥일 때, 당신의 건강에 신바람이 일어납니다.
㉠당신의 즐거운 일상과 건강한 체력을 책임져 줄 단 한 가지!
신바람 자전거!

소비자 만족도 1위
독보적인 디자인
튼튼한 내구성
독보적인 디자인과 튼튼한 내구성을 인정받아 소비자 만족도 1위를 달성했습니다.
신바람 자전거
기분 최고, 건강 최고, 기술력 최고!
신바람 자전거가 선사합니다.

활동 팁

광고가 어떤 내용을 담고 있는지 살펴보고, 광고에 나타난 표현이 적절한지 생각해 보세요.

독해로 이해 콕

1 광고 가에서는 자동차를 버리는 것과 (음식물, 일회용품)을 버리는 것이 같다고 표현하였다.

2 광고 가에서 음식물 쓰레기로 인한 경제적 손실은 얼마 정도라고 하였습니까?
연간 약 (   ) 원

3 광고 나는 운동의 중요성을 알리려고 만든 광고이다. (◯, ✕)

4 광고 나는 '기분, 건강, 기술력'에 각각 '(   )'(이)라는 표현을 써서 과장되게 표현하였다.

낱말풀이

신바람 몹시 신이 나고 기쁜 마음. 예 생일 선물을 받은 동생은 신바람이 났다.

독보적 남이 감히 따를 수 없을 정도로 뛰어난.

내구성 물질이 원래의 상태에서 변하지 않고 오래 견디는 성질. 예 내 책상은 내구성이 뛰어나고 튼튼하다.

선사 존경, 친근, 애정의 뜻을 나타내기 위하여 남에게 선물을 줌.

➔ 바른답·알찬풀이 24쪽

6단원

공부한 날 월 일

교과서 문제

01 광고 가에서 한 해에 버려지는 음식물 쓰레기를 무엇에 비교하였습니까? (　　　)

① 바닷속 생물들　② 냉장고의 음식들
③ 중형차 백만 대　④ 필요하지 않은 물건들
⑤ 쓰지 않고 모아 두는 동전들

중요

02 광고 가에 드러난 표현의 특성을 알맞게 말한 친구의 이름을 쓰시오.

도표를 사용하고 글을 길게 써서 주제가 잘 드러나도록 하였어.
인혜

중요한 글자의 배경을 빨간색으로 표시하고 더 크게 하여 강조하였어.
지오

광고를 눈에 쉽게 띄게 하려고 어떻게 표현하였나요?

(　　　　　　　　　)

03 광고 가에서 말하려고 하는 것은 무엇입니까? (　　　)

① 일회용품 사용을 줄이자.
② 온실가스 배출을 줄이자.
③ 잘못된 음식 문화를 버리자.
④ 올바른 분리수거를 실천하자.
⑤ 바다에 쓰레기를 버리지 말자.

04 광고 나에서 신바람 자전거는 어떤 점이 좋다고 하였는지 두 가지 고르시오. (　　　)

① 손쉬운 조작　② 가벼운 무게
③ 가장 싼 가격　④ 튼튼한 내구성
⑤ 독보적인 디자인

05 광고 나의 문구 ㉠에서 과장하거나 감추는 내용은 무엇인지 생각하여 쓰시오.

광고를 볼 때는 내용을 비판적으로 바라보는 태도가 필요해요.

____

스마트 기부 확산

[진행자의 도입] 즐거운 성탄절이지만 어려움 속에서 도움을 기다리는 곳도 적지 않습니다. 다행히 기부가 늘어나고 있는데요. 올해 구세군에 모금된 금액은 44억 원으로 지난해보다 4억 원이 많아졌습니다.(작년보다 기부가 늘어남.) 사랑의 열매에는 1700억 원 넘게 모여서 목표액의 절반 이상을 채웠고 사랑의 온도 탑도 수은주가 50도를 넘어섰습니다. 어려운 경기 속에도 이렇게 기부가 늘어난 데는 재미와 감동이 함께하는 이른바 '스마트 기부'가 한몫을 하고 있습니다. 신방실 기자가 전해 드립니다.

[기자의 보도] 거리에 등장한 자선냄비가 뭔가 색다릅니다. 한 시민이 돼지 저금통을 갈라 모금함에 돈을 넣는가 했더니, 먼저 주사위를 모니터 위에 놓습니다. 선택한 것은 여성과 다문화, 기부 대상을 직접 고를 수 있는 스마트 자선냄비입니다. (중략)

기부 자판기도 새로 등장했습니다. 메뉴판엔 물이나 신발, 약이 있고 2천5백 원부터 만 원까지 금액도 있어, 원하는 것을 고르면 지구 반대편 어린이에게 그대로 전달됩니다.

이렇게 걷는 것만으로도 기부할 수 있는 스마트폰 앱도 있습니다. 100미터에 10원씩 기부금이 쌓이는 동안 건강까지 챙길 수 있습니다.

게임을 하고 광고 동영상을 시청하면서 기부할 수 있는 앱도 등장했습니다.

〈면담〉 ○○○(△△△병원 정신건강의학과 교수)

"기부에 있어서 마일리지나 포인트 등을 이용할 수 있게 유도한다는 것은 조금 더 사람들이 기부에 손쉽게 다가갈 수 있는 방법 중 하나입니다."

① 기부에 손쉽게 다가갈 수 있는 방법입니다.

이타적인 동정심으로 기부를 결심하기도 하지만, 기부하면서 느끼는 재미와 보람 같은 개인적 욕구를 채워 주는 점이 요즘 기부의 특징입니다.

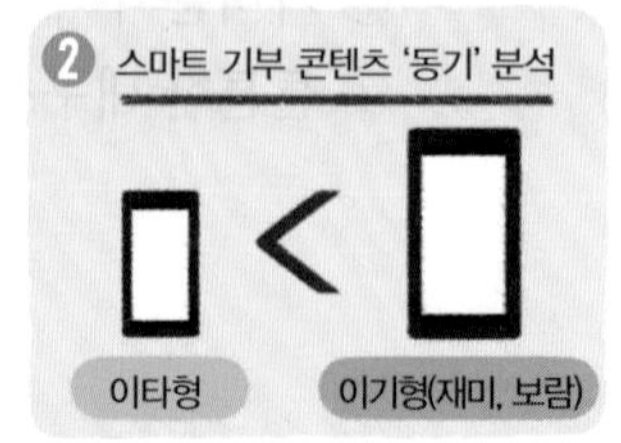

[기자의 마무리] 디지털 기술의 진화가 이웃 사랑을 실천하는 촉매제가 되고 있습니다. KBS 뉴스 신방실입니다.

읽기 팁

뉴스를 보면서 뉴스의 짜임을 알아보고, 뉴스에 나타난 정보의 타당성을 판단하는 방법에 대해 생각해 보세요.

독해로 이해 콕

5 올해 구세군에 모금된 금액은 지난해보다 줄었다. (○, ×)

6 거리에는 기부 대상을 직접 고를 수 있는 (　　　) 자선냄비가 등장하였다.

7 기부에 마일리지나 포인트 등을 이용할 수 있도록 하여 사람들이 기부에 손쉽게 다가갈 수 있게 하였다. (○, ×)

8 요즘 기부의 동기는 ① (이타형, 이기형) 보다 ② (이타형, 이기형)이 더 많다는 것이 특징이다.

낱말풀이

- **기부** 자선 사업이나 공공사업을 돕기 위하여 돈이나 물건 따위를 대가 없이 내놓음.
- **수은주** 수은 온도계나 수은 기압계의 유리 대롱에 채워진 수은의 기둥.

- **마일리지** 상품이나 카드의 사용 실적에 따라 주어지는 보너스 점수.
- **유도** 사람이나 물건을 원하는 장소나 방향으로 이끎.
- **이타적** 자기의 이익보다는 다른 사람의 이익에 더 힘쓰는.
- **진화** 일이나 사물 따위가 점점 발달하여 감.
- **촉매제** 어떤 일을 유도하거나 변화하게 하는 계기를 비유적으로 이르는 말.

서술형

06 이 뉴스에서 보도하는 내용은 무엇인지 쓰시오.

교과서 문제

07 이 뉴스의 짜임에 알맞은 내용을 찾아 선으로 이으시오.

(1)	진행자의 도입 •	• ㉮	전체 내용을 요약하거나 핵심 내용 강조하기
(2)	기자의 마무리 •	• ㉯	뉴스에서 보도할 내용을 유도하거나 전체를 요약해 안내하기

08 이 뉴스에서 ❶의 면담 자료나 ❷의 통계 자료를 활용한 까닭으로 알맞은 것을 두 가지 고르시오. (　　　　　)

① 뉴스 시간을 채우기 위해서
② 시청자의 이해를 돕기 위해서
③ 뉴스의 관점을 뒷받침하기 위해서
④ 스마트 기부의 효과를 과장하기 위해서
⑤ 스마트 기부에 대한 감상을 전달하기 위해서

중요

09 이 뉴스를 보고 해솔이가 뉴스의 타당성을 판단한 방법으로 알맞은 것을 보기 에서 찾아 기호를 쓰시오.

해솔: 뉴스의 관점에 맞게 스마트 기부의 종류를 소개하고, 스마트 기부의 장점과 특징을 소개했어.

보기

㉮ 자료의 출처가 명확한지 살피기
㉯ 가치 있고 중요한 뉴스인지 살피기
㉰ 뉴스의 짜임이 일목요연하고 체계적인지 살피기
㉱ 뉴스의 관점과 보도 내용이 서로 관련 있는지 살피기

(　　　　　　　　　　)

뉴스의 타당성을 판단하려면 가치 있고 중요한 내용을 다루었는지, 근거가 적절한지 등을 살펴야 해요.

뉴스 만들기

가 뉴스를 만드는 과정

❶ 어떤 내용을 보도할지 회의한다.

❷ 알리려는 내용을 취재한다.

❸ 뉴스 원고를 쓴다.

❹ 취재한 내용을 효과적으로 알릴 수 있게 뉴스 영상을 제작하고 편집한다.

❺ 사람들에게 전하고 싶은 내용을 뉴스로 보도한다.

나 상황에 알맞은 뉴스 주제

뉴스 주제를 정할 때 생각할 점
- 여러 사람이 함께 볼 만한 내용인지 따져 본다.
- 우리 주변에서 어떤 일이 일어나는지 살펴본다.
- 친구들에게 알려 주기에 가치 있는 내용인지 생각해 본다.

가
줄넘기를 잘할 수 있는 방법을 알려 주면 좋겠어.

나
독서를 즐겁게 할 수 있는 방법을 알려 주면 좋겠어.

다
등하굣길을 안전하게 다닐 수 있는 방법을 알려 주면 좋겠어.

라
운동장에서 안전하게 노는 방법을 알려 주면 좋겠어.

활동 팁

뉴스를 만드는 과정을 살펴본 후, 각각의 상황에 알맞은 뉴스 주제를 생각해 보세요.

독해로 이해 콕

9 뉴스를 만들기 위해서 가장 먼저 어떤 내용을 보도할지 (회의, 편집)을/를 한다.

10 뉴스를 만드는 과정에서 취재한 내용을 효과적으로 알리기 위해 하는 일로 알맞은 것에 모두 ○표 하시오.
① 뉴스 영상 제작 (　　　)
② 뉴스 원고 작성 (　　　)
③ 뉴스 영상 편집 (　　　)

11 취재한 영상은 편집 과정 없이 그대로 보도한다. (○, ×)

12 나의 그림 ㉯에서 학생은 (독서, 글짓기)를 하려는 상황이다.

낱말풀이

제작 재료를 가지고 새로운 물건이나 예술 작품을 만듦. 예 오랜 기간 제작된 영화가 드디어 개봉하였다.

10 뉴스를 만드는 과정에서 뉴스 원고를 쓰기 전에 해야 할 일을 두 가지 고르시오. (　　　　)

① 어떤 내용을 보도할지 회의한다.
② 보도할 내용을 영상으로 제작한다.
③ 전하고 싶은 내용을 뉴스로 보도한다.
④ 사람들에게 알리려는 내용을 취재한다.
⑤ 내용을 효과적으로 보여 줄 수 있도록 영상을 편집한다.

뉴스 원고를 쓸 때는 타당한 정보를 제시해야 해요.

교과서 문제

11 나의 그림 가~라 중 다음 뉴스 주제와 관계있는 상황을 찾아 기호를 쓰시오.

등하굣길을 안전하게 다닐 수 있는 방법

(　　　　　　　　　　)

12 나의 그림 라를 본 친구들이 뉴스를 만들기 위한 회의를 하였다. 상황에 알맞은 주제를 말한 친구의 이름을 쓰시오.

학교에서 축구공을 어떻게 보관하는지 알려 주자.

서하

운동장에서 안전하게 노는 방법에 대해 알려 주자.

윤하

건강을 위한 다양한 운동장 이용 방법을 알려 주자.

지오

(　　　　　　　　　　)

서술형

13 자신이 만들고 싶은 뉴스의 주제를 정하여 쓰시오.

____

14 뉴스 원고를 쓸 때에 주의할 점으로 알맞은 것에 모두 ○표 하시오.

(1) 타당한 정보를 제시한다. (　　　)
(2) 정확한 표현을 사용한다. (　　　)
(3) 길고 어려운 표현을 사용한다. (　　　)

뉴스 원고는 뉴스를 보는 사람을 고려해서 써야 해요.

단원 평가 6 정보와 표현 판단하기

맞힌 개수 　　　　개

01~02 다음 광고를 보고, 물음에 답하시오.

1
뭘 이렇게 많이 시켜?
다 못 먹으면 남기면 되지.
2
냉장고의 음식은 다 어쩔 거니?
다 버릴 거예요.
3
남은 음식 싸 달라고 할까?
싸 가긴 뭘 싸 가. 창피하게.
4
음식물 쓰레기 경제적 손실
연간 약 20조 원
5
중형차 100만 대를 버리는
것과 같습니다.
6
버려야 할 것은
잘못된 음식 문화입니다.

01 이 광고에서 자동차가 바다에 떨어지는 장면을 보여 준 까닭은 무엇입니까? (　　　)

① 자동차의 튼튼함을 비교할 수 있기 때문에
② 바다가 오염되는 모습을 보여 줄 수 있기 때문에
③ 음식물 쓰레기를 버리는 장면과 비슷하기 때문에
④ 음식물 쓰레기의 위험성을 보여 줄 수 있기 때문에
⑤ 분리배출을 제대로 하지 않는 장면과 비슷하기 때문에

서술형

02 이 광고에서는 광고를 눈에 쉽게 띄게 하려고 광고의 글자와 색깔을 어떻게 표현하였는지 쓰시오.

____

____

03~05 다음 광고를 보고, 물음에 답하시오.

무료하고 따분하고 재미있는 일이 없을 때, 당신의 일상에 신바람이 일어납니다.
건강해지려고 아령도 들고 줄넘기도 해 보지만 체력이 여전히 바닥일 때, 당신의 건강에 신바람이 일어납니다.
당신의 즐거운 일상과 건강한 체력을 책임져 줄 단 한 가지!
신바람 자전거!
소비자 만족도 1위
독보적인 디자인
튼튼한 내구성
독보적인 디자인과 튼튼한 내구성을 인정받아 소비자 만족도 1위를 달성했습니다.
신바람 자전거
기분 최고, 건강 최고, 기술력 최고!
신바람 자전거가 선사합니다.

03 이 광고에서는 무엇을 광고하고 있는지 쓰시오.

(　　　　　　　　　　　　　)

04 이 광고에서 광고 화면을 밝고 긍정적으로 표현한 까닭은 무엇입니까? (　　　)

① 광고 제품의 단점을 과장하려고
② 광고 제품이 어린이용임을 알리려고
③ 광고 제품이 많이 팔리고 있음을 전하려고
④ 광고 제품의 이미지를 긍정적으로 전달하려고
⑤ 광고 제품의 가격이 저렴하다는 것을 강조려고

중요

05 이 광고를 보면서 비판적으로 보아야 하는 표현은 무엇입니까? (　　　)

① 건강한 체력
② 당신의 즐거운 일상
③ 재미있는 일이 없을 때
④ 아령도 들고 줄넘기도 해 보지만
⑤ 기분 최고, 건강 최고, 기술력 최고!

서술형

06 광고의 내용을 그대로 믿으면 어떤 문제점이 생길지 쓰시오.

____

____

07~09 다음 글을 읽고, 물음에 답하시오.

가 **[진행자의 도입]** 즐거운 성탄절이지만 어려움 속에서 도움을 기다리는 곳도 적지 않습니다. 다행히 기부가 늘어나고 있는데요. 올해 구세군에 모금된 금액은 44억 원으로 지난해보다 4억 원이 많아졌습니다. 사랑의 열매에는 1700억 원 넘게 모여서 목표액의 절반 이상을 채웠고 사랑의 온도 탑도 수은주가 50도를 넘어섰습니다. 어려운 경기 속에도 이렇게 기부가 늘어난 데는 재미와 감동이 함께하는 이른바 '스마트 기부'가 한몫을 하고 있습니다. 신방실 기자가 전해 드립니다.

나 **[기자의 보도]** 거리에 등장한 자선냄비가 뭔가 색다릅니다. 한 시민이 돼지 저금통을 갈라 모금함에 돈을 넣는가 했더니, 먼저 주사위를 모니터 위에 놓습니다. 선택한 것은 여성과 다문화, 기부 대상을 직접 고를 수 있는 스마트 자선냄비입니다.

(중략) 이렇게 걷는 것만으로도 기부할 수 있는 스마트폰 앱도 있습니다. 100미터에 10원씩 기부금이 쌓이는 동안 건강까지 챙길 수 있습니다.

게임을 하고 광고 동영상을 시청하면서 기부할 수 있는 앱도 등장했습니다.

이타적인 동정심으로 기부를 결심하기도 하지만, 기부하면서 느끼는 재미와 보람 같은 개인적 욕구를 채워 주는 점이 요즘 기부의 특징입니다.

다 **[기자의 마무리]** 디지털 기술의 진화가 이웃 사랑을 실천하는 촉매제가 되고 있습니다. KBS 뉴스 신방실입니다.

07 이 뉴스를 보고 알 수 있는 내용은 무엇입니까? (　　　)

① 성탄절의 유래
② 구세군의 특징
③ 스마트 기부의 종류
④ 기부가 줄어드는 까닭
⑤ 디지털 기술의 장점과 단점

08 뉴스의 짜임을 생각하였을 때, **가**~**다** 중 다음과 같은 내용이 들어갈 부분으로 알맞은 것의 기호를 쓰시오.

> 스마트 기부 콘텐츠의 '동기'를 분석한 통계 자료

(　　　　　　　　)

09 이 뉴스에서 진행자와 기자는 각각 어떤 역할을 하는지 알맞게 선으로 이으시오.

(1) 진행자 • 　　• ㉮ 취재한 내용을 뉴스로 보도함.

(2) 기자 • 　　• ㉯ 뉴스의 핵심 내용을 요약해 안내함.

중요

10 뉴스의 타당성을 판단하는 방법으로 알맞지 않은 것은 무엇입니까? (　　　)

① 자료의 출처가 명확한지 살피기
② 가치 있고 중요한 뉴스인지 살피기
③ 창의적인 표현, 재미있는 표현이 무엇인지 살피기
④ 뉴스의 관점과 보도 내용이 서로 관련 있는지 살피기
⑤ 활용한 자료들이 뉴스의 관점을 뒷받침하는지 살피기

11~12 다음 글을 읽고, 물음에 답하시오.

[진행자의 도입] 독감 때문에 요즘 감염 걱정이 많죠? 하지만 '30초 손 씻기'만 제대로 실천해도 웬만한 감염병은 막을 수 있다고 합니다. '30초의 기적'이라고까지 하는 올바른 손 씻기 방법을 이선주 기자가 알려 드립니다.

[기자의 보도] 하루에도 몇 번씩 씻는 손, 손을 씻는 방법은 제각각입니다.

〈면담〉 박윤철 6학년 1반 학생
"평소에는 그냥 물로 씻는 편이에요."

〈면담〉 금성혜 6학년 3반 학생
"그냥 물휴지 정도로 닦는 편이에요."

손을 어떻게 씻어야 손에 번식하는 세균을 없앨 수 있을지 알아보려고 손에 형광 물질을 바르고 실험했습니다. 10초 동안 비누로 손바닥과 손가락을 비벼 가며 열심히 씻는 것이 중요합니다. 이렇게 수시로 30초 동안 손을 씻으면 감염병의 70퍼센트는 예방할 수 있습니다.

〈면담〉 하영은 보건 선생님
"감기를 비롯해 장염, 식중독 따위도 모두 손을 깨끗이 씻으면 예방할 수 있습니다."

11 이 뉴스에서 보도하는 내용은 무엇입니까? (　　　)

① 감기의 원인
② 시간의 중요성
③ 감염병의 종류
④ 독감 예방의 중요성
⑤ 올바른 손 씻기 방법

12 이 뉴스에서 관점을 뒷받침하려고 활용한 자료 두 가지를 고르시오. (　　　　)

① 관련 책　　② 관련 실험
③ 통계 자료　　④ 관련 속담
⑤ 전문가 면담

13 뉴스를 만드는 과정에서 어떤 내용을 보도할지 회의할 때 생각할 점이 아닌 것에 ×표 하시오.

(1) 새로운 정보는 무엇인지 생각한다. (　　　)
(2) 사람들에게 칭찬을 받을 만한지 생각한다. (　　　)
(3) 우리 주변에서 최근 일어난 일은 무엇인지 생각한다. (　　　)

14 다음 그림의 상황에 알맞은 뉴스 주제를 생각하여 쓰시오.

줄넘기를 잘할 수 있는 방법을 알려 주면 좋겠어.

중요

15 뉴스 원고를 쓴 후 살펴볼 내용으로 알맞지 않은 것은 무엇입니까? (　　　)

① 타당한 정보를 제시하였는지 살펴본다.
② 뉴스로서 가치 있는 내용인지 살펴본다.
③ 짧고 간결한 표현을 사용했는지 살펴본다.
④ 사람들이 쉽고 분명하게 내용을 알 수 있도록 썼는지 살펴본다.
⑤ 모호한 표현을 많이 써서 생각할 거리를 만들었는지 살펴본다.

→ 바른답·알찬풀이 25쪽

16~17 다음 광고를 보고, 물음에 답하시오.

멋쟁이 미용실

원하는 머리 모양이 무엇이든 완벽하게 연출 가능한

작은 변화로
당신도 연예인!

전속 모델: 연예인 ○○○

겨울 방학 한정!
최대 50퍼센트 할인

- 초등학생 50퍼센트 할인(단 커트 제외, 길이 추가 있음.)
- 첫 방문자 30퍼센트 할인(단 중복 할인 및 일부 품목은 제외함.)
- 모닝 펌 20퍼센트 할인(단 현금 결제 시, 주말은 제외함.)

어떻게 읽을까?

1. 광고를 보면서 무엇을 광고하는지 알아보세요.
2. 광고 문구에서 과장하거나 감추는 내용은 무엇인지 생각해 보세요.

● 광고하는 것

멋쟁이 ① □□□

● 광고 표현의 적절성 판단하기

광고 문구	과장하거나 감추는 내용
작은 변화로 당신도 연예인!	'② □□□' 이라는 표현이 과장되었다.
완벽하게 연출 가능한	'완벽'이라는 말은 과장된 표현이다.
일부 품목은 ③ □□ 함.	일부 품목이 어떤 품목인지에 대한 정보를 감추고 있다.

답 ① 미용실 ② 연예인 ③ 제외

단원 개념

16 이 광고에서 과장하거나 감추는 내용이 나타난 광고 문구로 알맞은 것을 모두 고르시오. (　　　　)

① 멋쟁이 미용실
② 일부 품목은 제외함.
③ 최대 50퍼센트 할인
④ 작은 변화로 당신도 연예인!
⑤ 원하는 머리 모양이 무엇이든 완벽하게 연출 가능한

17 이 광고를 바르게 이해한 친구는 누구입니까? (　　　　)

① 선리: 나도 연예인처럼 예뻐질 수 있겠어.
② 수찬: 초등학생 할인이 있는 커트를 해야겠어.
③ 예지: 내가 좋아하는 연예인 ○○○이 모델이니까 무조건 가야지.
④ 준상: 미용실 첫 방문에 초등학생이면 80퍼센트 할인이야.
⑤ 지수: 모닝 펌 할인을 받으려면 미용실에는 평일에 가야겠군.

어휘 확인

1 다음 빈칸에 들어갈 알맞은 낱말을 찾아 선으로 이으시오.

(1) 화재로 귀중한 문화재가 ☐ 되었다. • • ㉮ 손실

(2) 인간은 오랜 시간에 걸쳐 ☐ 되었다. • • ㉯ 제작

(3) 인기 있는 웹툰이 드라마로 ☐ 되었다. • • ㉰ 진화

어휘 적용

2 보기 의 문장에서 밑줄 그은 낱말과 같은 뜻으로 쓰인 낱말에 ○표 하시오.

보기

가게에 들어선 아이는 마음에 드는 연필을 <u>골라</u> 계산했다.

(1) 친구에게 줄 생일 선물로 예쁜 필통을 <u>골랐다</u>. (　　)

(2) 오랜만에 나들이를 갔는데 날씨가 <u>고르지</u> 못해 속상했다. (　　)

(3) 친구는 감기에 걸렸는지 노래를 부르는데 음정이 <u>고르지</u> 않았다. (　　)

어법

3 다음에 제시된 띄어쓰기 규정을 참고하여 알맞게 띄어 쓴 문장에 ○표 하시오.

단위를 나타내는 낱말은 띄어 쓴다. 다만, 순서를 나타내는 경우나 숫자와 함께 쓰이는 경우에는 붙여 쓸 수 있다.

(1)

케이크 <u>한 조각</u>을 먹었다.

(　　)

(2)

용돈으로 <u>오천원</u>을 받았다.

(　　)

바른답·알찬풀이 26쪽

사자성어

4 다음 글과 그림을 보고, **침소봉대** 를 알맞게 사용한 문장을 찾아 ○표 하시오.

침소봉대

(針 바늘 침, 小 작을 소, 棒 몽둥이 봉, 大 클 대)
작은 바늘을 큰 몽둥이라고 한다는 뜻으로, 작은 일을 크게 부풀려서 말함을 비유적으로 이르는 말.

별것도 아닌 작은 일을 크게 부풀려 말해 본 경험이 있나요? 사실을 있는 그대로 말하지 않고 크게 과장하여 말하는 것을 가리켜 '침소봉대'라고 해요.

(1) 나보다 수영을 늦게 시작한 수현이가 <u>침소봉대</u>할 만큼 실력이 많이 늘었어. (　　)

(2) 호영이는 줏대 없는 성격이라 친구들이 뭐라고 하면 쉽게 <u>침소봉대</u>하곤 해. (　　)

(3) 미라는 평소에 작은 일도 <u>침소봉대</u>하기 때문에 친구들이 미라의 말을 잘 믿지 않아. (　　)

7

글 고쳐 쓰기

무엇을 배울까요?

글을 고쳐 쓰는 방법 알기

자료를 활용해 글 쓰기

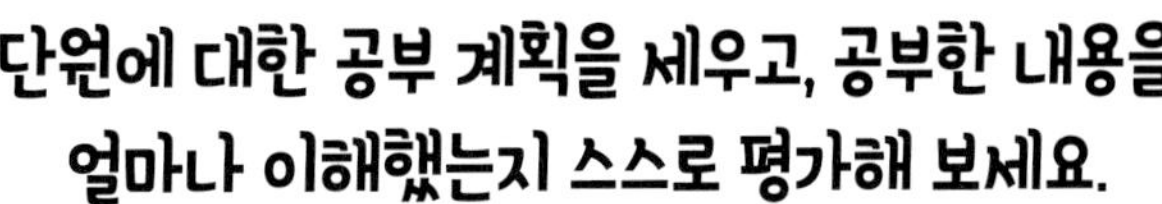

단원에 대한 공부 계획을 세우고, 공부한 내용을
얼마나 이해했는지 스스로 평가해 보세요.

	공부할 내용	스스로 평가
28회	그림으로 개념 탄탄 독해로 교과서 쏙쏙 • 가 「다른 사람을 존중하자」 나 「아침밥의 중요성」 • 동물 실험에 관한 두 가지 자료	☆☆☆
29회	단원 평가 독해로 생각 Up → 「콧구멍은 왜 두 개일까」 어휘 마무리 뚝딱 → 속담 〈글 속에도 글 있고 말 속에도 말 있다〉	☆☆☆

★★★ 잘함. ★★ 보통임. ★ 아쉬움.

그림으로 개념 탄탄

Q 글을 왜 고쳐 써야 하나요?

A

- 적절하지 않은 낱말이나 틀린 문장을 고쳐 쓰면 읽는 사람이 더 쉽게 글을 이해할 수 있어요.
- 중심 생각과 관련 없는 내용은 빼고 필요한 내용을 더 쓰면 하고 싶은 말이 글에 더 잘 드러나게 돼요.

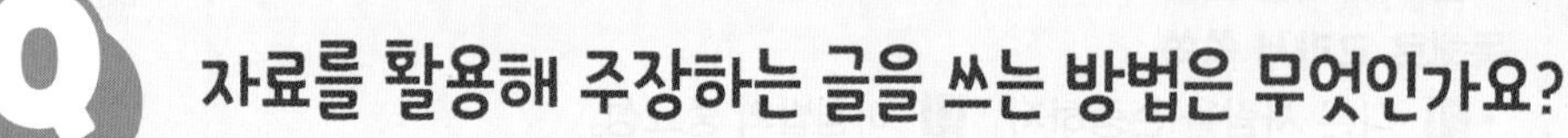

Q 자료를 활용해 주장하는 글을 쓰는 방법은 무엇인가요?

A

- 문제에 대한 자신의 주장을 정한 다음, 자료를 찾아 읽고 활용할 부분을 파악해요.
- 주장에 대한 근거와 뒷받침 자료를 정리해요.
- 주장하는 글의 짜임에 맞게 자신의 생각을 글로 써요.

개념 터치
마인드맵

글을 고쳐 쓸 때 점검할 내용은 무엇이 있나요?

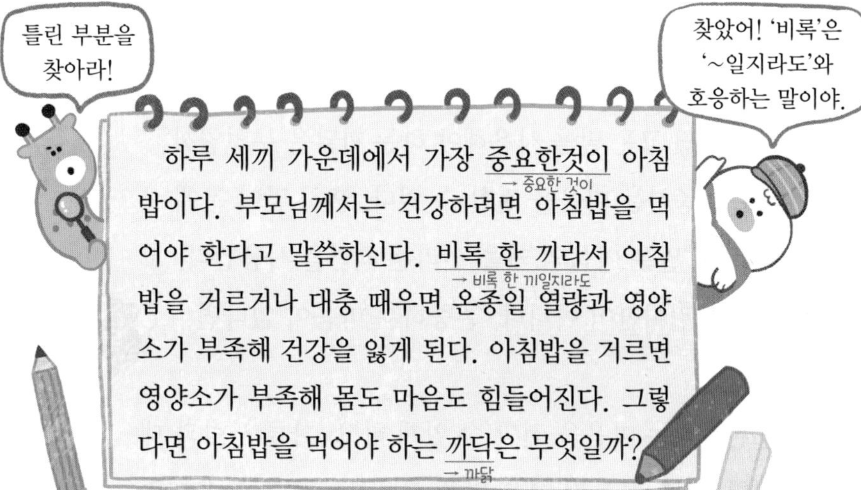
틀린 부분을 찾아라!
찾았어! '비록'은 '~일지라도'와 호응하는 말이야.
하루 세끼 가운데에서 가장 중요한것이 아침밥이다. 부모님께서는 건강하려면 아침밥을 먹어야 한다고 말씀하신다. 비록 한 끼라서 아침밥을 거르거나 대충 때우면 온종일 열량과 영양소가 부족해 건강을 잃게 된다. 아침밥을 거르면 영양소가 부족해 몸도 마음도 힘들어진다. 그렇다면 아침밥을 먹어야 하는 까닥은 무엇일까?
→ 중요한 것이
→ 비록 한 끼일지라도
→ 까닭

- 글 수준에서는 글 전체의 주제가 잘 드러나는지, 읽는 사람을 고려했는지, 글의 목적에 맞는 내용을 썼는지, 제목이 글의 내용과 어울리는지 점검하고 고쳐 써요.
- 문단 수준에서는 한 문단에 하나의 중심 생각만 있는지, 중심 문장과 뒷받침 문장이 자연스럽게 연결되는지, 필요 없는 문장이 있는지 점검하고 고쳐 써요.
- 문장 수준에서는 문장의 호응이 잘 이루어지는지, 분명하지 않거나 지나치게 단정적인 문장이 없는지 점검하여 고치고, 지나치게 긴 문장은 두 문장으로 나누어 써요.
- 낱말 수준에서는 더 알맞은 낱말이 있는지 살피고 어색한 낱말을 고쳐 써요.

확인 문제

다음은 각각 어떤 수준에서 글을 고쳐 쓰는 방법인지 '글', '문단', '문장' 중에서 골라 쓰시오.

(1) 중심 문장과 관련 없는 문장을 삭제한다.
( )

(2) 글쓴이의 주장이 잘 드러나도록 제목을 바꾼다.
( )

(3) 지나치게 단정적이거나 불확실한 표현은 고쳐 쓴다.
( )

답 (1) 문단 (2) 글 (3) 문장

독해로

교과서 쏙쏙

가 다른 사람을 존중하자 나 아침밥의 중요성

가 ❶ 요즘 많은 어린이가 이야기할 때 은어나 비속어를 사용했다. 국립국어원 조사에 따르면 조사 대상 초등학생의 93퍼센트가 비속어를 사용한 적이 있다고 한다. 만약 학생 열 명이 있기 때문에 적어도 아홉 명은 비속어를 사용한 적이 있는 것이다. 비속어가 아닌 고운 말을 사용해야 하는 까닭은 무엇일까?

(→ 사용한다 / '만약'은 '~면'과 호응하는 말임. / → 있다면)

❷ 고운 말을 사용하면 서로 존중하는 마음을 전할 수 있다. 흔히 말이 눈에 보이지 않는 마음임을 표현할 때 "말은 마음의 거울"이라는 격언을 사용한다. 고운 말을 사용해야 하는 것은 어린이만이 아니다. 존중하는 마음이 없다면 고운 말도 나오지 않는다.

(→ 중심 문장의 내용과 관련 없는 문장이므로 삭제해야 함.)

❸ 고운 말은 다른 사람을 존중하는 마음을 전할 수 있게 하고, 다른 사람과 대화를 원활하게 할 수 있게 한다. 또 무조건 고운 말을 사용하는 것만이 우리말을 아름답게 가꾸고 지키는 일이다. 이제라도 고운 말을 사용하는 바른 언어 습관을 기르려고 ㉠노력하면 좋을 수도 있다.

(→ 고운 말을 사용하는 것은)

❹ 고운 말을 사용하면 다른 사람과 원활하게 대화할 수 있다. 은어나 비속어는 [㉡] 대화를 어렵게 하고 오해를 불러일으킨다. 단순히 재미있으려고 은어나 비속어를 사용했다가 친구들끼리 투쟁으로 이어지는 경우도 있고, 어른과 어린이의 일상적인 대화가 어려워지는 경우도 있다.

(→ 싸움)

❺ ㉢고운 말을 사용하면 친구 관계가 좋아진다. 말은 우리 민족의 혼이 담긴 소중한 문화유산이다. 은어나 비속어를 사용한다면 그것이 우리 후손에게 그대로 전해질 것이다. 고운 말을 사용해 아름다운 우리말을 지켜야 한다.

나 하루 세끼 가운데에서 가장 중요한것이 아침밥이다. 부모님께서는 건강하려면 아침밥을 먹어야 한다고 말씀하신다. 비록 한 끼라서 아침밥을 거르거나 대충 때우면 하루 온종일 열량과 영양소가 부족해 건강을 잃게 된다. 아침밥을 거르면 영양소가 부족 해 몸도 마음도 힘들어진다. 그렇다면 아침밥을 먹어야 하는 까닥은 무엇일까?

(√ → 띄어 쓸 때 사용하는 교정 부호 / 일지라도 → 여러 글자를 고치는 교정 부호 / → 글자를 뺄 때 사용하는 교정 부호 / → 붙여 쓸 때 사용하는 교정 부호 / 닭 → 한 글자를 고칠 때 사용하는 교정 부호)

아침밥은 장수의 필수 조건이다. 날마다 아침밥을 거르면 밤새 분비된 위산이 중화되지 않아 위가 ㉮불편해졌다. 이런 습관이 ㉯오래지속되면 위염이나 위궤양으로 진행될 수 있다. 또 밤새 써 버린 ㉰수분을 물을 보충하기 어렵고 체내에 저장해 두었던 영양소가 소모된다. 그래서 피부는 ㉱푸석 푸석해지고

읽기 팁

글을 읽으며 내용이나 표현에서 고쳐야 할 부분을 찾아보고, 어떻게 고치면 좋을지 생각해 보세요.

독해로 이해 쿡

1 글 가는 (고운 말, 우리말)을 사용하자고 주장하기 위해서 쓴 글이다.

2 글 가의 흐름에 맞게 문단 ❶~❺의 차례를 정하여 ( ) 안에 쓰시오.
❶-❷-( )-( )-( )

3 글 나에서는 하루 세끼 가운데에서 아침밥이 가장 중요하다고 했다. (○, ×)

4 글 나에서 아침밥을 거르면 생길 수 있는 문제점으로 말하지 않은 것에 ×표 하시오.
① 수면을 방해한다. ( )
② 위염이 생길 수 있다. ( )
③ 빈혈이 생길 수 있다. ( )

낱말풀이

격언 인생에 대한 교훈 등을 간결하게 표현한 말.
원활하게 막힘 없이 매끄럽게. 예 외국인과 원활하게 의사소통이 되었다.
위산 위액 속에 들어 있는 산.
중화 산과 염기성 물질이 반응하여 각각의 성질을 잃게 됨.
위궤양 위 점막에 상처가 생기고 짓무르는 병.
소모된다 쓰여 없어진다.

➔ 바른답·알찬풀이 26쪽

주름에 빈혈까지 생겨 건강이 ㉮ 나빠진다.

아침밥을 먹으면 몸도 건강해지고 하루를 활기차게 시작할 수 있다. 우리 모두 아침밥을 거르지 말고 꼭 먹자.

01 글쓴이의 생각이 잘 드러나도록 글 가 의 제목을 알맞게 바꾼 것에 ○표 하시오.

(1) 고운 말을 사용하자 ( )
(2) 친구들과 사이좋게 지내자 ( )
(3) 소중한 문화유산을 잘 지키자 ( )

중요

02 문장의 표현을 살펴보았을 때, ㉠을 알맞게 고친 것은 무엇입니까? ( )

① 노력하자.
② 노력할 필요가 없다.
③ 노력을 해야 할까.
④ 무조건 노력해야 한다.
⑤ 노력해야 할지도 모른다.

지나치게 단정적인 표현이나 불확실한 표현은 사용하지 않는 것이 좋아요.

교과서 문제

03 ㉡에 들어갈 낱말로 알맞은 것을 골라 ○표 하시오.

편리한	지나친	원활한
( )	( )	( )

서술형

04 ㉢을 뒷받침 문장과 어울리게 고쳐 쓰시오.

____

05 ㉮~㉲ 중 교정 부호를 사용해 알맞게 고치지 못한 것은 무엇입니까? ( )

① ㉮: 불편해졌다 (진)
② ㉯: 오래지속되면
③ ㉰: 수분을 물을
④ ㉱: 푸석 푸석해지고
⑤ ㉲: 나빠진다 (졌)

독해로

교과서 쏙쏙 동물 실험에 관한 두 가지 자료

자료 1 ㉠

의약품 따위를 만드는 실험으로 전 세계에서 해마다 약 6억 마리의 동물이 희생되고 있다. 개발한 약품을 사람에게 바로 사용하지 않고 동물을 대상으로 먼저 실험해 보기 때문이다. 예를 들면 피부에 사용하는 약품을 개발할 때 토끼의 눈에 화학 물질을 넣어 부작용이 생기는지 확인한다. 토끼는 눈 깜빡임과 눈물이 적어 실험 결과를 오래 관찰할 수 있기 때문이다. 눈에 화학 물질이 들어간 토끼는 눈에서 피가 나기도 하고 심한 경우 눈이 멀기도 한다.

동물 실험을 반대하는 사람들이 늘어나고 있다. 사람과 동물의 몸은 차이가 크기 때문에 이러한 동물 실험은 소용이 없다고 주장한다. 실제로 동물 실험을 통과한 신약 후보 열 개 가운데 아홉 개는 사람에게 효과가 없거나 부작용을 일으킨다고 한다.

동물 실험을 다른 방법으로 **대체해야** 한다는 목소리도 높다. 한 국민 의식 조사에 따르면 동물 실험을 대체할 수 있도록 사회적 지원을 하는 데 응답자 대부분이 찬성했다. 특히 동물 실험을 대체하는 연구에 자신이 내는 세금을 사용할 수 있도록 하는 데 85퍼센트가 동의했다.

자료 2 ㉡

최근 미국 ○○대학교 연구진은 전 세계적으로 680여 명이 희생된 중동호흡기증후군[메르스]의 **백신**을 개발했다. 연구진이 동물 실험으로 그 효과를 확인하려고 백신을 원숭이에게 투여했다. 그리고 이 백신이 중동호흡기증후군[메르스]을 예방할 수 있다는 확신을 가졌다. 이렇게 동물 실험은 새로운 약 개발에 중요한 역할을 한다.

동물 실험도 하지 않고 개발한 약을 사람들에게 사용하면 부작용이 발생할 수 있다. 1937년에 한 제약 회사에서 술파닐아미드라는 약을 새롭게 개발했다. 그런데 동물 실험을 **거치지** 않고 사람들에게 이 약을 판매했다. 그 결과, 이 약을 **복용한** 많은 사람이 부작용으로 사망하는 불행한 일이 일어났다.

일부 사람들은 동물 실험을 당장 다른 방법으로 대체해야 한다고 주장한다. 그러나 대체 방법을 개발하는 데 6년 이상의 시간과 약 400억 원 이상의 비용이 필요하다. 이처럼 오랜 개발 기간과 막대한 비용 때문에 빠른 시일 안에 동물 실험을 대체하기는 어렵다.

읽기 팁

자료의 내용을 파악하고, 자료를 활용하여 자신의 주장을 정해 보세요. 그리고 자신이 쓴 글을 글, 문단, 문장, 낱말 수준에서 고쳐 쓰는 방법을 알아보세요.

독해로 이해 쿡

5 의약품 따위를 만드는 실험으로 해마다 약 6억 마리의 동물이 희생되고 있다. (○, ×)

6 동물 실험을 반대하는 사람들은 사람과 동물의 (뇌, 몸)은/는 차이가 크기 때문에 동물 실험은 소용 없다고 주장한다.

7 미국의 대학교 연구진은 중동호흡기증후군의 백신을 개발하기 위해 (원숭이, 토끼)를 실험에 이용했다.

8 ① (자료 1, 자료 2)은/는 동물 실험을 반대하는 입장이고, ② (자료 1, 자료 2)은/는 동물 실험을 해야 한다는 입장이다.

낱말풀이

대체해야 다른 것으로 대신해야.

백신 전염병에 대한 면역력을 기르기 위해 병의 균이나 독소를 이용하여 만든 약품.

거치지 어떤 과정이나 단계를 겪거나 밟지.

복용한 약을 먹은. 예 진료 전에 복용한 약을 알려 주세요.

➔ 바른답·알찬풀이 26쪽

중요

06 ㉠과 ㉡에 들어갈 자료의 제목으로 알맞은 것을 선으로 이으시오.

(1) ㉠ • • ㉮ 동물 실험을 없애도 괜찮을까

(2) ㉡ • • ㉯ 동물의 희생, 동물 실험을 반대한다

07 '자료 1'에서 알 수 있는 사실로 알맞지 않은 것은 무엇입니까? (　　　)

① 실험에는 수많은 동물이 사용된다.
② 동물 실험을 대체하려는 연구도 있다.
③ 실험 때문에 수많은 동물이 고통받고 희생된다.
④ 동물 실험을 대체하는 연구에 85퍼센트가 반대한다.
⑤ 동물 실험을 통과한 약도 사람에게 효과가 없거나 부작용을 일으킬 수 있다.

08 '자료 2'에서 동물 실험을 다른 방법으로 대체하기 어렵다고 한 까닭으로 알맞은 것에 ○표 하시오.

(1) 많은 시간과 비용이 든다. (　　　)
(2) 실험을 할 연구진이 부족하다. (　　　)
(3) 사람과 동물의 몸은 차이가 없다. (　　　)

서술형

09 동물 실험에 대한 자신의 주장을 정하고, '자료 1'과 '자료 2'를 활용해 근거와 뒷받침 자료를 정리하여 쓰시오.

(1) 주장: ______________________________

(2) 근거: ______________________________

(3) 뒷받침 자료: ______________________________

교과서 문제

10 자신이 쓴 글을 고쳐 쓸 때, 글 수준에서 점검할 내용은 무엇입니까? (　　　)

① 알맞은 낱말을 사용했는가?
② 문장 호응이 잘 이루어지는가?
③ 글의 목적에 맞는 내용을 썼는가?
④ 한 문단에 하나의 중심 생각만 있는가?
⑤ 분명하지 않거나 지나치게 단정적인 표현이 있는가?

7 글 고쳐 쓰기

맞힌 개수 개

01~05 다음 글을 읽고, 물음에 답하시오.

가 국립국어원 조사에 따르면 조사 대상 초등학생의 93퍼센트가 비속어를 사용한 적이 있다고 한다. 만약 학생 열 명이 ㉠있기 때문에 적어도 아홉 명은 비속어를 사용한 적이 있는 것이다. 비속어가 아닌 고운 말을 사용해야 하는 까닭은 무엇일까?

나 ㉮고운 말을 사용하면 서로 존중하는 마음을 전할 수 있다. ㉯흔히 말이 눈에 보이지 않는 마음임을 표현할 때 "말은 마음의 거울"이라는 격언을 사용한다. ㉰고운 말을 사용해야 하는 것은 어린이만이 아니다. ㉱존중하는 마음이 없다면 고운 말도 나오지 않는다.

다 고운 말을 사용하면 다른 사람과 원활하게 대화할 수 있다. 은어나 비속어는 원활한 대화를 어렵게 하고 오해를 불러일으킨다. 단순히 재미있으려고 은어나 비속어를 사용했다가 친구들끼리 싸움으로 이어지는 경우도 있고, 어른과 어린이의 일상적인 대화가 어려워지는 경우도 있다.

라 고운 말을 사용하는 것은 우리말을 지키는 것과 같다. 말은 우리 민족의 혼이 담긴 소중한 문화유산이다. 은어나 비속어를 사용한다면 그것이 우리 후손에게 그대로 전해질 것이다. 고운 말을 사용해 아름다운 우리말을 지켜야 한다.

마 ㉡고운 말은 다른 사람을 존중하는 마음을 전할 수 있게 하고, 다른 사람과 대화를 원활하게 할 수 있게 한다. 또 ㉢무조건 고운 말을 사용하는 것만이 우리말을 아름답게 가꾸고 지키는 일이다. 이제라도 고운 말을 사용하는 바른 언어 습관을 기르려고 노력하자.

01 글쓴이가 이 글을 쓴 목적은 무엇입니까? (　　　)

① 비속어의 문제점을 알려 주려고
② 문화유산을 지켜야 한다고 주장하려고
③ 고운 말을 사용해야 한다고 주장하려고
④ 다른 사람을 존중해야 한다고 주장하려고
⑤ 어른과 어린이 사이에 일상적인 대화가 어려움을 알려 주려고

중요

02 ㉠을 고쳐 쓴 것과 고친 까닭이 알맞게 짝지어진 것은 무엇입니까? (　　　)

	고쳐 쓴 것	고친 까닭
①	있다.	문장이 길어 두 문장으로 나누어야 하기 때문이다.
②	있다면	'만약'은 '~면'과 호응하는 말이기 때문이다.
③	있었다면	과거를 나타내는 말을 써야 하기 때문이다.
④	있기때문에	붙여 써야 하기 때문이다.
⑤	있을까?	단정하는 표현을 쓰지 않아야 하기 때문이다.

03 ㉮~㉱ 중 글 **나**에서 필요 없는 문장은 무엇인지 찾아 기호를 쓰시오.

(　　　　　　　　)

04 ㉡을 두 문장으로 나누어 다음과 같이 고치려고 합니다. 빈칸에 알맞은 이어 주는 말은 무엇입니까? (　　　)

> 고운 말은 다른 사람을 존중하는 마음을 전할 수 있게 한다. [　　　　] 다른 사람과 대화를 원활하게 할 수 있게 한다.

① 비록　② 한편　③ 그런데
④ 그리고　⑤ 그러나

서술형

05 ㉢에서 고칠 점을 설명하고, 바르게 고쳐 쓰시오.

(1) 고칠 점: ____________________

____

(2) 바른 표현: ____________________

06 다음 교정 부호와 쓰임을 알맞게 선으로 이으시오.

(1) ◡ • • ㉮ 띄어 쓸 때

(2) ℓ • • ㉯ 붙여 쓸 때

(3) V • • ㉰ 글자를 뺄 때

(4) ⌒ • • ㉱ 여러 글자를 고칠 때

07~11 다음 글을 읽고, 물음에 답하시오.

하루 세끼 가운데에서 가장 ㉠중요한것이 아침밥이다. 부모님께서는 건강하려면 아침밥을 먹어야 한다고 말씀하신다. 비록 한 끼라서 아침밥을 거르거나 대충 때우면 하루 온종일 열량과 영양소가 부족해 건강을 잃게 된다. 아침밥을 거르면 영양소가 부족해 몸도 마음도 힘들어진다. 그렇다면 아침밥을 먹어야 하는 까닭은 무엇일까?

아침밥은 장수의 필수 조건이다. 날마다 아침밥을 거르면 밤새 분비된 위산이 중화되지 않아 위가 ㉡불편해졌다. 이런 습관이 오래 지속되면 위염이나 위궤양으로 진행될 수 있다. 또 밤새 써 버린 수분을 보충하기 어렵고 체내에 저장해 두었던 영양소가 소모된다. 그래서 피부는 푸석푸석해지고 주름에 빈혈까지 생겨 건강이 나빠진다.

아침밥을 먹으면 몸도 건강해지고 하루를 활기차게 시작할 수 있다. 우리 모두 아침밥을 거르지 말고 꼭 먹자.

서술형

07 글쓴이가 이 글을 쓴 목적을 쓰시오.

____

____

08 아침밥을 거르면 생길 수 있는 일로 알맞지 않은 것은 무엇입니까? (　　　)

① 위가 불편해질 수 있다.
② 영양소가 소모되지 못해 체내에 쌓인다.
③ 영양소가 부족해 몸도 마음도 힘들어진다.
④ 열량과 영양소가 부족해 건강을 잃게 된다.
⑤ 습관이 되면 위염이나 위궤양이 생길 수 있다.

09 ㉠을 맞춤법에 맞게 고칠 때 사용해야 하는 교정 부호는 무엇입니까? (　　　)

① V　② ⌒　③ ○　④ ℓ　⑤ Y

중요

10 ㉡을 바르게 고친 것은 무엇입니까? (　　　)

① 불편할까?
② 불편해진다.
③ 불편하지 않다.
④ 불편할 수 없다.
⑤ 불편하기 때문일 것이다.

11 다음 문장에서 잘못된 곳을 두 군데 찾아 교정 부호를 사용해 알맞게 고치시오.

비록 한 끼라서 아침밥을 거르거나 대충 때우면 하루 온종일 열량과 영양소가 부족해 건강을 잃게 된다.

12~13 다음 글을 읽고, 물음에 답하시오.

의약품 따위를 만드는 실험으로 전 세계에서 해마다 약 6억 마리의 동물이 희생되고 있다. 개발한 약품을 사람에게 바로 사용하지 않고 동물을 대상으로 먼저 실험해 보기 때문이다. 예를 들면 피부에 사용하는 약품을 개발할 때 토끼의 눈에 화학 물질을 넣어 부작용이 생기는지 확인한다. 토끼는 눈 깜빡임과 눈물이 적어 실험 결과를 오래 관찰할 수 있기 때문이다. 눈에 화학 물질이 들어간 토끼는 눈에서 피가 나기도 하고 심한 경우 눈이 멀기도 한다.

동물 실험을 반대하는 사람들이 늘어나고 있다. 사람과 동물의 몸은 차이가 크기 때문에 이러한 동물 실험은 소용이 없다고 주장한다. 실제로 동물 실험을 통과한 신약 후보 열 개 가운데 아홉 개는 사람에게 효과가 없거나 부작용을 일으킨다고 한다.

동물 실험을 다른 방법으로 대체해야 한다는 목소리도 높다. 한 국민 의식 조사에 따르면 동물 실험을 대체할 수 있도록 사회적 지원을 하는 데 응답자 대부분이 찬성했다. 특히 동물 실험을 대체하는 연구에 자신이 내는 세금을 사용할 수 있도록 하는 데 85퍼센트가 동의했다.

12 이 글에 나타난 글쓴이의 주장으로 알맞은 것에 ○표 하시오.

(1) 동물 실험을 해야 한다. ( )

(2) 동물 실험을 해서는 안 된다. ( )

중요

13 이 글을 활용해 제시할 수 있는 근거로 알맞은 것을 모두 고르시오. ( )

① 인간의 생명이 더 소중하다.

② 동물의 생명도 똑같이 소중하다.

③ 대체 실험에 최소한의 세금을 써야 한다.

④ 동물 실험을 대신하는 대체 실험도 가능하다.

⑤ 동물과 사람에게 나타나는 반응이 똑같지 않다.

14~15 다음 글을 읽고, 물음에 답하시오.

최근 미국 ○○대학교 연구진은 전 세계적으로 680여 명이 희생된 중동호흡기증후군[메르스]의 백신을 개발했다. 연구진이 동물 실험으로 그 효과를 확인하려고 백신을 원숭이에게 투여했다. 그리고 이 백신이 중동호흡기증후군[메르스]을 예방할 수 있다는 확신을 가졌다. 이렇게 동물 실험은 새로운 약 개발에 중요한 역할을 한다.

동물 실험도 하지 않고 개발한 약을 사람들에게 사용하면 부작용이 발생할 수 있다. 1937년에 한 제약 회사에서 술파닐아미드라는 약을 새롭게 개발했다. 그런데 동물 실험을 거치지 않고 사람들에게 이 약을 판매했다. 그 결과, 이 약을 복용한 많은 사람이 부작용으로 사망하는 불행한 일이 일어났다.

일부 사람들은 동물 실험을 당장 다른 방법으로 대체해야 한다고 주장한다. 그러나 대체 방법을 개발하는 데 6년 이상의 시간과 약 400억 원 이상의 비용이 필요하다. 이처럼 오랜 개발 기간과 막대한 비용 때문에 빠른 시일 안에 동물 실험을 대체하기는 어렵다.

14 이 글에서 동물 실험에 대해 알 수 있는 내용이 아닌 것은 무엇입니까? ( )

① 새로운 약 개발에 중요한 역할을 한다.

② 중동호흡기증후군 백신 개발에 사용되었다.

③ 대체 방법을 개발하는 데 시간이 많이 든다.

④ 대체 방법을 개발하는 데 약 400억 원 이상의 비용이 든다.

⑤ 동물 실험을 거친 약을 사람들에게 사용하면 부작용이 발생할 수 있다.

서술형

15 이 글의 글쓴이의 주장을 쓰시오.

16~17 다음 글을 읽고, 물음에 답하시오. [미래엔 중 2-2] 3단원

콧구멍은 왜 두 개일까 김형자

코의 구조와 기능을 살펴보면서 콧구멍이 두 개인 까닭을 알아보자.

먼저 코의 구조를 살펴보자. 코는 크게 바깥 코와 코안으로 나뉜다. 바깥 코는 콧등, 콧부리, 코끝, 콧구멍, 콧방울로 이루어진다. 코안에는 안쪽 공간을 좌우로 나누는 코중격이 있고, 더 안쪽의 윗부분에 세 겹으로 된 선반 모양의 칸막이인 코 선반이 있다. 코 선반은 밖에서 들어온 공기를 체온과 비슷하게 만들어 온도와 습도를 조절한다. 코 선반의 위쪽에는 코 천장이 있는데 여기에 후각 세포가 모여 있다.

다음으로 코의 기능에 관해 알아보자. ㉠사람과 동물의 코는 호흡을 담당하는 신체 기관이다. 낙타는 효율적으로 숨을 쉬기 위해 콧구멍 크기가 크고, 모래바람을 막아 주기 위해 콧구멍을 닫을 수 있다는 점에서 사람과 다르다. 따라서 코는 숨을 쉬는 중요한 호흡 기관이다. 코로 숨을 쉴 때, 체온보다 낮은 공기가 몸 안으로 들어오기 때문에 숨을 쉬는 동안 콧구멍의 크기가 줄어든다. 그렇게 되면 숨쉬기가 어려울 텐데 실제로는 별다른 문제가 생기지 않는다. 왜냐하면 두 개의 콧구멍을 번갈아 가며 숨을 쉬기 때문이다. 많은 사람이 양쪽 콧구멍으로 동시에 숨을 쉬고 있다고 생각하지만 실제로는 콧구멍 한쪽씩 교대로 숨을 쉰다.

교대로: 어떤 일을 여럿이 나누어서 차례에 따라 맡아 해서

그리고 코는 냄새를 맡는 기능도 한다. 냄새를 맡는 후각 세포는 아주 예민해서 쉽게 피곤해진다. 지독한 냄새가 나는 공간에 들어가도 금방 그 냄새를 느끼지 못하는 까닭도 코안에 있는 후각 세포가 금세 마비되기 때문이다.

– 출처: 김형자, 『구멍에서 발견한 과학』, 갈리온, 2007.

어떻게 읽을까?

1. 글을 읽으며 글에서 설명하는 내용을 파악해 보세요.
2. 글 수준, 문단 수준, 문장과 낱말 수준에서 고쳐야 할 부분이 있는지 살펴보세요.

● 코의 구조

바깥 코	콧등, 콧부리, ①☐☐, 콧구멍, 콧방울
코안	②☐☐☐, 코 선반, 코 천장

● 코의 기능

- 코는 숨을 쉬는 중요한 ③☐☐ 기관이다.
- 코는 ④☐☐을/를 맡는 기능도 한다.

답 ① 코끝 ② 코중격 ③ 호흡 ④ 냄새

16 이 글에서 설명한 내용으로 알맞지 <u>않은</u> 것은 무엇입니까? (　　　)

① 코는 바깥 코와 코안으로 나뉜다.
② 코 천장에 후각 세포가 모여 있다.
③ 코 선반은 온도와 습도를 조절한다.
④ 숨을 쉬는 동안 콧구멍의 크기가 커진다.
⑤ 숨을 쉴 때 콧구멍 한쪽씩 교대로 숨을 쉰다.

단원 개념

17 ㉠을 고쳐 쓰는 방법으로 알맞은 것은 무엇입니까? (　　　)

① 결론 부분이므로 글의 끝으로 옮긴다.
② 글의 흐름에 맞게 앞 문단으로 옮긴다.
③ 주제에서 벗어난 내용이므로 삭제한다.
④ 중심 문장이므로 문단의 처음에 넣는다.
⑤ 어색한 문장이 없으므로 고칠 필요가 없다.

마무리 어휘 뚝딱

어휘 확인

1 다음 문장의 빈칸에 알맞은 낱말은 무엇인지 제시된 초성을 참고하여 쓰시오.

(1) 민수는 영어를 잘해서 외국인과 [ㅇ][ㅎ]하게 대화한다. (　　　　　　　)

(2) 아프고 열이 날 때에는 해열제를 [ㅂ][ㅇ]해야 한다. (　　　　　　　)

(3) 선수들은 계속된 연습으로 체력이 많이 [ㅅ][ㅁ]되었다. (　　　　　　　)

어휘 적용

2 밑줄 그은 낱말과 뜻이 비슷한 낱말을 찾아 선으로 이으시오.

(1) 노동자들은 자신의 권리를 지키기 위한 투쟁을 하였다. • 　　• ㉠ 큰

(2) 석유나 천연가스 등의 화석연료를 대체할 수 있는 새로운 에너지 개발이 필요하다. • 　　• ㉡ 싸움

(3) 환경오염으로 자연은 막대한 피해를 입고 있다. • 　　• ㉢ 대신

어법

3 보기를 보고 밑줄 그은 부분을 알맞게 띄어 쓴 것에 ○표 하시오.

보기
- 데 [의존 명사]
  [1] '곳'이나 '장소'의 뜻을 나타내는 말. 예 지금 가는 데가 어디인데?
  [2] '일'이나 '것'의 뜻을 나타내는 말. 예 그 책을 다 읽는 데 삼 일이 걸렸다.
  [3] '경우'의 뜻을 나타내는 말. 예 머리 아픈 데 먹는 약.
- –데 [어미] 과거 어느 때에 직접 경험하여 알게 된 사실을 현재의 말하는 장면에 그대로 옮겨 와서 말함을 나타내는 말. 예 5학년 교실에 가 보니 작년과 많이 다르데.

(1) 새로운 약을 개발하는데 십 년이 걸릴 수도 있다. (　　)

(2) 예전에 가 본 데가 어느 가게였는지 모르겠다. (　　)

(3) 걔가 며칠전이랑 많이 달라졌 데. (　　)

바른답·알찬풀이 28쪽

학습 확인

공부한 날
월
일

속담

4 다음 글과 그림을 보고, **글 속에도 글 있고 말 속에도 말 있다** 가 어울리는 상황으로 알맞은 것에 ○ 표 하시오.

글 속에도 글 있고 말 속에도 말 있다

표현된 글이나 말 속에는 표현되지 않은 더욱 다양하고 깊은 뜻이 담겨 있다는 말.

글이나 말에 사용하는 표현에서는 글을 쓴 사람, 말하는 사람의 성품을 느낄 수 있어요. 그래서 글을 쓰거나 말을 할 때에는 신중하게 생각하고 표현하는 습관을 들여야 해요.

(1) 온라인에 나쁜 댓글을 달고 있는 아이를 타이르는 상황 (　　)
(2) 탑 쌓기를 하고 있는데 동생이 지나가다 건드려 무너진 상황 (　　)
(3) 몸집이 큰 친구와 몸집이 작은 친구가 팔씨름을 했는데 몸집이 작은 친구가 이긴 상황 (　　)

8 작품으로 경험하기

무엇을 배울까요?

영화 감상문 쓰기

자신의 경험을 떠올리며 작품 감상하기

단원에 대한 공부 계획을 세우고, 공부한 내용을
얼마나 이해했는지 스스로 평가해 보세요.

	공부할 내용	스스로 평가
30회	그림으로 개념 탄탄 독해로 교과서 쏙쏙 ❶ • 「서로를 따뜻하게 감싸 안는 대한민국이 되자」	☆☆☆
31회	독해로 교과서 쏙쏙 ❷ • 「대상주 홍라」	☆☆☆
32회	단원 평가 독해로 생각 Up → 「우리 할머니는 외계인」 어휘 마무리 뚝딱 → 사자성어 〈칠전팔기〉	☆☆☆

★★★ 잘함. ★★ 보통임. ★ 아쉬움.

그림으로 개념 탄탄

Q 영화는 어떻게 감상해야 할까요?

영화 속 풍경과
영상 효과가 멋진걸!
주인공이 정말
씩씩하고 용감해!
나라면 저런
상황에서 어떻게
행동했을까?

A

- 영화 줄거리와 인물의 성격, 인물들의 관계 따위를 이해하며 감상해요.
- 영상의 특징과 화면 구도 등을 살피며 감상해요.

Q 영화 감상문은 어떻게 써야 할까요?

TICKET
감상문의 제목
영화 줄거리
자신의 경험
전체적인 느낌이나 주제
영화 속에서 특히
아름다웠던 장면이
무엇인지 쓸래.
나는 주인공
에게 편지를
쓰고 싶어.

A

- 감상문의 내용을 잘 드러내거나 읽는 사람의 관심을 끌 수 있는 제목을 써요.
- 영화를 보게 된 까닭, 영화의 내용이나 줄거리, 영화를 본 느낌과 감상을 써요.
- 영화 내용과 비슷한 자신의 경험, 다른 영화 등을 떠올려 함께 써요.
- 시나 만화, 일기, 영화 속 인물에게 쓰는 편지 등 다양한 형식으로 쓸 수 있어요.

자신의 경험을 떠올리며 작품을 감상하는 방법은 무엇일까요?

홍라는 장안을 떠나며 언젠가 자신의 상단을 이끌고 다시 오겠다고 다짐했다. 장안까지, 아니 세상의 끝까지 가 보고 싶었다. 그 누구의 발도 닿지 않은 새로운 길로 떠나고 싶었다.

그런 날이 생각보다 빨리 왔다. 생각했던 것과는 달리 너무도 초라한 출발이었다. 그러나 반드시 금씨 상단에 걸맞은 모습으로 돌아오리라. 홍라는 목에 건 소동인과 열쇠를 꼭 쥐었다. 쿵쿵쿵쿵. 힘차게 뛰는 심장 박동이 느껴졌다. 아버지와 어머니가 보내는 응원의 소리인지도 몰랐다.

새 학년이 되었을 때 떨리고 가슴이 두근거렸던 경험이 떠올라.

- 작품 속 인물이 겪는 일을 상상하며 읽고, 작품 속 내용과 비슷한 자신의 경험을 떠올려요.
- 작품 속 인상 깊은 장면과 자신의 경험을 비교해 보고, 이를 바탕으로 독서 감상문을 써요.
- 독서 감상문에는 작품을 읽게 된 동기, 줄거리, 비슷한 영화나 책의 내용을 비교한 내용 등도 쓸 수 있어요. 감상문의 제목은 소감을 잘 표현하는 문장이나 문구로 정해요.

확인 문제

다음 중 영화나 독서 감상문을 쓰는 방법으로 알맞은 것에 모두 ○표 하시오.

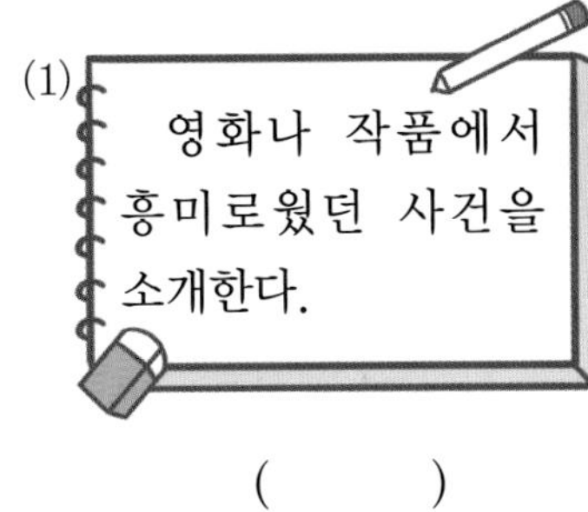

(1) 영화나 작품에서 흥미로웠던 사건을 소개한다. (   )

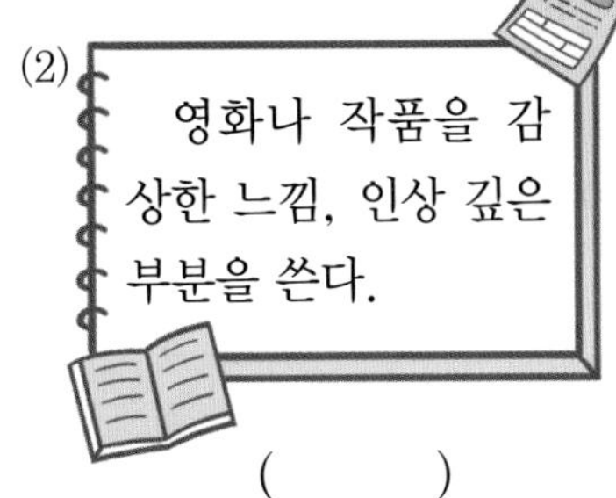

(2) 영화나 작품을 감상한 느낌, 인상 깊은 부분을 쓴다. (   )

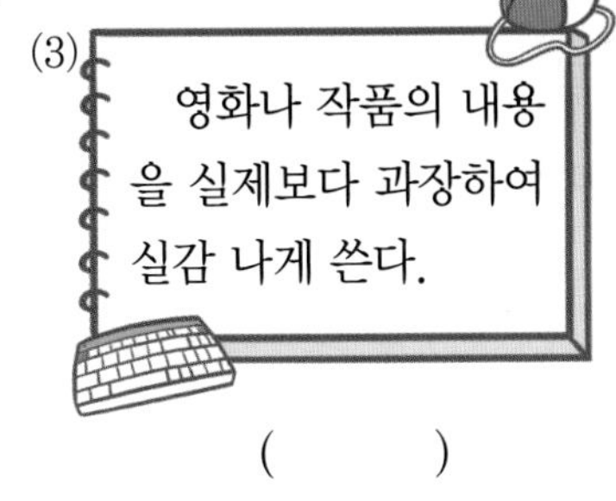

(3) 영화나 작품의 내용을 실제보다 과장하여 실감 나게 쓴다. (   )

답 (1) ○ (2) ○

서로를 따뜻하게 감싸 안는 대한민국이 되자

읽기 팁

영화 감상문을 쓸 때 들어갈 내용이 무엇인지 생각해 보면서 글을 읽어 보세요.

「피부 색깔=꿀색」이라는 영화를 보았다. 제목부터가 뭔가 전하고 싶은 이야기가 많은 영화라고 생각했다. 이 영화는 벨기에에 입양된 우리 동포 융이라는 사람이 어린 시절을 **회상**하며 이야기가 시작된다.

융은 다섯 살에 해외로 입양된다. 하지만 융은 벨기에의 가족과 자신의 피부색이 다르다는 사실과 한국에 친부모가 있을지도 모른다는 생각에 잘 적응하지 못하고 힘들어한다. 게다가 융의 가족은 한국에서 여자아이를 한 명 더 입양한다. 융은 한국에서 새로 입양된 여동생과 자신이 닮았다는 말을 듣기 싫어하며 동생과 가족을 멀리한다. 그리고 융은 학교에서 말썽을 일으키고 집에서 거짓말까지 하면서 점점 더 **엇나가는** 행동을 한다.

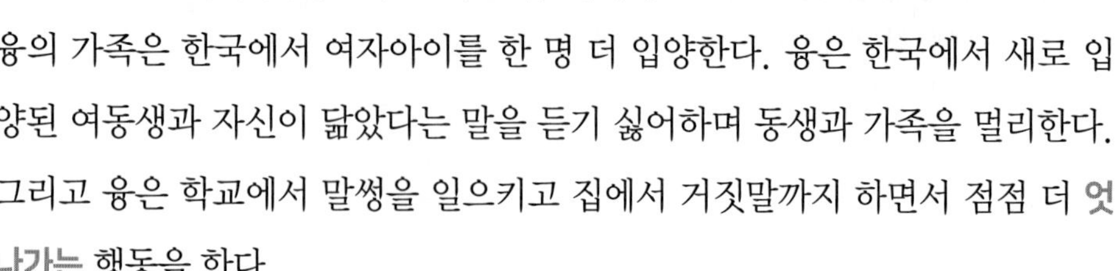

융의 장난만큼은 아니지만 나도 가끔은 친구나 동생에게 심한 장난을 한다. 하지만 융의 행동이 주위의 관심과 사랑을 받고 싶고 자신이 누구인지를 찾으려는 몸부림이라는 것을 알았을 때 마음이 많이 아팠다. 자신이 누구인지 알 수 없어 **방황하던** 융은 영화의 마지막에 이렇게 말한다. "엄마, 누가 내 고향을 물으면 여기도 되고 거기도 된다고 하세요." 나는 융의 말을 모두 이해할 수는 없지만 '꿀색'이라는 말이 따뜻하게 느껴졌다.

예전에 「국가 대표」라는 영화를 보았다. 그 영화에서 주인공은 엄마를 찾으려고 국가 대표가 되려고 했다. 해외 입양 문제는 우리나라의 아픈 역사를 보여 주는 한 부분이다.

이 영화를 보면서 나는 융이라는 사람에게 이런 말을 해 주고 싶었다. "비록 우리나라의 아픈 역사(6·25 전쟁) 때문에 벨기에에서 살지만 우리는 똑같은 한국인입니다."라고 말이다. 영화를 보는 내내 나는 입양된 사람들이 우리 역사에서 겪은 아픔을 생각했다. 본인의 의지와 상관없이 다른 나라에서 살아야 하는 사람들, 그리고 우리나라에 온 사람들까지. 나는 우리가 지금 서로를 따뜻하게 감싸 안아야 할 때라고 생각한다.

독해로 이해 콕

1. 영화 「피부 색깔=꿀색」에 나오는 주인공 이름은 무엇입니까? (   )
2. 영화에서 주인공은 벨기에의 가족과 자신의 (피부색, 성격)이 다르다는 사실에 힘들어한다.
3. 영화를 보고 글쓴이는 친구나 동생에게 심한 (   )을/를 했던 자신의 경험을 떠올렸다.
4. 영화를 보면서 글쓴이는 해외로 (이민을 떠난, 입양된) 사람들이 우리 역사에서 겪은 아픔을 생각했다.

낱말풀이

회상 지난 일을 돌이켜 생각함. 또는 그런 생각. 예 친구들과 이야기를 나누며 지난날을 회상하였다.

엇나가는 말이나 행동이 바르지 않거나 비뚤게 나가는.

방황하던 분명한 방향이나 목표를 정하지 못하고 갈팡질팡하던.

01 글쓴이가 본 영화의 제목은 무엇인지 쓰시오.

( )

02 글쓴이가 본 영화의 내용으로 알맞지 않은 것은 무엇입니까? ( )

① 주인공 융은 다섯 살에 벨기에로 입양된다.
② 융이 어린 시절을 회상하며 이야기가 시작된다.
③ 융의 가족은 한국에서 여자아이를 한 명 더 입양한다.
④ 융은 학교에서 말썽을 일으키고 엇나가는 행동을 한다.
⑤ 융은 한국에 있는 친부모를 그리워하며 한국에 가고 싶어 한다.

교과서 문제

03 이 영화 감상문을 읽고 바르게 평가한 친구의 이름을 쓰시오.

피부색이 다른 외국인과 있었던 자신의 경험을 바탕으로 피부색으로 차별받는 사람들의 마음을 잘 표현하였어.

우리나라의 아픈 역사 때문에 해외에 입양된 사람들의 마음을 잘 공감할 수 있게 표현하였어.

( )

중요

04 이 영화 감상문에 들어 있는 내용으로 알맞지 않은 것은 무엇입니까? ( )

① 영화 줄거리
② 영화에서 영상의 특성
③ 영화에서 인상 깊은 내용
④ 영화를 보며 떠오른 다른 영화
⑤ 영화 속 내용과 비슷한 자신의 경험

영화 감상문을 읽으면서 각 문단에 어떤 내용을 썼는지 살펴봐요.

서술형

05 영화 감상문의 제목을 정할 때 고려해야 할 점을 한 가지 쓰시오.

독해로 교과서 쏙쏙

대상주 홍라 이현

●앞부분 이야기

열세 살인 홍라는 금씨 상단(큰 상단의 우두머리.) 대상주의 딸이다. 대상주인 어머니를 따라 일본으로 교역을 갔다가 바다에서 풍랑을 만난다. 그래서 홍라는 어머니와 헤어지고 겨우 살아남아 집으로 돌아온다. 상단으로 돌아온 홍라에게 남은 건 교역의 실패로 생긴 엄청난 빚뿐이다. 홍라는 아무것도 할 수 없다고 생각한다. 그러다가 위급할 때 열어 보라고 어머니께서 주신 묘원의 열쇠를 기억한다. 묘원에는 숨겨 둔 소그드(옛날 이란 사람들을 말함.)의 은화가 있었다. 이제 홍라는 솔빈(발해의 옛 땅. 지금의 러시아 연해주 부근.)으로 가서 그 은화를 바꾸어 이문을 남길 수 있는 교역을 하려고 한다.

1 홍라는 탁자 위에 지도를 펼쳤다. 오래된 가죽 냄새를 맡으니 어머니에 대한 그리움이 밀려들었다. 어머니는 지도를 펼치는 것으로 하루를 시작했다. 어머니의 손길로 반들반들해진 지도였다. 지도에 새겨진 길을 손끝으로 더듬자 어머니의 목소리가 들려오는 것 같았다.

보아라, 길이다. 세상 모든 곳으로 통하는 길이다.

돈피 지도의 윗부분에는 금씨 상단이라는 네 글자와 목단꽃 그림이 새겨져 있었다. 그 아래에는 발해에서 사방으로 뻗어 나가는 교역로가 있었다.

상경(발해의 수도.)에서 동경(발해의 도시 이름.)을 거쳐 뱃길로 가는 일본도, 상경에서 서쪽으로 곧장 뻗어 나가는 거란도, 상경에서 동경을 거쳐 해안을 따라 남하하는 신라도, 그리고 상경에서 출발하여 서경을 지나 압록강 하구의 박작구(발해의 항구 이름.)에서 배를 타고 등주를 거쳐 장안으로 가는 압록도, 상경에서 거란의 영주를 거쳐 육로를 통해 장안으로 가는 영주도가 있었다.

상경성에서 북상한 다음 서쪽으로 사마르칸트(우즈베키스탄의 도시 이름.)까지 가는 길은 담비(족제빗과의 하나.)의 길이라고 했다. 서역 상인들이 초피를 사러 오는 길이라서 그렇게 부르는 것이다. 솔빈도 그 담비의 길 위에 있었다.

홍라는 소그드의 은화를 가만히 들여다보았다. 그러다 다시 지도로 눈길을 돌렸다.

솔빈으로 가서 은화를 팔고……. 그래! 솔빈의 말을 사자!

솔빈의 말은 당나라까지 널리 알려진 명마다. 솔빈의 말을 장안으로 가져가면 비싼 값에 팔 수 있다. 그리고 장안에서 비단을 싸게 사서 온다면……. 가만히 앉아 있으면 묘원의 은화는 비단 오백 필 값. 그러나 길을 나선다면(교역을 하러 간다면) 천 필, 아니 이천 필 값이 될 수 있다.

가자. 교역을 하러 가자. 어머니가 돌아오기 전에 빚을 갚는 거야. 상단을 지키는 거야. 대상주 금기옥의 딸답게.

읽기 팁

홍라가 겪는 일을 상상해 보고, 그와 비슷한 경험이 있는지 떠올리며 글을 읽어 보세요.

5 홍라는 어머니를 따라 일본으로 (교역, 여행)을 갔다가 바다에서 풍랑을 만나 어머니와 헤어졌다.

6 묘원에는 홍라의 어머니가 위급할 때 쓰라고 숨겨 둔 소그드의 (   )이/가 있었다.

7 홍라가 펼친 지도에는 (일본, 발해)에서 사방으로 뻗어 나가는 교역로가 있었다.

8 상경성에서 북상한 다음 서쪽으로 사마르칸트까지 가는 길은 (담비, 초피)의 길이라고 했다.

낱말풀이

- 상단 물건을 사고팔기 위해 만든 상인들의 단체.
- 교역 주로 나라와 나라 사이에서 물건을 사고팔고 하여 서로 바꿈.
- 풍랑 강한 바람으로 바닷물의 표면이 거칠어지고 높아져 일어나는 뾰족한 삼각형 모양의 물결.
- 묘원 공원처럼 꾸며 놓은 공동묘지.
- 이문 이익으로 남은 돈. 예 작은 가게지만 이문이 제법 쏠쏠하다.
- 돈피 돼지가죽.
- 서역 중국의 서쪽에 있던 중앙아시아, 서부아시아, 인도 지역의 여러 나라를 통틀어 부르는 말.
- 초피 담비 종류 동물의 털가죽을 통틀어 이르는 말.
- 명마 매우 우수한 말.

➔ 바른답·알찬풀이 29쪽

홍라는 눈물을 닦았다. 언제부터인가 울고 있었던 것이다. 하지만 이제는 울지 않을 생각이었다. 상단을 이끌고 교역을 떠나야 했다. 상단을 지켜야 했다.

중심 내용 홍라는 어머니가 숨겨 두신 은화로 빚을 갚기 위해 교역을 하러 가기로 마음먹었다.

중요

06 이 글에서 이야기는 어떻게 시작합니까? (　　　　)

① 홍라가 솔빈으로 가서 엄청난 빚을 진 것으로 시작한다.
② 홍라가 어머니와 함께 소그드와 교역할 준비를 하며 시작한다.
③ 홍라가 교역에 필요한 은화를 모으려고 일을 하는 것으로 시작한다.
④ 홍라가 어머니의 말씀을 떠올리고 교역을 떠나기로 다짐하며 시작한다.
⑤ 홍라가 아무것도 할 수 없다고 생각하며 집에서 울고만 있는 것으로 시작한다.

홍라는 은화를 가지고 무엇을 하기로 마음먹었나요?

서술형

07 홍라가 지도를 보며 어머니를 그리워한 까닭은 무엇인지 쓰시오.

____

08 홍라가 소그드의 은화를 가지고 지도를 보며 계획한 것은 무엇인지 빈칸에 알맞은 말을 쓰시오.

> 솔빈으로 가서 은화를 팔아 솔빈의 (1) (　　　　　)을/를 사서 그것을 장안으로 가져가 비싼 값에 판다. 그리고 장안에서 (2) (　　　　　)을/를 싸게 사서 온다.

교과서 문제

09 홍라가 교역을 하러 가기로 결심한 까닭으로 알맞은 것을 두 가지 고르시오. (　　　　)

① 상단을 지키기 위해서
② 어머니를 찾으러 가기 위해서
③ 서역 상인들을 만나 초피를 사기 위해서
④ 어머니가 돌아오기 전에 빚을 갚기 위해서
⑤ 어머니보다 교역을 더 잘 할 수 있을 것 같아서

2 따로 상단의 일을 배운 적은 없지만, 상단의 딸이다. 나면서부터 교역에 대해 보고 들었다. 어떻게 해야 하는지 알 수 있었다.

"친샤!"

홍라가 부르자 곧 친샤가 검으로 마루를 툭툭 쳐서 **기척**을 보냈다. 홍라는 밖으로 나갔다.

"월보는 떠났어?"

상단의 믿음직한 일꾼들은 지난 풍랑으로 거의 잃었다. 상단에 남아 있던 일꾼들은 대상주를 찾기 위해 동경에 가 있었다. 그러고도 남아 있는 일꾼들은 나이가 많거나 혹은 너무 어렸다. 그렇다고 표 나게 사람을 모을 수는 없었다. 빚쟁이들의 **눈총**이 무서웠다.

다행히 친샤가 고개 저으며 바깥채를 가리켰다. 월보는 아직 금씨 상단에 머무르고 있는 모양이다. 그리고 친샤는 다시 바깥채를 가리키며 손가락을 하나 더 폈다. 월보 말고 또 다른 누군가가 있다는 뜻이다.

곧 친샤가 월보와 어느 소년을 데리고 왔다.

홍라는 소년을 보고서 미간을 찌푸리며 기억을 더듬었다. 분명 낯익은 얼굴인데, 누구인지 잘 기억나지 않았다.

월보가 소년을 소개했다.

"아가씨, 비녕자이옵니다. 동경의 해안에서 우리를 구해 주었던……."

"아!"

홍라는 그제야 기억이 났다. 비녕자. 말값으로 금가락지를 주고 떠나며 금씨 상단으로 찾아오라 했다. 목숨 구해 준 값도 **후하게** 치르겠다고 약속했다.

"그런데 우리가 떠나고 얼마 되지 않아 비녕자의 아비와 어미가 그만 세상을 버렸다고 합니다. 작은 고깃배를 타고 바다에 나갔다가 풍랑에 휩쓸려서 그만……. 그래서 금씨 상단에 의지하고 지낼 수 있을까 해서 왔다고 합니다."

언제든 찾아오라고 큰소리쳤다. 더구나 지금은 한 사람이 아쉬운 상황이었다. 비녕자는 소리 소문 없이 데려가기에 적당한 일꾼이었다. 망설일 이유가 없었다.

"장안으로 교역을 나설 거야. 월보, 비녕자, 같이 갈 수 있지?"

선심 쓰는 듯 말했지만, 속으로 좀 걱정이 되었다. 월보에게도 아직 **품삯**을 주지 못했다. 상단이 망해 간다는 소문이 **파다한데**, 월보가 따라나서 줄지 걱정이었다. 비녕자의 불만에 찬 표정도 마음에 걸렸다.

9 월보는 대상주를 찾기 위해 동경으로 떠났다. (◯, ✕)

10 홍라는 (빚쟁이들, 일꾼들)의 눈총이 무서워 표 나게 사람을 모을 수 없었다.

11 친샤가 데리고 온 소년의 이름은 무엇입니까? (   )

12 홍라는 월보와 비녕자에게 (장안, 동경)으로 교역을 같이 가자고 말하였다.

13 홍라의 제안을 들은 비녕자는 (불만에 찬, 기대에 찬) 표정이었다.

낱말풀이

기척 누가 있는 것을 짐작하게 하는 소리나 표시. 예 동생이 기척도 없이 들어와서 깜짝 놀랐다.

눈총 싫거나 미워서 날카롭게 노려보는 눈길.

후하게 마음 씀씀이나 태도가 너그럽게.

선심 남에게 베푸는 후한 마음.

품삯 일한 대가로 주거나 받는 돈이나 물건.

파다한데 소문 따위가 널리 퍼져 있는데.

10 홍라가 교역을 하는 법을 알 수 있었던 까닭은 무엇인지 알맞은 기호를 쓰시오.

> ㉮ 대상주인 어머니에게 따로 상단의 일을 배웠기 때문에
> ㉯ 상단의 딸로 나면서부터 교역에 대해 보고 들었기 때문에

(　　　　　　　　　　)

중요

11 홍라가 함께 교역을 하러 떠날 일꾼을 모으기 힘들었던 까닭은 무엇입니까? (　　　)

홍라가 있는 상단이 처한 상황은 어떠한가요?

① 대상주가 동경에서 아직 오지 않아서
② 일꾼들이 모두 빚쟁이로 바뀌어 무서워서
③ 일꾼들이 어린 홍라를 무시하고 말을 잘 듣지 않아서
④ 지난 풍랑으로 상단의 믿음직한 일꾼들을 거의 잃어서
⑤ 홍라를 믿어 주는 일꾼들이 아무도 남지 않고 모두 떠나서

교과서 문제

12 홍라는 비녕자를 어떻게 알게 되었습니까? (　　　)

월보가 비녕자를 소개하는 말을 살펴보세요.

① 비녕자가 월보의 친구여서
② 친샤가 동경에서 데리고 와서
③ 홍라가 비녕자의 물건을 사게 되어서
④ 동경의 해안에서 비녕자가 홍라를 구해 주어서
⑤ 홍라의 어머니가 비녕자의 목숨을 구해 주어서

13 비녕자가 금씨 상단을 찾아온 까닭은 무엇입니까? (　　　)

① 홍라에게 말값을 받으려고
② 홍라와 함께 교역을 떠나려고
③ 금씨 상단에 의지하고 지내려고
④ 홍라에게 금가락지를 돌려주려고
⑤ 비녕자의 아버지와 어머니를 찾으려고

14 홍라가 월보에게 장안으로 교역을 같이 가자고 말하면서 속으로 걱정한 까닭은 무엇인지 쓰시오.

____

하지만 월보는 **반색해** 주었다.

"자, 장안이라고요? 네! 네, 갈게요. 가겠습니다!"

비녕자는 여전히 **뚱한** 얼굴이지만 그래도 고개를 끄덕였다.

반가워서 손이라도 잡아 주고 싶었다. 하지만 대상주답게 굴어야 했다.

홍라는 애써 엄한 표정을 지었다.

"**수선** 피우지 마. 요란하게 떠날 입장이 아니야. 그러니 출발할 때까지 입조심해. 교역에 성공하면 둘 다 크게 한몫 챙겨 줄게."

중심 내용 홍라는 교역을 하러 떠나기 위해 조용히 일꾼을 모았다.

3 그렇게 교역을 떠날 상단이 꾸려졌다. 대상주의 자격으로 상단을 이끄는 홍라, 무사 친샤, 천문생 월보, 일꾼 비녕자. 초라하기 그지없지만, 중요한 임무를 띠고 있었다. 금씨 상단을 지키기 위한 마지막 기회인지도 몰랐다.

천문생: 천문학을 전문으로 하는 사람.

이틀 동안 길 떠날 준비를 했다. 준비랄 것도 없었다. 집안 일꾼들 모르게 몇 가지를 챙기는 게 전부였다. 창고 점검을 한다는 핑계로 말린 고기며 곡식 가루를 좀 챙겼다. **노숙**을 해야 할지도 모르니 음식을 조리할 도구도 필요했다. 집에 있는 걸 가져가려니 일꾼들이 알아챌까 걱정스러웠다. 결국 친샤가 시장에서 몇 가지를 사 왔다. 그리고 돈피도 몇 장 챙겼다.

말은 모두 다섯 마리를 준비했다. 홍라와 친샤의 말에 월보와 비녕자가 탈 말도 필요했다. 짐 실을 말도 한 마리 있어야 했다.

홍라는 하인들에게 말을 팔 거라는 핑계를 대고 세 마리를 미리 빼돌렸다. 출발하는 날 아침에 조용히 집을 나서려고 미리 준비해 둔 것이다.

월보가 말들을 성문 근처의 **객줏집**에 맡겨 두었다. 홍라의 말 하늬와 친샤의 말은, 팔 거라는 핑계를 댈 수 없으니 그냥 집에 두었다.

홍라는 월보를 **은밀히** 불렀다.

"내일 새벽, 성문을 여는 북소리가 울릴 때 만나자. 말을 맡겨 둔 객줏집에서."

비녕자와 월보는 그 객줏집에서 밤을 보내기로 했다.

모든 준비를 마친 뒤, 홍라는 방으로 들어왔다. 탁자 앞에 앉아 옥상자를 열었다. 어머니가 남겨 준 열쇠, 그리고 아버지의 선물인 소동인이 있었다.

소동인: 엄지손가락만 한 크기의 청동 인형.

홍라는 소동인과 열쇠 두 개를 가죽끈에 꿰어 목에 걸었다. 이제 먼 길을 가는 내내 어머니, 아버지가 함께해 줄 것이다.

14 (월보, 하인들)은/는 홍라와 함께 장안으로 가겠다고 하였다.

15 홍라는 비녕자가 함께 간다고 하자 수선을 피우며 좋아하였다. (○, ×)

16 교역을 떠날 상단이 꾸려진 후 홍라는 집안 일꾼들과 함께 길 떠날 준비를 했다. (○, ×)

17 홍라는 길 떠날 준비를 하기 위해 말 다섯 마리를 모두 팔았다. (○, ×)

18 홍라는 아버지의 선물인 (소동인, 옥상자)와/과 어머니의 선물인 열쇠 두 개를 가죽끈에 꿰어 목에 걸었다.

낱말풀이

반색해 매우 반가운 마음을 얼굴에 드러내.

뚱한 못마땅하여 시무룩한. 예 집에 오니 누나는 뭐가 불만인지 뚱한 얼굴로 앉아 있었다.

수선 정신을 어지럽게 만드는 시끄럽고 어수선한 말이나 행동. 예 나는 친구를 만날 생각에 아침부터 수선을 피웠다.

노숙 길 등 집 밖에서 잠을 잠.

객줏집 예전에 길 가는 나그네들에게 술이나 음식을 팔고 손님을 재우는 장사를 하던 집.

은밀히 숨어 있어서 겉으로 드러나지 아니하게.

교과서 문제

15 월보와 비녕자가 장안에 함께 가겠다고 했을 때 홍라가 애써 엄한 표정을 지은 까닭은 무엇입니까? (　　　)

① 아직 다른 일꾼들을 구하지 못해서
② 교역에 성공하지 못할까 봐 불안하여서
③ 다른 일꾼들이 알아챌까 봐 걱정되어서
④ 월보와 비녕자가 다시 말을 바꿀까 봐 걱정되어서
⑤ 속으로는 좋았지만 대상주로서의 위엄을 갖추기 위해서

16 이 글의 등장인물에 대해 알맞게 설명한 친구의 이름을 쓰시오.

홍라는 대상주의 자격으로 장안으로 가는 상단을 이끌고 있어.

민호

비녕자는 빨리 장안에 가고 싶어서 미리 객줏집에서 밤을 보냈어.

인혜

(　　　　　　　　)

17 홍라가 교역을 준비하기 위해 한 일이 아닌 것은 무엇입니까? (　　　)

① 창고 점검을 하였다.
② 돈피를 몇 장 챙겼다.
③ 음식을 조리할 도구를 샀다.
④ 말 다섯 마리를 준비하였다.
⑤ 말린 고기와 곡식 가루를 챙겼다.

중요

18 홍라가 몰래 길 떠날 준비를 하는 장면에서 느껴지는 분위기는 어떠합니까? (　　　)

① 쓸쓸하다.
② 답답하다.
③ 어수선하다.
④ 우스꽝스럽다.
⑤ 긴장감이 돈다.

홍라는 빚쟁이들의 눈총이 무서웠기 때문에 교역을 몰래 준비하였어요.

서술형

19 이 글에서 인상 깊은 장면과 그렇게 생각하는 까닭을 쓰시오.

드디어 떠난다. 홍라의 가슴이 세차게 **고동쳤다**. 대상주가 되어 교역을 떠난다. 빚을 갚고 상단을 구할 것이다. 걱정거리가 없지 않지만, 다 이겨 낼 수 있을 것만 같았다. 이겨 내야만 했다. / 홍라가 어머니를 따라 먼 교역길에 나서 본 게 세 번이었다. 신라, 일본, 그리고 당나라의 장안이었다.

서라벌에 갔던 건 너무 어려서라 기억에 남아 있는 게 없었다. 다만 그때 어머니가 사 준 신라 **모전**이 아직도 홍라 **침상**에 깔려 있었다. 그리고 이번에 일본에 다녀왔고, 이 년 전에는 장안에 간 적이 있었다.

장안. 당나라 황제의 대명궁이 있는 장안은 인구 백 만이 넘는 대도시로 비단처럼 화려한 빛깔로 눈부셨다. 푸른 하늘로 날아오를 듯 **맵시** 있는 기와지붕들이 물결치며 이어졌고, 밤이면 색색의 등불이 별빛보다 더 아름답게 반짝였다. 온갖 나라의 사람들이 저마다의 멋을 뽐내며 거리거리를 수놓았다. 동방의 상인들이 장사하는 동부 시장도 그랬지만, 서역 상인들의 서부 시장은 더욱 **경이로웠다**. 소그드 상인은 물론이고 페르시아나 로마에서 온 상인들도 **진귀한** 물건을 내놓고 팔았다. 장안은 세계적인 교역 도시였다.

홍라는 장안을 떠나며 언젠가 자신의 상단을 이끌고 다시 오겠다고 다짐했다. 장안까지, 아니 세상의 끝까지 가 보고 싶었다. 그 누구의 발도 닿지 않은 새로운 길로 떠나고 싶었다.

그런 날이 생각보다 빨리 왔다. 생각했던 것과는 달리 너무도 초라한 출발이었다. 그러나 반드시 금씨 상단에 **걸맞은** 모습으로 돌아오리라. 홍라는 목에 건 소동인과 열쇠를 꼭 쥐었다. 쿵쿵쿵쿵. 힘차게 뛰는 심장 박동이 느껴졌다. 아버지와 어머니가 보내는 응원의 소리인지도 몰랐다.

중심 내용 교역을 떠날 상단을 꾸린 홍라는 반드시 금씨 상단에 걸맞은 모습으로 돌아올 것을 다짐하였다.

이미지로 보는 사전

#발해 #무역길

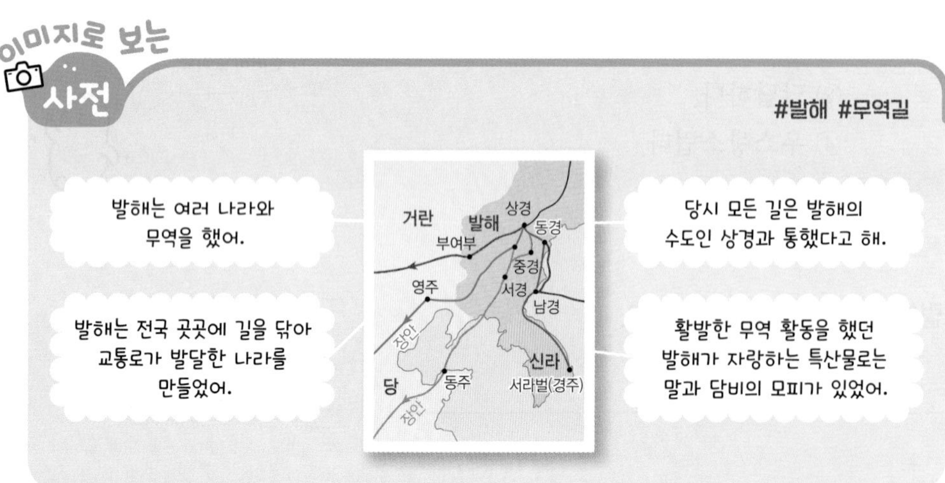

발해는 여러 나라와 무역을 했어.
발해는 전국 곳곳에 길을 닦아 교통로가 발달한 나라를 만들었어.
거란
발해
상경
동경
부여부
중경
서경
영주
남경
장안
신라
당
동주
서라벌(경주)
장안
당시 모든 길은 발해의 수도인 상경과 통했다고 해.
활발한 무역 활동을 했던 발해가 자랑하는 특산물로는 말과 담비의 모피가 있었어.

독해로 이해 콕

19 홍라는 교역을 하러 떠나는 길에 걱정거리가 하나도 없었다. (○, ×)

20 홍라가 지금까지 교역을 가 본 곳을 모두 고르시오. (   )
① 신라 ② 일본
③ 장안 ④ 로마
⑤ 페르시아

21 당나라 황제의 대명궁이 있는 대도시 (   )은/는 세계적인 교역 도시였다.

22 서부 시장에서 장사하는 상인이 아닌 사람에게 ×표 하시오.
① 소그드 상인 (   )
② 동방의 상인 (   )
③ 페르시아 상인 (   )

낱말풀이

고동쳤다 심장이 심하게 뛰었다. 예 발표를 앞두고 가슴이 심하게 고동쳤다.

모전 짐승의 털로 색을 맞추고 무늬를 놓아 두툼하게 짠 부드러운 요.

침상 누워서 잘 수 있도록 만든 가구.

맵시 아름답고 보기 좋은 모양새. 예 친구들 중에 맵시 있는 옷차림을 한 하리가 눈에 띄었다.

경이로웠다 놀랍고 신기했다.

진귀한 보배롭고 보기 드물게 귀한.

걸맞은 (어떤 대상이 다른 대상에) 어울리게 알맞은.

바른답·알찬풀이 29쪽

20 장안으로 길을 떠날 때 홍라의 마음은 어떠하였는지 알맞은 기호를 쓰시오.

> ㉮ 긴장되고 걱정이 되어 떠나는 것을 포기하고 싶었다.
> ㉯ 불안하지만 뭔가 희망이 보이는 듯한 느낌이 들었다.

( )

교과서 문제

21 홍라가 본 장안의 모습으로 알맞지 않은 것은 무엇입니까? ( )

① 비단처럼 화려한 빛깔로 눈부셨다.
② 맵시 있는 기와지붕들이 물결치며 이어졌다.
③ 밤이면 색색의 등불이 별빛보다 더 아름답게 반짝였다.
④ 온갖 나라의 사람들이 저마다의 멋을 뽐내며 거리를 수놓았다.
⑤ 서부 시장에 비해 동부 시장은 더 화려하고 진귀한 물건이 많았다.

22 이 글에서 알 수 있는 홍라의 성격은 어떠합니까? ( )

① 사치스럽다.
② 질투심이 강하다.
③ 용기 있고 씩씩하다.
④ 게으르고 지저분하다.
⑤ 소극적이고 조용하다.

중요

23 이 글의 제목에서 홍라를 '대상주'라고 부른 까닭을 알맞게 말한 친구의 이름을 쓰시오.

> 지율: 어머니를 대신해서 상단을 살리려고 교역을 떠나기 때문에 대상주라고 한 것 같아.
> 강우: 어머니가 가지 못했던 장안으로 교역을 떠나기 때문에 대상주라고 한 것 같아.

'대상주'는 큰 상단의 우두머리를 뜻하는 말이에요.

( )

서술형

24 이 글의 내용과 비슷한 자신의 경험을 떠올려 쓰시오.

____

8 작품으로 경험하기

맞힌 개수 개

01~05 다음 글을 읽고, 물음에 답하시오.

가 「피부 색깔=꿀색」이라는 영화를 보았다. 제목부터가 뭔가 전하고 싶은 이야기가 많은 영화라고 생각했다. 이 영화는 벨기에에 입양된 우리 동포 융이라는 사람이 어린 시절을 회상하며 이야기가 시작된다.

나 융은 다섯 살에 해외로 입양된다. 하지만 융은 벨기에의 가족과 자신의 피부색이 다르다는 사실과 한국에 친부모가 있을지도 모른다는 생각에 잘 적응하지 못하고 힘들어한다. 게다가 융의 가족은 한국에서 여자아이를 한 명 더 입양한다. 융은 한국에서 새로 입양된 여동생과 자신이 닮았다는 말을 듣기 싫어하며 동생과 가족을 멀리한다. 그리고 융은 학교에서 말썽을 일으키고 집에서 거짓말까지 하면서 점점 더 엇나가는 행동을 한다.

다 융의 장난만큼은 아니지만 나도 가끔은 친구나 동생에게 심한 장난을 한다. 하지만 융의 행동이 주위의 관심과 사랑을 받고 싶고 자신이 누구인지를 찾으려는 몸부림이라는 것을 알았을 때 마음이 많이 아팠다. 자신이 누구인지 알 수 없어 방황하던 융은 영화의 마지막에 이렇게 말한다. "엄마, 누가 내 고향을 물으면 여기도 되고 거기도 된다고 하세요." 나는 융의 말을 모두 이해할 수는 없지만 '꿀색'이라는 말이 따뜻하게 느껴졌다.

라 예전에 「국가 대표」라는 영화를 보았다. 그 영화에서 주인공은 엄마를 찾으려고 국가 대표가 되려고 했다. 해외 입양 문제는 우리나라의 아픈 역사를 보여 주는 한 부분이다.

마 이 영화를 보면서 나는 융이라는 사람에게 이런 말을 해 주고 싶었다. "비록 우리나라의 아픈 역사 때문에 벨기에에서 살지만 우리는 똑같은 한국인입니다."라고 말이다. 영화를 보는 내내 나는 입양된 사람들이 우리 역사에서 겪은 아픔을 생각했다. 본인의 의지와 상관없이 다른 나라에서 살아야 하는 사람들, 그리고 우리나라에 온 사람들까지. 나는 우리가 지금 서로를 따뜻하게 감싸 안아야 할 때라고 생각한다.

01 글 가의 영화 주인공에 대한 설명으로 맞으면 ○표, 틀리면 ×표 하시오.

(1) 벨기에에서 태어났다. (　　)
(2) 어린 시절을 회상하고 있다. (　　)

중요
02 글 나의 내용은 무엇입니까? (　　)

① 영화의 주제　② 영상의 특성
③ 느낌과 감상　④ 영화의 줄거리
⑤ 비슷한 다른 영화

서술형
03 글쓴이가 영화를 보며 떠올린 자신의 경험은 무엇인지 쓰시오.

04 글쓴이가 영화 속 주인공을 보고 느낀 마음으로 알맞은 것은 무엇입니까? (　　)

① 주인공에게 미안하였다.
② 주인공을 끝까지 이해할 수 없었다.
③ 주인공의 행동이 철이 없다고 느꼈다.
④ 주인공처럼 마음대로 살아보고 싶었다.
⑤ 주인공의 행동을 이해하고 마음이 아팠다.

05 글쓴이가 영화를 보면서 예전에 보았던 영화 「국가 대표」를 떠올린 까닭은 무엇입니까? (　　)

① 둘 다 주인공이 같은 배우여서
② 둘 다 벨기에가 배경인 영화여서
③ 둘 다 외국인이 주인공인 영화여서
④ 둘 다 역사 시간에 들어 본 영화여서
⑤ 둘 다 해외 입양 문제를 다룬 영화여서

06 영화 감상문을 쓰는 방법으로 알맞지 않은 것은 무엇입니까? (   )

① 영화를 본 뒤의 전체적인 느낌이나 주제를 쓴다.
② 영화를 볼 사람이 흥미를 느끼도록 줄거리를 쓴다.
③ 영화 속 내용과 비슷한 자신의 경험을 떠올려 쓴다.
④ 영화를 볼 사람이 이해하기 쉽게 반드시 글 형식으로 쓴다.
⑤ 영화 속 인물에게 하고 싶은 말을 써서 자신의 생각이나 느낌을 나타낸다.

07~10 다음 글을 읽고, 물음에 답하시오.

가 **[앞부분 이야기]** 열세 살인 홍라는 금씨 상단 대상주의 딸이다. 대상주인 어머니를 따라 일본으로 교역을 갔다가 바다에서 풍랑을 만난다. 그래서 홍라는 어머니와 헤어지고 겨우 살아남아 집으로 돌아온다. 상단으로 돌아온 홍라에게 남은 건 교역의 실패로 생긴 엄청난 빚뿐이다. 홍라는 아무것도 할 수 없다고 생각한다. 그러다가 위급할 때 열어 보라고 어머니께서 주신 묘원의 열쇠를 기억한다. 묘원에는 숨겨 둔 소그드의 은화가 있었다.

나 홍라는 탁자 위에 지도를 펼쳤다. 오래된 가죽 냄새를 맡으니 어머니에 대한 그리움이 밀려들었다. 어머니는 지도를 펼치는 것으로 하루를 시작했다. 어머니의 손길로 반들반들해진 지도였다. 지도에 새겨진 길을 손끝으로 더듬자 어머니의 목소리가 들려오는 것 같았다.

보아라, 길이다. 세상 모든 곳으로 통하는 길이다.

다 홍라는 소그드의 은화를 가만히 들여다보았다. 그러다 다시 지도로 눈길을 돌렸다.

솔빈으로 가서 은화를 팔고……. 그래! 솔빈의 말을 사자!

솔빈의 말은 당나라까지 널리 알려진 명마다. 솔빈의 말을 장안으로 가져가면 비싼 값에 팔 수 있다.

07 홍라에 대한 설명으로 알맞지 않은 것은 무엇입니까? (   )

① 열세 살이다.
② 금씨 상단 대상주의 딸이다.
③ 교역을 성공시켜 많은 빚을 갚았다.
④ 어머니를 따라 일본으로 교역을 갔다.
⑤ 바다에서 풍랑을 만나 어머니와 헤어졌다.

08 홍라의 어머니가 위급할 때 쓰라고 주신 것은 무엇이었는지 빈칸에 들어갈 알맞은 말을 쓰시오.

> 어머니는 묘원의 (1) [   ]을/를 주셨고, 묘원에는 (2) [   ]이/가 있었다.

(1) (   )
(2) (   )

09 글 **나**에서 탁자 위에 펼친 지도를 보는 홍라의 마음으로 알맞은 것은 무엇입니까? (   )

① 아버지에 대한 원망
② 앞일에 대한 무서움
③ 어머니에 대한 그리움
④ 낡은 지도에 대한 안타까움
⑤ 주변 사람들에 대한 고마움

10 홍라가 솔빈으로 가서 하려고 하는 일은 무엇인지 쓰시오.

____

____

11~15 다음 글을 읽고, 물음에 답하시오.

> **가** 상단의 믿음직한 일꾼들은 지난 풍랑으로 거의 잃었다. 상단에 남아 있던 일꾼들은 대상주를 찾기 위해 동경에 가 있었다. 그러고도 남아 있는 일꾼들은 나이가 많거나 혹은 너무 어렸다. 그렇다고 표 나게 사람을 모을 수는 없었다. 빚쟁이들의 눈총이 무서웠다.
>
> **나** "장안으로 교역을 나설 거야. 월보, 비녕자, 같이 갈 수 있지?"
>
> 선심 쓰는 듯 말했지만, 속으로 좀 걱정이 되었다. 월보에게도 아직 품삯을 주지 못했다. 상단이 망해 간다는 소문이 파다한데, 월보가 따라나서 줄지 걱정이었다. 비녕자의 불만에 찬 표정도 마음에 걸렸다.
>
> 하지만 월보는 반색해 주었다.
>
> "자, 장안이라고요? 네! 네, 갈게요. 가겠습니다!"
>
> 비녕자는 여전히 뚱한 얼굴이지만 그래도 고개를 끄덕였다. / 반가워서 손이라도 잡아주고 싶었다. 하지만 대상주답게 굴어야 했다. 홍라는 애써 엄한 표정을 지었다.
>
> "수선 피우지 마. ㉠<u>요란하게 떠날 입장이 아니야.</u> 그러니 출발할 때까지 입조심해. 교역에 성공하면 둘 다 크게 한몫 챙겨 줄게."
>
> 그렇게 교역을 떠날 상단이 꾸려졌다. 대상주의 자격으로 상단을 이끄는 홍라, 무사 친샤, 천문생 월보, 일꾼 비녕자. 초라하기 그지없지만, ㉡<u>중요한 임무</u>를 띠고 있었다. 금씨 상단을 지키기 위한 마지막 기회인지도 몰랐다.
>
> **다** 모든 준비를 마친 뒤, 홍라는 방으로 들어왔다. 탁자 앞에 앉아 옥상자를 열었다. 어머니가 남겨 준 열쇠, 그리고 아버지의 선물인 소동인이 있었다.
>
> 홍라는 소동인과 열쇠 두 개를 가죽끈에 꿰어 목에 걸었다. ㉢<u>이제 먼 길을 가는 내내 어머니, 아버지가 함께해 줄 것이다.</u>
>
> 드디어 떠난다. 홍라의 가슴이 세차게 고동쳤다. 대상주가 되어 교역을 떠난다. 빚을 갚고 상단을 구할 것이다. 걱정거리가 없지 않지만, 다 이겨 낼 수 있을 것만 같았다. 이겨 내야만 했다.

11 글 **가**에서 홍라가 처한 상황으로 알맞은 것을 두 가지 고르시오. (　　　)

① 믿음직한 일꾼들을 풍랑으로 거의 잃었다.
② 일꾼들의 나이가 많거나 혹은 너무 어렸다.
③ 일꾼들이 어린 홍라와 떠나는 것을 꺼렸다.
④ 일꾼들이 품삯을 받지 못해 불만이 많았다.
⑤ 일꾼들이 모두 동경으로 떠나 아무도 없었다.

12 홍라가 ㉠과 같이 말한 까닭은 무엇입니까?
(　　　)

① 빚쟁이들의 눈총이 무서워서
② 교역에 성공할지 자신이 없어서
③ 일꾼들이 늘어날까 봐 걱정되어서
④ 월보의 마음이 바뀔까 봐 염려되어서
⑤ 당시에는 교역을 하는 것이 금지되어 있어서

중요
13 ㉡의 구체적인 내용은 무엇입니까? (　　　)

① 대상주를 찾는 것
② 홍라의 아버지를 만나는 것
③ 빚을 갚고 상단을 구하는 것
④ 상단의 일꾼들을 더 많이 모으는 것
⑤ 월보와 비녕자에게 한몫을 챙겨 주는 것

14 홍라가 ㉢과 같이 생각한 까닭과 관계있는 물건은 무엇무엇인지 쓰시오.

(　　　　　　　)와/과 (　　　　　　　)

서술형
15 교역을 하러 떠나는 홍라에게 어떤 말을 해 주고 싶은지 쓰시오.

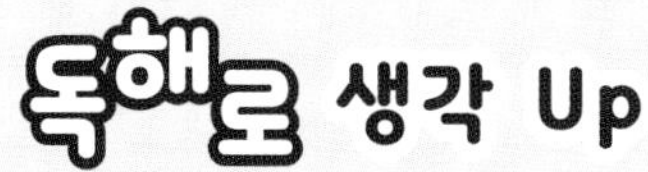

생각 Up

바른답·알찬풀이 30쪽

공부한 날 월 일

16~17 다음 글을 읽고, 물음에 답하시오. [미래엔 중 1-1] 1단원

우리 할머니는 외계인 김송기

내가 중학교를 졸업할 무렵 할머니가 외계인으로 변했다. 외계인은 대소변을 가리지 못했으며 모두가 잠든 새벽에 시도 때도 없이 일어나 집 안을 쑥대밭으로 만들기 일쑤였다. 온종일 가족들의 꽁무니를 쫓아다니며 놀아 달라고 칭얼대는 낯선 외계인 때문에 우리 가족은 점점 지쳐 갔다.

(쑥대밭: 매우 어지럽거나 못 쓰게 된 모양을 비유적으로 표현하는 말.)

할머니는 외계인이 되기 전, 그러니까 치매에 걸리기 전까지 내 기억 속에서 누구보다도 점잖고 다정하신 분이었다. 나는 어렸을 적부터 할머니와 함께 살았다. 맞벌이하시는 부모님 때문에 항상 혼자였던 나를 감싸 준 것은 할머니뿐이었다. (중략) 나는 할머니의 포근한 품에 안겨 할머니가 들려주시는 무궁무진한 이야기 속에 빠져들곤 했다.

"고개를 넘어가던 엄마 앞에 갑자기 호랑이가 어흥, 하고 나타나서 말했어. 떡 하나 주면 안 잡아먹지."

"에이, 호랑이가 어떻게 말을 해요? 동물원에서 본 호랑이들은 말 못 했어요."

조그맣던 내가 할머니의 이야기 속에 끼어들어 말하면 할머니는 허허 웃으시곤 했다.

"호랑이들은 사실 말할 줄 알아. 못 하는 척 가만히 있는 거지. 그래서 엄마는 머리에 이고 있던 바구니에서 떡을 하나 꺼내서 호랑이한테 주었지. 그러자……."

할머니는 나를 꼭 껴안고 이야기를 계속하셨다.

– 출처: 김송기, 사이버 문학 광장 글틴

어떻게 읽을까?

1. 작품 속 인물이 겪는 일을 상상하며 글을 읽어 보세요.
2. 작품 속 내용과 비슷한 경험을 떠올려 보세요.

● 할머니에게 일어난 일

글쓴이가 중학교를 졸업할 무렵 할머니가 ①☐☐에 걸렸다.

● 할머니에 대한 글쓴이의 마음

②☐☐☐이 되기 전 할머니는 글쓴이의 기억 속에서 누구보다도 점잖고 다정하신 분이었음.

⬇

치매에 걸리기 전의 할머니를 그리워하는 마음

답 ① 치매 ② 외계인

16 이 글의 제목에서 할머니를 '외계인'이라고 한 까닭은 무엇입니까? (　　　)

① 할머니 품에서 잠들면 외계인 꿈을 꾸어서
② 할머니가 무궁무진한 이야기를 들려주셔서
③ 치매에 걸린 할머니가 이전 모습과 달라져서
④ 할머니의 눈가에 잡히는 주름이 외계인과 닮아서
⑤ 할머니가 예전부터 외계인같이 알 수 없는 말씀을 많이 하셔서

단원 개념

17 이 글의 내용과 비슷한 자신의 경험을 떠올려 알맞게 말한 것은 무엇입니까? (　　　)

① 작년에 언니 졸업식에 갔던 일이 생각나.
② 작년에 봤던 외계인이 나온 영화가 떠올라.
③ 호랑이의 생태에 대한 책을 읽은 적이 있어.
④ 국어 시간에 우리나라의 다양한 옛날이야기를 조사한 적이 있어.
⑤ 나도 어렸을 때 할머니 손에 자랐는데 요즘 할머니가 많이 편찮으셔서 걱정이 돼.

어휘 확인

1 다음 밑줄 그은 낱말의 뜻으로 알맞은 것을 찾아 선으로 이으시오.

(1)	누나는 아무런 기척도 없이 방문을 열고 들어왔다.	㉮	매우 반가운 마음을 얼굴에 드러냄.
(2)	사람들은 오랜만에 고향에 온 그를 반색하며 맞았다.	㉯	지난 일을 돌이켜 생각함. 또는 그런 생각.
(3)	해솔이는 어렸을 때 쓴 일기장을 읽으며 회상에 잠겼다.	㉰	누가 있는 것을 짐작하게 하는 소리나 표시.

어휘 적용

2 다음 문장에서 밑줄 그은 낱말의 기본형으로 알맞은 것을 골라 ○표 하시오.

(1) 마술사를 경이로운 눈으로 바라보았다. → 경이롭다 / 경이로우다

(2) 아이가 뚱한 얼굴로 앉아 있다. → 뚱한다 / 뚱하다

(3) 심장이 고동치는 소리가 들리는 듯하다. → 고동치다 / 고동친다

어법

3 다음 문장의 (　　)에서 알맞은 낱말을 골라 ○표 하시오.

(1) 눈에 (띠는, 띄는) 붉은색 장미

(2) 붉은빛을 (띠는, 띄는) 장미

바른답·알찬풀이 32쪽

사자성어

4 다음 글과 그림을 보고, **칠전팔기** 라는 말이 어울리는 상황으로 알맞은 것에 ○표 하시오.

칠전팔기

(七 일곱 칠, 顚 엎드러질 전, 八 여덟 팔, 起 일어날 기)
일곱 번 넘어져도 여덟 번째 일어난다는 뜻으로 여러 번 실패하여도 포기하지 않고 꾸준히 노력함을 이르는 말.

어떤 일을 시도했다가 실패했을 때 그냥 포기해 버리나요? 아니면 될 때까지 다시 시도해 보나요? 어렵더라도 끝까지 포기하지 않고 노력하면 언젠가는 좋은 결과를 얻을 수 있지 않을까요?

(1) 체조선수: 저는 이번 올림픽에서 메달권에 들지 못했지만 열심히 연습해서 다음 올림픽에 또 도전할 거예요.

( )

(2) 농구선수: 이번 올림픽에서 제가 가장 높은 득점을 내어 우리 팀을 승리로 이끌게 되었어요. 정말 기분이 좋아요.

( )

Memo

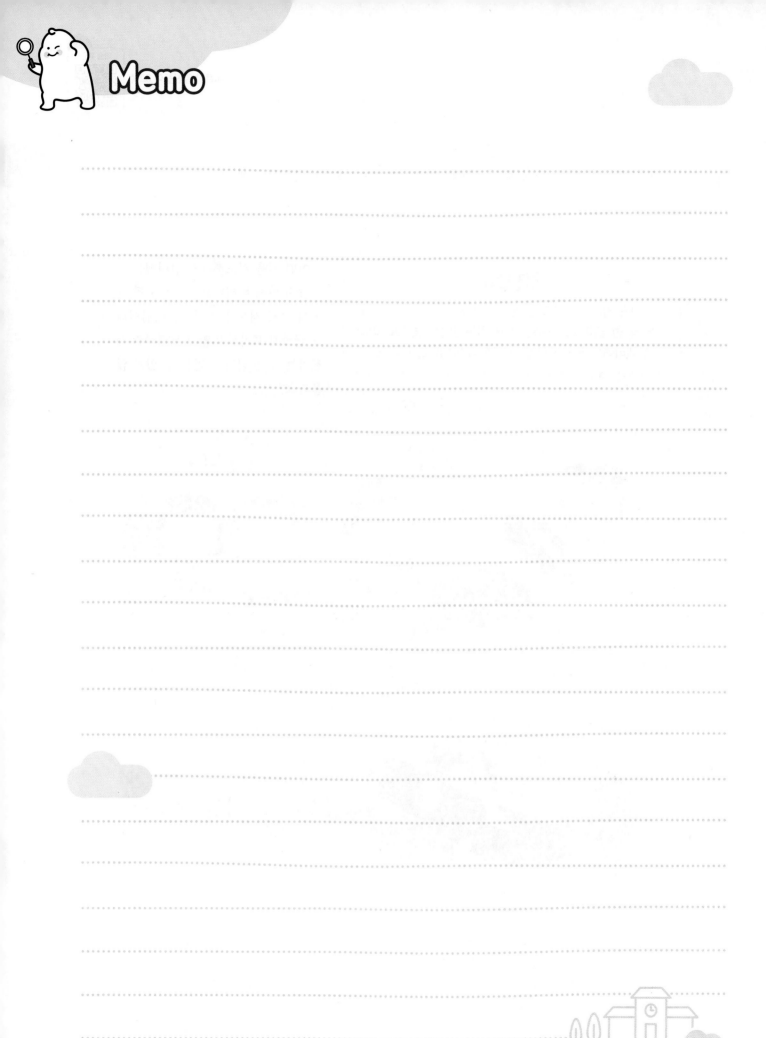

미래엔 초등 도서 목록

교과서 달달 쓰기 · 교과서 달달 풀기
1~2학년 국어 · 수학 교과 학습력을 향상시키고
초등 코어를 탄탄하게 세우는 기본 학습서
[4책] 국어 1~2학년 학기별
[4책] 수학 1~2학년 학기별

미래엔 교과서 길잡이, 초코
초등 공부의 핵심[CORE]를 탄탄하게 해 주는
슬림 & 심플한 교과 필수 학습서
[8책] 국어 3~6학년 학기별, [8책] 수학 3~6학년 학기별
[8책] 사회 3~6학년 학기별, [8책] 과학 3~6학년 학기별

전과목 단원평가
빠르게 단원 핵심을 정리하고, 수준별 문제로 실전력을 키우는
교과 평가 대비 학습서
[8책] 3~6학년 학기별

문제 해결의 길잡이

원리 8가지 문제 해결 전략으로 문장제와 서술형 문제 정복
[12책] 1~6학년 학기별

심화 문장제 유형 정복으로 초등 수학 최고 수준에 도전
[6책] 1~6학년 학년별

초등 필수 어휘를 퍼즐로 재미있게 익히는 학습서
[3책] 사자성어, 속담, 맞춤법

하루한장 예비 초등

한글완성
초등학교 입학 전 한글 읽기·쓰기 동시에 끝내기
[3책] 기본 자모음, 받침, 복잡한 자모음

예비초등
기본 학습 능력을 향상하며 초등학교 입학을 준비하기
[4책] 국어, 수학, 통합교과, 학교생활

하루한장 독해

독해 시작편
초등학교 입학 전 기본 문해력 익히기 30일 완성
[2책] 문장으로 시작하기, 짧은 글 독해하기

어휘
문해력의 기초를 다지는 초등 필수 어휘 학습서
[6책] 1~6학년 단계별

독해
국어 교과서와 연계하여 문해력의 기초를 다지는 독해 기본서
[6책] 1~6학년 단계별

독해+플러스
본격적인 독해 훈련으로 문해력을 향상시키는 독해 실전서
[6책] 1~6학년 단계별

비문학 독해 (사회편·과학편)
비문학 독해로 배경지식을 확장하고 문해력을 완성시키는
독해 심화서
[사회편 6책, 과학편 6책] 1~6학년 단계별

초등 코어

초코

바른답·알찬풀이

국어 6·2

MiraeN 에듀

바른답·알찬풀이

1	작품 속 인물과 나	02
2	관용 표현을 활용해요	10
3	타당한 근거로 글을 써요	13
4	효과적으로 발표해요	16
5	글에 담긴 생각과 비교해요	19
6	정보와 표현 판단하기	24
7	글 고쳐 쓰기	26
8	작품으로 경험하기	29

1단원 작품 속 인물과 나

독해로 교과서 쏙쏙

012~053쪽

독해로 이해 콕

1 안사람 의병가 2 의병 운동 3 ○
4 × 5 ④
6 안사람 의병대 7 추사 선생 8 ×
9 ○ 10 근면함 11 ②
12 정신 13 내면 14 ○
15 마음을 닦는 16 ② 17 비석
18 × 19 기대감 20 ○
21 붓질법 22 ×
23 거칠고 투박한 24 × 25 소방관
26 × 27 × 28 ×
29 ○ 30 사람의 목숨 31 ② ○
32 기둥 33 동료 34 ①, ③
35 × 36 ① 37 ① ○
38 장독 39 ○ 40 ○
41 동생 42 ② 43 촛불
44 ② ○ 45 노을 46 ⑤
47 꿈꾸는 집 48 × 49 ×
50 피아노 건반 51 하얀 52 ① ○
53 ① 54 × 55 건반들
56 × 57 ③ 58 ○
59 ○ 60 ① 61 ②
62 ④ 63 ○ 64 피아노 학원
65 ① 꾸는 ② 이루고 66 ○
67 바람 68 ③ 69 ① ○
70 ① ○ 71 ④ 72 진진
73 ① 74 × 75 ① ○
76 꿈꾸는

01 ④ 02 (2) ○ 03 ③, ④
04 ㉮ 05 (1) 항일 의병 운동 (2) 예 의병 운동을 하는 데 자금이 많이 부족했다. / 의병 운동을 돕고자 했다. 06 (2) ○ 07 예 여자들도 독립운동에 적극 참여하자. 08 ④
09 ③ 10 (1) 도전 (2) 봉사 11 ④
12 예 자신을 제자로 받아 달라고 부탁하기 위해서이다.
13 ③ 14 ㉮ 15 ③
16 ③ 17 (2) ○
18 (1) ㉯ (2) 끈기 19 ③ 20 예 허련은 왜 월성위궁에서 허드렛일을 했을까? 21 ②, ⑤
22 ⑤ 23 ①, ⑤
24 예 그림 연습을 많이 해야 한다. 25 (1) ○
26 ⑤ 27 소희 28 ②
29 (2) ○ 30 예 그림에 이상과 의지, 세상에 대한 생각을 담아내야 한다. 31 (1) ○
32 ② 33 ③
34 (1) 예 허련이 그림을 그리고 있는 것을 지켜본 사람은 누구입니까? (2) 예 추사 선생 35 진서
36 ④ 37 ⑤ 38 ①
39 예 아버지와 함께 맞은 일요일인데도 낮잠만 주무시는 아버지에게 경민이는 서운함을 느꼈다.
40 ② 41 ⑤ 42 ②, ④
43 예 희생과 봉사의 마음이 느껴져 소방관에게 고마운 생각이 든다. 44 ② 45 ①
46 혜원 47 ⑤ 48 예 위험 속에서 살아나 주신 아버지께 고마운 마음이 들었다.
49 ⑤ 50 ② 51 ③
52 지호 53 ⑤ 54 (1) 예 여름, 장마가 막 시작될 무렵 (2) 예 부모님이 먼 친척 집에 가셔서 동생과 하룻밤을 지내며 숨바꼭질을 했다.
55 ③ 56 ②, ⑤ 57 예 나라면 불이 두려워서 동생을 찾으러 선뜻 다가가지 못했을 것 같다. 58 (2) ○ 59 ㉱
60 ⑤ 61 ② 62 예 발표하는 것이 두려웠지만 끈기 있게 노력하고 도전해 지금은 발표를 잘할 수 있다. 63 ④ 64 ⑤
65 ② 66 ④ 67 (2) ○
68 예 성실하게 노력하는 삶을 추구하기 때문이다.
69 ⑤ 70 ① 71 ㉯-㉮-㉰
72 ④ 73 ⑤ 74 예 피아노 건반이 깨끗해져서 뿌듯했을 것이다. / 피아노 건반의 묵은 때가 벗겨져서 개운했을 것이다. 75 ①, ⑤
76 ⑤ 77 ㉮ 78 ②
79 예 계속 물어보는 어기가 귀찮다. / 날지 못하는 어기가 답답하다. 80 ② 81 ⑤
82 예 하늘을 나는 연습을 포기했을 것 같다. / 하늘을 나는 것을 즐기지 못한 채 연습했을 것 같다.
83 ② 84 ①, ⑤ 85 ③
86 ② 87 (2) ○ 88 서하
89 (1) 예 할머니, 할아버지께 죄송하다. (2) 예 나도 할머니 생신 때 시험 공부를 한다며 못 간 적이 있다.
90 ⑤ 91 ④ 92 ①

93 주아　　94 예 네가 꿈을 꾸는 즐거움을 찾아 다시 연주를 하게 되어 기뻐.　　95 ①
96 ⑤　　97 ④　　98 준서
99 예 퐁을 만나기 전에 진진은 꿈이란 꼭 무언가가 되는 것이라고 생각했지만, 나는 진진과 달리 퐁처럼 무언가 즐거운 일을 하는 것도 꿈이 될 수 있다고 생각한다.
100 ④　　101 ②　　102 ㉯
103 ⑤　　104 예 자신의 진짜 꿈을 찾아 가게 될 것이다.

01 '앞부분 이야기'에서 윤희순은 독립운동에 남녀 구분이 없음을 알리려고 「안사람 의병가」를 만들었다고 하였습니다.

02 윤희순은 담비가 「안사람 의병가」를 흥얼거리는 것을 듣고 사람들에게 그 노래를 가르쳐 주라고 하였습니다.

03 '노래 하나가 사람들의 마음을 한 덩어리로 모았을 뿐만 아니라 전에 없던 용기마저 불끈 솟아나게 했던 것이다.'에서 윤희순이 만든 노래가 사람들의 마음을 모으고, 용기를 갖게 했음을 알 수 있습니다.

04 ㉠은 여자들이 나선다고 달라질 것이 없다는 뜻으로 남녀 차별이 존재하던 시대임을 알 수 있습니다.

05 '항일 의병 운동'에서 일제가 우리나라를 침략한 시대적 배경을 알 수 있고, '자금을 지원하려고 숯을 구워서 팔던 윤희순'에서 의병 운동을 하는 데 자금이 많이 부족했던 상황임을 알 수 있습니다.

채점 기준 '항일 의병 운동'을 찾아 쓰고, 일제가 우리나라를 침략한 시대적 상황과 관련지어 인물이 처한 상황을 썼으면 정답으로 합니다.

06 ㉠은 빼앗긴 나라를 되찾자는 뜻으로, 윤희순은 일제가 침략한 상황에서도 쉽게 포기하거나 좌절하지 않았습니다.

07 윤희순은 여자들도 왜놈들을 몰아내는 데 한몫을 해야 한다면서 여자들도 독립운동에 적극 참여하자는 말을 전하고 있습니다.

채점 기준 '여자들도 독립운동에 참여하자'는 내용으로 썼으면 정답으로 합니다.

08 ㉣는 일제의 침략으로 당시 우리나라 사람들의 경제 상황이 어려웠음을 알 수 있는 부분입니다.

09 글 ❷에서 '안사람 의병대'는 집집마다 찾아다니며 모금을 하고 의병을 도와달라고 하소연했습니다. 이는 많은 사람의 마음을 움직여 사람들은 의병을 돕기 위해 발벗고 나섰고, 무기를 만들 수 있는 놋쇠와 구리, 돈 등을 모았습니다. 그 덕분에 춘천 의병 부대의 힘이 강해졌으며 의병들의 사기도 높아졌습니다.

10 (1)은 남녀 차별이 있던 시대에도 적극적으로 의병 운동에 참여하는 윤희순의 '도전' 정신이 나타난 문장이고, (2)는 나라를 위해 자신의 생명조차 내어 놓는 윤희순의 '봉사' 정신이 나타난 문장입니다.

11 '앞부분 이야기'에서 허련은 해남의 초의 선사에게 학문을 배우다가 추사 선생에게 그림을 배우러 한양에 왔다고 하였습니다.

12 허련은 추사 선생에게 자신을 제자로 받아 달라고 간청하기 위해 찾아갔습니다.

채점 기준 '자신을 제자로 받아 달라고 부탁하기 위해 찾아갔다.', '그림을 배우기 위해 찾아갔다.'라는 내용을 썼으면 정답으로 합니다.

13 허련은 추사 선생에게 제자가 되고 싶다고 청했지만 추사 선생은 허련을 제자로 받아 주지 않았습니다.

14 추사 선생은 허련을 제자로 받아 주지 않았으나 허련은 '꼭 어르신의 제자가 될 것입니다.'라고 생각하며, 포기하지 않고 추사 선생의 제자가 될 것이라고 다짐하였습니다.

15 추사 선생이 제자로 받아 주지 않는 상황에서도 제자되기를 포기하지 않는 열정이 드러나는 부분입니다.

16 글 ❷에서 허련은 사랑채 청소와 서재 환기, 마당 쓸기, 추사 선생의 붓 씻어 말리기, 먹 갈기와 같은 허드렛일을 도맡아 하였습니다.

17 추사 선생은 "자네의 정신이 거기 있는가?"라는 질문을 통해 허련의 그림에 정신이 들어 있지 않다는 평을 하였습니다.

18 글 ❷에서 허련은 추사 선생의 근면한 모습을 보고 자신도 시간을 아껴 끊임없이 책을 읽고 그림 연습을 했으므로, 이와 관련있는 가치로는 '끈기'가 알맞습니다.

19 허련은 추사 선생의 말을 듣고 자신의 그림에는 기법만 있고 이야기가 없음을 깨닫게 되어 절망하고 괴로워하였습니다.

20 허련과 추사 선생의 말과 행동과 관련한 추측, 의견, 상상 등을 떠올려 질문을 씁니다.

채점 기준 허련과 추사 선생 중 한 명에게 궁금한 점, 행동에 대한 까닭 등을 묻는 질문을 썼으면 정답으로 합니다.

21 허련은 자신의 내면을 채우기 위해 그림을 보거나 그리는 시간보다 책을 많이 읽고, 생각하는 시간을 더 많이 가졌습니다.

22 허련은 학문이 깊어지고 그림 보는 안목도 높아져 자신의 내면이 채워지자, 마음먹은 대로 되지 않는 괴로움조차 실력이 늘었다는 증거로 생각해 기꺼웠습니다.

23 종요는 해서체의 대가로, 잠을 잘 때도 이불에다 손가락으로 글씨를 써 대서 이불이 너덜너덜해졌다고 하였습니다.

24 추사 선생이 수없는 연습으로 대가가 된 종요의 이야기를 한 까닭이 무엇인지 생각하여 씁니다.

채점 기준 '끊임없이 연습하여 자신의 그림을 발전시켜라'라는 내용이 들어가게 썼으면 정답으로 합니다.

25 (1)은 글의 내용을 묻는 질문으로, 허련이 책을 더 많이 읽고 생각하는 시간이 많아졌다는 답을 글 안에서 찾을 수 있습니다.

오답 풀이
(2)는 자신의 생각이나 의견을 묻는 질문으로, 글 안에서 답을 찾을 수 없습니다.

26 추사 선생은 멀리 문경에서 비석이 발견되었다는 소식을 듣고 비석을 탁본해 오려고 행장을 꾸려 떠났습니다.

27 비석을 연구하기 위해서 먼 길을 마다않고 떠나는 추사 선생의 모습에서 서체 연구에 대한 추사 선생의 열정을 알 수 있습니다.

28 허련은 추사 선생이 없는 동안 서재에서 추사 선생의 글씨와 그림들을 다시 살폈습니다.

29 추사 선생의 그림은 실제 모습만 그대로 그리는 게 아니라, 선비의 소망, 우주의 섭리 등 이상과 의지, 세상에 대한 생각 등을 담고 있었습니다.

30 추사 선생의 그림에는 마음속에 꿈꾸는 이상과 의지, 세상에 대한 생각들이 담겨 있었습니다. 이에 허련은 그림은 사물의 모습만 나타내는 것이 아니라 이야기를 담고 있어야 한다는 것을 깨달았습니다.

채점 기준 '그림에 주제가 있어야 한다.', '붓질만으로도 뭔가를 이야기해야 한다.' 등 그림에 어떤 이야기가 담겨 있어야 한다는 내용을 썼으면 정답으로 합니다.

31 붓 수십 자루가 몽당붓이 되도록 수많은 연습을 하여 자신만의 붓질법을 완성해 가는 허련의 모습에서 허련이 자신의 일에 최선을 다하는 성실한 삶을 추구함을 알 수 있습니다.

32 ㉡에서는 자신이 알지 못하는 것이라면 제자에게서도 배우려 하는 추사 선생의 겸손함을 알 수 있습니다.

33 허련은 많은 연습 끝에 마르고 건조한데 윤기가 있어 보이는 초묵법을 만들었습니다.

34 '누가, 언제, 어디서, 무엇을, 어떻게, 왜'에 해당하는 질문을 쓰고 그에 알맞은 답을 글에서 찾아 씁니다.

채점 기준 글과 관련하여 '누가, 언제, 어디서, 무엇을, 어떻게, 왜'에 해당하는 질문을 만들고 그에 대한 답을 글 5에서 찾아 썼으면 정답으로 합니다.

35 "이쪽이야, 이쪽! 빨리빨리!", "아버지는 오늘 꿈속에서도 불을 끄시나……?"에서 아버지가 불을 끄는 꿈을 꾸셨음을 짐작할 수 있습니다.

36 낮잠만 주무시는 아버지를 보며 경민이가 한숨을 내쉬는 것으로 보아, 경민이는 아버지와 함께 시간을 보내기를 원한다는 것을 알 수 있습니다.

37 경민이는 괜찮다고 대답했지만, 실제로는 아버지와 시간을 보내지 못하자 속이 상해서 뾰로통한 기색으로 답했습니다.

38 어머니는 경민이가 잠든 아버지를 보고 실망하자, 고단하신 아버지는 계속 쉬게 하고 경민이를 밖으로 데리고 나가 기분을 풀어 주시며 가족들을 배려하였습니다.

39 글 1은 사건이 시작되는 부분으로 발단에 해당합니다. 글 1의 중요한 내용을 정리하여 간추려 씁니다.

채점 기준 예시 답의 내용이 들어가게 간추려 썼으면 정답으로 합니다.

40 아버지는 어제 두 차례나 화재 현장에 출동하셨다가 새벽녘에나 집에 들어오셨습니다.

41 재래시장의 낡은 건물에서 불이 났는데, 시장 골목은 구경하는 사람들로 메워져 있었고, 검은 연기와 매캐한 냄새가 나고 있었습니다. 그리고 아버지를 비롯한 두 팀의 구조대가 화재 현장으로 들어갔습니다.

42 아버지는 불이 난 건물로 파고들어 건물에 갇혀 울부짖는 두 사람을 업어 내왔습니다.

43 ㉠은 소방관들이 사람들을 구조할 때 하는 말 없는 약속으로, 자신의 안전보다 다른 사람의 목숨을 중요하게 여기는 희생과 봉사 정신이 담긴 말입니다.

채점 기준 '희생' 또는 '봉사'라는 가치를 쓰고 이에 대해 자신의 생각을 알맞게 썼으면 정답으로 합니다.

44 글 **2**는 사건이 본격적으로 발생하고 갈등이 일어나는 부분으로 전개에 해당합니다.

45 어머니는 아버지가 건물을 빠져나온 직후에 눈앞에서 동료를 잃은 상황을 이야기해 주셨습니다.

46 동료를 눈앞에서 잃은 이야기를 하시며 뜨거운 눈물을 쏟으시는 아버지의 행동은 목숨을 중요하게 여기는 '생명 존중', 동료에 대한 '사랑'과 관련 있습니다.

47 경민이는 어머니가 해 주신 이야기를 듣고, 아버지가 화재 현장에서 무사히 돌아오신 것이 기뻐서 발걸음이 가벼워졌습니다.

48 경민이는 아버지가 화재 현장에서 무사히 돌아오신 것을 알고는 기뻤습니다.

채점 기준 아버지께 고마운 마음, 감사한 마음이 들었다는 내용으로 썼으면 정답으로 합니다.

49 경민이와 어머니는 아버지가 위험한 화재 현장에서 살아 돌아오신 것이 고마워서 이를 축하하려고 케이크를 샀습니다.

50 경민이의 갑작스런 생일 축하를 받은 아버지는 눈이 휘둥그레지셨습니다.

오답 풀이

④ 혀를 날름 내민 것은 경민이가 쑥스러워서 한 행동입니다.

51 아버지는 경민이에게 자기가 처음으로 소방관이 되고자 결심한 어린 시절의 사건 하나를 들려주었습니다.

52 경민이의 행동에 고마움을 표현하는 아버지의 말에서 가족에 대한 '사랑'이 깊고, 가족이 이해해 주는 것을 '감사'히 여기는 인물임을 알 수 있습니다.

오답 풀이

아버지는 자신의 안전보다 다른 사람을 구하기 위해 위험을 무릅쓰는 인물입니다. "우리는 오늘도 다시 태어났다."라는 말은 위험한 화재 상황이 무사히 끝난 데 대한 감사의 마음이 담긴 말입니다.

53 아버지는 자신이 술래가 되었을 때, 갑자기 동생을 놀리고 싶은 생각이 들어 동생을 찾아다니지 않고 마당의 장독 뒤에 숨었다고 하였습니다.

54 '그해 여름, 아마 장마가 막 시작될 무렵이었을 거야.'에서 계절적 배경이 여름임을 알 수 있고, 이어지는 내용에서 아버지와 동생이 하룻밤을 지내며 숨바꼭질을 했음을 알 수 있습니다.

채점 기준 (1) 여름 또는 장마가 막 시작될 무렵, (2) 동생과 숨바꼭질을 했다는 내용을 썼으면 정답으로 합니다.

55 아버지는 번갯불처럼 환한 기운에 소스라쳐 뛰어나왔고, 안방이 온통 불바다가 되어 버린 것을 보고 놀랐습니다.

56 산골 마을이라 집들이 띄엄띄엄 있는 데다가 아버지가 살던 집은 산모퉁이를 돌아 앉은 외딴집이라 사람들이 아버지의 외침을 듣지 못했습니다.

57 글에서 아버지는 동생을 찾아야 한다는 생각에 불꽃이 널름거리는 방문 앞까지 몇 번이나 다가갔다가 물러 나왔습니다. 자신이 글 속의 아버지라면 불이 난 상황에서 어떻게 행동했을지 생각하여 씁니다.

채점 기준 '동생을 찾으러 갔다.', '두려워서 선뜻 다가가지 못했을 것 같다.', '소방서에 신고했을 것 같다.' 등 불이 난 상황에서 할 수 있는 행동을 썼으면 정답으로 합니다.

58 동생을 찾아야 한다는 마음 하나로 불꽃이 널름거리는 방문 앞을 몇 번이나 다가갔다 물러 나오는 행동에서 동생에 대한 아버지의 사랑과, 불 앞에서도 끝까지 동생을 포기하지 않는 끈기를 엿볼 수 있습니다.

59 이 글은 아버지가 소방관이 되기로 결심한 사건에 대한 부분으로, 집에 불이 나 동생을 잃으면서 이야기의 긴장감이 가장 높아지는 절정에 해당합니다.

60 아버지는 화재로 동생을 하늘나라로 떠나 보낸 뒤, 동생을 삼켜버린 불길과 싸워 이기겠다고 결심하고 소방관이라는 꿈을 갖게 되었습니다.

61 부모님의 반대에도 소방관이 되고자 한 아버지의 모습에서 '열정', '도전'이라는 가치를 찾을 수 있습니다. 또한 마침내 꿈꾸었던 소방관이 되었다는 점에서 '끈기'와 '노력'이라는 가치를 찾을 수 있습니다.

62 '노력', '도전', '끈기', '열정'과 관련된 자신의 경험을 떠올려 씁니다.

채점 기준 '노력', '도전', '끈기', '열정' 등의 가치와 관련된 경험을 썼으면 정답으로 합니다.

63 아버지는 동생과 숨바꼭질 놀이를 하다가 화재로 동생을 잃고 소방관이 되겠다고 결심했습니다. 따라서 동생과의 마지막 숨바꼭질이 아버지를 소방관이 되게 하였으므로 글의 제목을 「마지막 숨바꼭질」이라고 한 것이라고 짐작할 수 있습니다.

64 글 5는 아버지의 이야기를 들은 경민이가 아버지를 자랑스러워하는 내용으로, 사건이 해결되는 부분인 '결말'에 해당합니다.

65 이모와 대화를 나누는 부분에서 상수리는 피아니스트가 되는 것이 꿈이라는 것을 알 수 있습니다.

66 이모는 진진과 상수리에게 바구니를 각각 하나씩 나누어 주고 피아노 건반을 따다 목욕을 시키라고 하였습니다.

오답 풀이

① '앞부분 이야기'에서 이모의 '꿈꾸는 집'은 동물도 사물도 말을 하는 엉뚱한 곳이라고 하였습니다.

67 상수리는 피아니스트라는 꿈을 이루려고 힘들어도 꾹 참고 연습하였습니다. 그런데 갑자기 피아노 소리가 나지 않아 고민하였습니다.

68 상수리는 컴퓨터 게임을 할 시간도, 친구들이랑 축구할 시간도, 만화책을 볼 시간도 없이 피아노 연습만 했습니다. 이러한 상수리의 행동에서 알 수 있는 상수리가 추구하는 가치를 고르고, 그 낱말을 활용하여 씁니다.

채점 기준 '끈기', '노력', '성실' 중 한 가지 이상을 활용하여 상수리가 추구하는 삶에 대해 썼으면 정답으로 합니다.

69 글 1에서 피아노 소리가 나지 않아 고민하는 상수리에게 이모는 피아노 건반을 씻어 오라고 하였습니다.

70 퐁은 구정물이 튈까 봐 멀찌감치 물러나서 지켜보았다고 하였습니다.

71 진진과 상수리는 건반을 따서 바구니에 담은 후, 우물가에 가서 손가락으로 건반을 하나씩 씻었습니다.

72 상수리는 그동안 꿈을 이루기 위해 열심히 노력했는데, 갑자기 피아노 소리가 나지 않아 속상한 마음에 ㉠처럼 말했습니다.

73 '상수리의 혼잣말에 진진은 마음이 아팠다.'에서 진진의 마음을 알 수 있습니다.

74 묵은 때가 벗겨지며 눈이 부시도록 하얗게 변한 피아노 건반을 본 진진과 상수리의 마음을 떠올려 씁니다.

채점 기준 '뿌듯하다', '개운하다', '후련하다' 등 상황에 알맞은 감정을 썼으면 정답으로 합니다.

75 상수리와 진진은 피아노 건반을 씻어 빨랫줄에 널었고, 어기는 초리에게 나는 방법을 물었습니다.

76 "이제 얘 기분이 좀 좋아질까?"라는 말에서 상수리는 정말 건반들이 기분이 나아져서 다시 소리가 날지를 걱정하였음을 알 수 있습니다.

77 글 3에서 하늘을 날고 싶어서 노력하지만 날지 못하는 어기의 상황을 알 수 있습니다.

78 어기는 하늘을 날고 싶어서 초리를 따라다니며 나는 법을 물어보고 있습니다.

79 어기는 나는 방법이 잘 이해되지 않아 초리에게 계속 물어보았고, 초리는 그런 어기가 갑갑하고 답답한 상황입니다.

채점 기준 '귀찮다', '답답하다', '갑갑하다' 등 초리의 상황에 알맞은 감정을 썼으면 정답으로 합니다.

80 어기는 하늘을 날지 못해도, 하늘을 나는 꿈을 꾸는 과정을 즐기고 있기 때문에 즐겁다고 말하였습니다.

81 하늘을 날지 못해도 속상해하지 않고 즐겁게 연습하는 어기의 모습에서 어기가 꿈꾸는 것 자체를 즐거워하며 희망을 가지고 도전하는 삶을 추구한다는 것을 알 수 있습니다.

82 어기처럼 하늘을 날고 싶어 연습하고 노력하지만 날지 못하는 상황에서 자신이라면 어떻게 했을지 생각하여 씁니다.

채점 기준 꿈을 위해 노력하지만 뜻대로 되지 않는 상황에서 자신이 했을 행동을 상상하며 썼으면 정답으로 합니다.

83 바람이 불자 동백나무 이파리가 흔들리고, 상수리의 이마에 맺힌 땀을 식혔으며, 진진의 머리칼이 살짝 띄워졌습니다. 그리고 마지막으로 바람은 피아노 건반을 흔들어 연주를 시작하였습니다.

84 곡의 제목은 '백구'로, 상수리가 아기였을 때 엄마가 불러 주시던 노래입니다.

오답 풀이

② 진진은 "나 이 곡 아는데."라며 곡의 제목을 떠올리려 하고 있습니다.

85 상수리는 첫사랑이었던 2학년 때 짝꿍이 자신의 집에 놀러 왔을 때, 같이 「젓가락 행진곡」을 연주하던 기억이 떠올라 얼굴이 발그스름해졌습니다.

86 "작년에 돌아가신 할머니가 좋아하시던 노래야. 내가 할머니 댁에 가서 이 곡을 연주하면 정말 좋아하셨는데."에서 상수리가 「고향의 봄」을 들으며 돌아가신 할머니가 떠올라 눈시울이 빨개졌음을 알 수 있습니다.

87 상수리와 진진은 「젓가락 행진곡」과 「고향의 봄」을 들으며 떠오르는 추억에 대해 이야기를 나누었습니다.

88 상수리는 피아노 학원을 가느라고 오랫동안 몸이 좋지 않으셨던 할머니를 찾아뵙지 못했다고 말하였습니다. 상수리의 눈시울이 빨개지고 고개를 숙인 것으로 보아 자신의 행동을 후회하는 마음임을 알 수 있습니다.

89 진진은 그동안 할머니, 할아버지를 자주 찾아뵙지 못해 죄송한 마음에 울컥했습니다. 이와 비슷한 자신의 경험을 떠올려 씁니다.

채점 기준 할머니, 할아버지에 대한 진진의 마음을 알맞게 쓰고, 그와 비슷한 경험이 드러나게 썼으면 정답으로 합니다.

90 상수리는 깨끗해진 건반들이 담긴 바구니를 들여다보며 '꿈은 이루기 위해 있는 게 아니구나. 왜 그걸 미처 몰랐을까?'라고 말했습니다.

91 상수리는 그동안 지긋지긋해지도록 연습만 하는 게 최선인 줄 알았지만, 꿈을 꾸는 즐거움이 중요하다는 것을 깨닫고 피아노에 미안한 마음이 들었습니다.

92 '나는 그것도 모르고 너와 함께하는 시간이 지긋지긋해지도록 연습만 하는 게 최선인 줄 알았으니…….'라는 말에서 상수리는 꿈을 이루기 위해 힘들어도 참고 '성실'하게 '노력'했음을 알 수 있습니다.

93 상수리는 꿈을 위해 성실히 노력하는 삶을 추구합니다.

오답 풀이

상수리는 꿈꾸는 일의 즐거움을 깨달았으므로 꿈꾸는 것과 상관없이 즐거움을 추구하는 것은 상수리가 추구하는 삶과 거리가 멉니다.

94 상수리는 꿈을 이루는 것보다 꿈꾸는 일이 즐겁다는 것을 깨닫고 다시 연주를 시작하였습니다. 이러한 상수리의 변화를 응원하고 축하하는 내용을 씁니다.

채점 기준 꿈꾸는 것이 더 즐거운 일임을 깨달은 상수리를 응원하거나 축하하는 마음을 담아 썼으면 정답으로 합니다.

95 '중간 부분 이야기'에서 상수리가 진진에게 빨리 꿈을 만나길 바란다는 편지를 남기고 떠났다고 하였습니다.

96 퐁과 진진의 대화를 통해 퐁이 생각하는 꿈은 '무언가가 꼭 되는 것이 아니라 즐거운 것을 하는 것'임을 알 수 있습니다.

97 퐁은 무언가가 꼭 되는 것이 꿈이 아니라 현재를 즐겁게 사는 것을 중요하게 생각하기 때문에 ㉠처럼 말했습니다.

98 퐁은 현재를 중요하게 생각하고 자신이 하고 싶은 일을 행복하게 열정적으로 하는 삶을 추구합니다. 이와 비슷한 삶을 추구한 친구는 현재의 행복을 위해 자신이 좋아하는 일을 하려는 '준서'입니다.

99 "퐁, 넌 나중에 뭐가 되고 싶니?"라는 진진의 질문에서 진진은 무언가 되는 것이 꿈이라고 생각했음을 알 수 있습니다. 꿈에 대한 자신의 생각 중 이러한 진진의 생각과 같거나 다른 점을 씁니다.

채점 기준 퐁을 만나기 전에는 '무언가가 되는 것'을 꿈이라고 생각했다는 진진의 생각과 꿈에 대한 자신의 생각을 알맞게 비교하여 썼으면 정답으로 합니다.

100 "다른 사람들이 다 읽고 재미있다고 하는 책을 나만 재미없다고 안 읽으면 좀 그렇잖아요."라는 진진의 말에 자신에게 재미가 없으면 없는 것이라고 답하는 이모의 말에서 책 읽기에 대한 이모의 생각을 알 수 있습니다.

101 '그럼, 내 꿈은 이 세상 재미있는 책들을 모두 불러 모아서 함께 노는 거야.'라는 이모의 말에서 이모의 꿈을 알 수 있습니다.

102 진진과 이모가 나눈 대화에서, 이모는 자신이 좋아하는 책 읽기를 꾸준히 하는 '즐거움'이 있는 삶을 추구함을 알 수 있습니다.

103 이모는 다른 사람이 뭐라 하든 자신이 좋아하는 것을 중요하게 생각하고, 꾸준히 하는 삶을 추구합니다. 괴롭더라도 희망을 가지고 꾸준히 연습하는 것은 이모가 추구하는 삶과 거리가 멉니다.

104 이모의 '꿈꾸는 집'에서 진진은 여러 친구들을 만나며 꿈에 대한 생각을 듣고, 자신의 꿈도 다시 고민해 보고 있습니다. 이러한 경험을 통해 진진에게 어떤 변화가 있을지 생각하여 씁니다.

채점 기준 꿈에 대한 진진의 생각 변화나 꿈을 이루기 위한 행동의 변화를 상상하여 썼으면 정답으로 합니다.

단원 평가

054~057쪽

01 ⑤ 02 규진

03 예 추사 선생에게 자신의 그림에 정신이 들어 있지 않다는 말을 들은 상황이다. 04 ①, ②, ⑤

05 ④ 06 불길이 건물의 입구를 막아 버려서

07 ① 08 ① 09 ①

10 예 동료에 대한 미안함을 느꼈을 것이다.

11 ④ 12 예 꿈을 이루는 것도 중요하지만 즐겁게 꿈꾸며 연주하는 네가 되었으면 좋겠어.

13 ① 14 어기 15 ⑤

독해로 생각 Up 16 ⑤ 17 ⑤

01 "그럼 나라를 빼앗기고 왜놈들 종으로 살자는 것입니까?"에서 일제의 침략을 받은 시대임을 알 수 있습니다.

오답 풀이

③ 여자들도 왜놈들을 몰아내는 데 한몫을 해야 한다는 윤희순의 말에서 여자도 의병 활동을 할 수 있었음을 알 수 있습니다.

02 윤희순은 자신에게 반대하는 의견으로 분위기가 차갑게 식었어도 포기하지 않고 자신의 의견을 굽히지 않는 '열정'을 추구합니다.

03 허련과 추사 선생의 대화에서 허련이 자신의 그림에 정신이 들어 있지 않다는 말을 들었음을 알 수 있습니다.

채점 기준 허련이 추사 선생에게 들은 말의 의미를 알맞게 썼으면 정답으로 합니다.

04 글 나에서 허련은 그림보다 책을 더 많이 읽고, 그리는 시간보다 생각하는 시간을 많이 가졌습니다. 글 다에서는 붓 수십 자루가 뭉뚝해지도록 연습하였습니다.

05 추사 선생에게 그림에 정신이 들어 있지 않다는 말을 들은 허련은 자신의 내면을 채우기 위해 열심히 책을 읽고, 나름의 붓질법을 만들기 위해 '끈기'와 '열정'을 가지고 수십 개의 붓이 뭉뚝해지도록 꾸준히 노력하였습니다.

06 시뻘건 불길이 혀를 날름거리며 건물의 입구를 막아 버려 소방관들은 구조를 중단하였습니다.

07 건물에 갇힌 사람을 위해 뛰어드는 행동은 자신의 안전보다 남을 위해 '희생'하는 삶과 관련이 있습니다.

08 불길이 건물의 입구를 막아 버린 순간에 구조 대원이 건물 안으로 들어간 까닭은 자기 목숨보다 건물에 갇힌 다른 사람의 목숨을 먼저 생각했기 때문입니다.

09 아버지가 동료를 잃고 뜨거운 눈물을 쏟으며 안타까워하는 행동은 동료에 대한 '사랑' 때문입니다.

10 ㉣은 나오는 차례가 바뀌었다면 자신이 목숨을 잃었을지도 모른다는 뜻으로, 목숨을 잃은 동료에 대한 안타까움과 미안함을 느낄 수 있습니다.

채점 기준 동료를 지키지 못한 미안함 또는 목숨을 잃은 동료에 대한 안타까움의 감정을 썼으면 정답으로 합니다.

11 상수리는 피아니스트가 꿈이어서, 친구들과 놀 시간에도 피아노 연습을 할 정도로 열심히 연습하였습니다.

12 상수리는 꿈을 이루기 위해 성실하게 노력하는 삶을 추구하지만 행복하고 즐겁게 꿈꾸지 못하고 있습니다.

채점 기준 상수리가 처한 상황이나 추구하는 삶과 관련지어 적절한 내용으로 썼으면 정답으로 합니다.

13 진진은 열심히 연습해도 날지 못하는 어기가 속상할까 봐 위로하지만, 어기는 나는 연습을 하는 것을 즐거워하기에 속상해하지 않았습니다.

14 어기는 날기 위해 날마다 연습하지만 날지 못하였습니다. 그럼에도 꿈꾸는 것을 즐기며 '희망'을 가지고 '도전'하는 삶을 추구하고 있습니다.

15 ㉠은 꿈을 위해 성실하게 노력하는 삶, ㉡은 희망을 가지고 즐겁게 도전하는 삶, ㉢은 자신이 하고 싶은 일을 행복하게 하는 삶을 추구하는 말입니다.

지문 해설 **독해로 생각 Up**

이이 이재승

이이에게 한 제자가 물었다.

"선생님, 공부는 왜 해야 합니까?"
대화 주제 - 공부의 목적

"글쎄, 매우 어려운 질문이구나. 분명한 것은 공부는 출세를 위해서 하는 것이 아니라는 점이야."
사회적으로 높은 지위에 오르거나 유명하게 됨.

"과거에 급제하고 벼슬을 얻어 세상에 나아가는 것이 공부의 목적 아니옵니까?"
제자가 생각하는 공부의 목적

"물론 그것도 공부하는 목적 중 하나가 될 수 있지만 그것만이 목적은 아니야. 훨씬 더 중요한 목적이 있어. 공부는 올바른 사람이 되려고 하는 것이야. 올바른 사람이 되어 성인에 이르는 것이 목적이지."
이이가 생각하는 공부의 목적

"어떤 사람이 성인입니까?"

"공자와 맹자, 이런 분이 성인이지. 하지만 이분들만이 성인은 아닐세. 주변 사람들한테 존경을 많이 받는 사람은 모두 성인이라고 할 수 있지."
'성인'의 뜻

"저 같은 사람도 성인이 될 수 있는지요?"

"당연히 될 수 있지. 성인은 타고나는 것이 아니야. 꾸준히 공부하고 실천에 옮기면 누구나 언젠가 성인이 될 수 있어."
성인이 되는 방법

"사실 저는 자신이 없습니다. 성인이 되는 것은 어려울 것 같습니다."

"그렇지 않아. 누구나 성인이 될 수 있는 능력이 있어. 다만 어떤 사람은 자신을 믿지 못해 노력도 해 보지 않고 포기해 버리지. 반면 어떤 사람들은 자신을 믿고 꾸준히 노력하지. 바로 이런 사람들이 결국 성인이 되는 거야. 그러니 털끝만큼도 나 자신을 의심하지 말고 노력해야 해."
성인에 이르지 못하는 사람들의 특징
성인이 되는 사람들이 추구하는 가치 - 믿음, 성실

"믿음을 갖는 것이 중요하다는 말씀인가요?"

"그래, 바로 그것이야."

16 공부의 목적을 묻는 제자의 질문에 이이는 올바른 사람이 되어 성인에 이르는 것이라 답하였습니다.

17 성인은 자신을 믿고, 꾸준히 노력하는 성실한 삶을 추구합니다. 믿음과 성실한 삶을 추구하는 사람은 '윤아'입니다.

어휘 마무리 뚝딱

058~059쪽

1 (1) ○
2 (1) ㉰ (2) ㉮ (3) ㉱ (4) ㉯
3 (1) ㉯ (2) ㉮
4 유이

1 책상을 청소하는 상황이므로 이때의 '훔치다'는 '물기나 때 따위가 묻은 것을 닦아 말끔하게 하다.'라는 뜻이 알맞습니다.

2 (1) '내두르다'는 '이리저리 휘휘 흔들다.'라는 뜻으로 '휘두르다'와 비슷합니다. (2) '쏠리다'는 '마음이나 눈길이 어떤 대상에 끌려서 한쪽으로 기울어지다.'라는 뜻으로 '모이다'와 비슷합니다. (3) '쏘다니다'는 '아무 데나 마구 분주하게 돌아다니다.'라는 뜻으로 '돌아다니다'와 비슷합니다. (4) '기꺼웠다'는 '마음속으로 은근히 기쁘다.'라는 뜻으로 '기쁘다'와 비슷한 낱말입니다.

3 (1) '풋잠'은 '잠든 지 얼마 안 되어 깊이 들지 못한 잠'이라는 뜻이며, (2) '풋사과'는 '아직 덜 익은 사과'라는 뜻입니다.

4 '열에 한 술 밥'은 작은 도움이 모여 큰 도움이 된다는 뜻으로 '열 사람이 한 숟가락씩 모으면 한 사람 먹을 만한 양이 된다.'라는 뜻의 '십시일반'과 그 뜻이 비슷합니다. '아전인수'는 '자기 논에 물 대기'라는 뜻으로, 자기에게만 이롭게 되도록 생각하거나 행동함을 이르는 말입니다.

2단원 관용 표현을 활용해요

독해로 교과서 쏙쏙

064~069쪽

독해로 이해 콕

1 ○ 2 능력 3 노력
4 × 5 물 쓰듯 쓰다 6 관용 표현
7 × 8 의견 9 ○
10 시작할 11 ○ 12 상황 3

01 ⑤ 02 (1) 안전 교육 (2) 경찰
03 (1) ㉯ (2) ㉮ (3) ㉰ 04 (1) 예 무대의 공연이나 어떤 행사를 시작하다. (2) 예 오케스트라의 연주로 공연의 막을 열었다. 05 ②
06 예 물 쓰듯 쓴다는 것이 아주 헤프게 쓴다는 뜻으로 쓰이지 않도록 물을 아껴 쓰자. 07 ③
08 ②, ③ 09 ② 10 예 규영이는 관용 표현을 활용하지 않았고, 고운이는 '가는 말이 고와야 오는 말이 곱다'라는 관용 표현을 활용하여 말했다.
11 ⑤ 12 ④ 13 (1) ㉯ (2) ㉮

01 말하는 사람은 학생들에게 꿈을 펼치는 세 가지 방법을 알려 주고, 자신의 조언을 벗 삼아 꿈을 찾으려는 노력을 시작하기를 바란다는 응원의 말을 하고 있습니다.

02 글 2에서 말하는 사람은 꿈이 계속 바뀌었다가 초등학교 6학년 때 안전 교육을 해 주신 경찰을 직접 만나 여러 가지 이야기를 들으면서 경찰이 되고 싶다는 꿈을 키우기 시작했다고 하였습니다.

03 ㉠ '천하를 얻은 듯'은 매우 기쁘고 만족스러움을 뜻하고, ㉡ '눈 깜짝할 사이'는 매우 짧은 순간을 뜻하는 말입니다. ㉢ '금이 가다'는 서로 사이가 벌어지거나 틀어짐을 뜻하는 말입니다.

04 '막을 열다'는 '무대의 공연이나 어떤 행사를 시작하다.'라는 뜻의 관용 표현입니다.

채점 기준 '막을 열다'라는 관용 표현을 사용하여 문장을 알맞게 만들어 썼으면 정답으로 합니다.

05 "물 쓰듯 쓰다"는 물건을 헤프게 쓰거나, 돈 따위를 흥청망청 낭비한다는 뜻이므로 '낭비'라는 낱말과 관련이 있습니다.

06 '"물 쓰듯 쓰다"라는 말, 이제는 바뀌어야 합니다.'라는 말에는 물을 더 이상 헤프게 쓰지 말고 아껴 쓰자는 의미가 담겨 있습니다.

채점 기준 물을 아껴 쓰자는 내용이 드러나게 썼으면 정답으로 합니다.

07 '하루에도 열두 번'은 '매우 자주'라는 뜻을 가진 관용 표현입니다.

08 안창호 선생은 사람들의 의견이 나누어진 상황에서 사람들의 의견을 하나로 모으고, 독립운동 단체를 이끌어 줄 지도자를 뽑으려고 연설을 한 것입니다.

09 규영, 고운, 혜선이는 모두 고운 말을 사용하자는 생각을 말하고 있습니다.

10 두 사람이 말하려는 내용은 같지만, 고운이는 관용 표현을 활용하여 말했고 규영이는 관용 표현을 활용하지 않았습니다.

채점 기준 관용 표현을 활용하지 않고 말한 사람과 관용 표현을 활용하여 말한 사람을 구분하여 썼으면 정답으로 합니다.

11 고운이처럼 말을 시작할 때 관용 표현을 활용하면 듣는 사람의 관심을 끌 수 있고, 혜선이처럼 말을 끝낼 때 관용 표현을 활용하면 생각을 효과적으로 전달할 수 있습니다.

12 '상황 1'에서는 '공든 탑이 무너지랴'라는 관용 표현을 활용하고 있습니다. '공든 탑이 무너지다'는 공들여 쌓은 탑은 무너질 리 없다는 뜻으로, 힘을 다하고 정성을 들여 한 일은 그 결과가 반드시 헛되지 않을 것이라는 뜻입니다. 따라서 열심히 그린 그림을 제출하는 상황에 어울립니다.

보충 자료 **비슷한 관용 표현**

- 지성이면 감천이다: 열심히 정성을 들이면 하늘도 감동해서 도와준다는 뜻으로, 무슨 일이든지 정성을 다하면 어려운 일도 이룰 수 있다는 말입니다. '공든 탑이 무너지랴'와 비슷한 뜻을 담고 있습니다.

13 '상황 2'의 학예회 발표 종목을 함께 정하는 상황에서 활용한 '머리를 맞대다'는 '어떤 일을 의논하거나 결정하기 위하여 서로 마주 대하다.'라는 뜻입니다. '상황 3'의 회장단 선거에서 후보자로 연설하는 상황에서 활용한 '발벗고 나서다'는 '어떤 일을 마치 자기 일처럼 적극적으로 나서서 한다.'라는 뜻입니다.

단원 평가

070~073쪽

01 ①, ②, ④ **02** 하루 30분 운동, 한 분야 공부
03 ③, ⑤ **04** (1) 예 매우 짧은 순간 (2) 예 눈 깜짝할 사이에 점심시간이 지나갔다. **05** ①
06 ④ **07** 예 아주 헤프게 쓴다.
08 (2) ○ **09** 독립운동 단체 **10** ⑤
11 ⑤ **12** ⑤ **13** ②
14 ③ **15** 세진
16 (1) 예 말조심을 하자. (2) 예 낮말은 새가 듣고 밤말은 쥐가 듣는다.

독해로 생각 Up **17** ② **18** ⑤

01 말하는 사람은 꿈을 펼치는 방법으로 자신의 진짜 꿈을 찾으려고 노력하고, 자기 자신에게 자신감을 가지고, 구체적인 목표를 세우라고 이야기하였습니다.

02 말하는 사람은 경찰이 되려고 '하루 30분 운동, 한 분야 공부'라는 쉬운 목표를 세웠다고 하였습니다.

03 관용 표현의 뜻을 파악할 때에는 앞뒤 문장을 잘 살펴보고, 관용 표현에 포함된 낱말의 뜻을 생각해 봅니다. 관용어 사전이나 속담 사전을 활용할 수도 있습니다.

04 '눈 깜짝할 사이'는 눈을 깜빡이는 정도의 짧은 순간을 뜻합니다. 시간이 빠르게 지나감을 표현하는 상황을 생각하여 씁니다.

채점 기준 관용 표현의 뜻을 바르게 파악하고, 시간이 빠르게 지나가는 상황이 드러나는 문장을 만들어 썼으면 정답으로 합니다.

05 꿈꾸던 인생이 시작될 수 있을 것이라는 내용이므로, 공연이나 행사, 어떤 일이 시작한다는 뜻을 가진 관용 표현인 '막을 열(다)'가 알맞습니다.

06 그림 ❶은 수도에서 물이 콸콸 쏟아지는 모습이고, 그림 ❷~❸은 수도꼭지를 잠가서 쏟아지던 물이 더 이상 나오지 않는 모습입니다.

07 어떤 것을 물이 콸콸 쏟아지는 것처럼 쓴다는 뜻이므로, '물 쓰듯'이라는 말은 물건을 헤프게 쓰거나, 돈 따위를 흥청망청 낭비한다는 뜻이라고 할 수 있습니다.

채점 기준 아끼지 않고 낭비한다는 뜻으로 썼으면 정답으로 합니다.

08 이 광고는 전달하고 싶은 내용을 강조하고, 사람들이 이야기에 흥미를 느끼게 하려는 의도로 관용 표현을 활용하였습니다.

09 '우리가 임시 정부를 위한 독립운동 단체를 조직하려면'에서 말하는 사람을 비롯한 사람들이 조직하려는 것이 임시 정부를 위한 독립운동 단체라는 것을 알 수 있습니다.

10 ㉠은 전쟁을 원하는 자와 대화를 원하는 자의 말을 예로 들어 독립운동을 하려고 모인 사람들이 자신의 의견만을 주장해 하나의 의견으로 합하지 못하고 있는 상황을 설명하고 있습니다.

11 서로 자기 생각만 옳은 줄 안다고 하였으므로 ㉡에는 자신의 의견만을 고집하고 더 많은 의견의 장점을 알지 못한다는 뜻의 '한 가지만 알고 두 가지는 모르는'이라는 관용 표현이 적절합니다.

오답 풀이
③ '말꼬리를 물고 늘어지는'은 '남의 말 가운데서 꼬투리를 잡아 꼬치꼬치 따지고 드는'이라는 뜻으로, 서로가 자기 생각만 옳은 줄 알고 주장하는 상황보다는 남의 말을 트집 잡아 따지는 상황에 어울립니다.

12 ㉠과 ㉡에는 내가 남에게 말이나 행동을 좋게 해야 남도 나에게 좋게 한다는 뜻의 '가는 말이 고와야 오는 말이 곱다'라는 관용 표현이 알맞습니다.

13 규영이는 관용 표현을 활용하지 않았습니다. 고운이는 말을 시작할 때, 혜선이는 말을 끝낼 때 관용 표현을 활용했습니다.

14 '공든 탑이 무너지랴'는 공들여 쌓은 탑은 무너질 리 없다는 뜻으로, 정성을 다하여 한 일은 그 결과가 반드시 헛되지 아니함을 비유적으로 이르는 말입니다.

15 회장단 선거에서 후보자가 연설하는 상황이므로 적극적으로 나서겠다는 뜻의 '발 벗고 나서다'라는 관용 표현이 어울립니다.

오답 풀이
'소 잃고 외양간 고친다.'는 소를 도둑맞은 다음에서야 빈 외양간의 허물어진 데를 고치느라 수선을 떤다는 뜻으로, 일이 이미 잘못된 뒤에는 손을 써도 소용이 없음을 이르는 말입니다.

16 친구들에게 말하고 싶은 내용을 정하고, 하고 싶은 말을 효과적으로 전달할 수 있는 관용 표현을 생각해 봅니다.

채점 기준 말할 내용을 정하고, 하고 싶은 말을 효과적으로 전달할 수 있는 관용 표현을 바르게 썼으면 정답으로 합니다.

지문 해설 **독해로 생각 Up**

토끼와 자라 엄인희

토끼 (엄살을 떤다.) 아이고, 나 죽네. 그 아까운 간을, 그 용하다는 명약을 심심산골에 숨겨 두고 아까운 목숨만 사라지네.
(엄살: 아픔이나 괴로움을 거짓으로 꾸미거나 실제보다 보태어서 나타냄. 또는 그런 태도나 말. / 심심산골: 깊고 깊은 산골)

자라 폐하! 다시 육지로 나가 토끼 간을 받아오겠나이다. 산속 짐승이나 물속 짐승이나 모두 하나뿐인 생명입니다. 힘이 들더라도 한 번 더 다녀오겠습니다.
(용왕의 생명을 구하기 위해 노력함.)

용왕 그래라, 그래. 간도 없는 놈을 죽여 무엇하겠느냐. 털가죽도 뒤집어 쓰는 걸 보니, 간 아니라 심장도 밖에다 내놓고 다닐 놈이로다. 얼른 서둘러 다녀오너라.
(자기의 이익만 생각함.)

자라 다녀오겠습니다, 폐하!

뱀장어 (칼을 휘두르며 쫓아온다.) 속지 마십시오, 폐하! 이놈 간 내놔! 간 내놔!
(토끼가 거짓말을 한다는 것을 눈치챔.)

토끼, 도망치며 얼른 자라의 등에 탄다.

토끼, 자라의 등을 발로 차며 '이랴 낄낄' 한다.

둘은 헤엄쳐 간다.

둘의 뒤로 다른 물고기들이 헤엄쳐 따라온다.

재미있는 빠른 음악이 울린다.

토끼 아이고, 이놈아, 빨리 가자. ㉠간 떨어지겠다. 간이 콩알만 해지겠다.
(간 떨어지겠다: 순간적으로 몹시 놀랐다는 뜻 / 간이 콩알만 해지겠다: 몹시 두려워지거나 무서워진다는 뜻)

자라 뭐라고? 간이 떨어져?

토끼 아냐, 어서 가. 똥 떨어진다는 소리다.

자라 앗! (걱정하며) 내 등에 싸지 마!

17 토끼는 죽을 위기에서 벗어나 자신의 목숨을 구하기 위해 자신의 간을 산골에 두고 왔다고 말하였습니다.

18 '간 떨어지다'는 순간적으로 몹시 놀랐다는 뜻으로, '간담이 떨어지다', '간이 서늘하다'와 뜻이 비슷한 말입니다.

어휘 마무리 뚝딱 074~075쪽

1 (1) ㉡ (2) ㉠ (3) ㉢
2 (1) 불신 (2) 건강해서 (3) 지난날
3 (1) 반드시 (2) 반듯이
4 지우

1 (1) '공연히'는 '아무 까닭이나 실속이 없게'라는 뜻입니다. (2) '휩쓸리다'는 '무엇에 영향을 입다.'라는 뜻입니다. (3) '공들다'는 '어떤 일을 이루는 데에 정성과 노력이 많이 들다.'라는 뜻입니다.

2 (1) '확신'은 '굳게 믿는 마음.'이라는 뜻으로, '믿지 아니함. 또는 믿지 못함.'이라는 뜻의 '불신'과 뜻이 반대됩니다. (2) '허약하다'는 '힘이나 기운이 없고 약하다.'라는 뜻으로, '정신적으로나 육체적으로 아무 탈이 없고 튼튼하다.'라는 뜻의 '건강하다'와 뜻이 반대입니다. (3) '앞날'은 '앞으로 닥쳐올 날'이라는 뜻으로, '지나온 과거의 날. 또는 그런 날의 행적.'이라는 뜻의 '지난날'과 뜻이 반대입니다.

오답 풀이
(3) '뒷날'과 '훗날'은 모두 '시간이 지나 뒤에 올 날'을 뜻하는 낱말입니다.

3 (1) 약속을 틀림없이 꼭 지켜야 한다는 뜻을 가진 낱말이 들어가야 하므로 '반드시'가 알맞습니다. (2) 선을 똑바르게 긋는다는 뜻이므로 '반듯이'가 알맞습니다.

4 친구들이 힘을 모아 줄다리기를 한 상황인 지우의 말에 '대동단결'을 사용하기 알맞습니다. 세윤이의 말에는 '대동단결' 대신 '서로 크게 다른 것이 없이 거의 같다.'라는 뜻의 '대동소이'가 어울립니다.

3단원 타당한 근거로 글을 써요

독해로 교과서 쏙쏙 080~091쪽

독해로 이해 콕

1 수염 2 × 3 ○
4 밖 5 수염 6 그냥
7 물음표 8 ○
9 ① 생산자 ② 생산자 10 ×
11 ○ 12 착취 13 ○
14 적게 15 공정 무역 인증 표시
16 × 17 미세 먼지 18 상수리나무
19 ○ 20 × 21 ○
22 누리 소통망 23 다르다 24 불매

01 수염 02 ⑤ 03 ④
04 (3) ○ 05 예 수염을 이불 안에 넣고 자는지, 꺼내 놓고 자는지 기억하지 못했기 때문이다.
06 ㉰ 07 예 어떤 행동이나 일을 할 때 그냥 하는 것이 아니라 '왜' 또는 '어떻게'를 생각해야 한다.
08 ⑤ 09 ③ 10 예 읽는 사람의 흥미를 불러일으킬 수 있다. / 감동을 바탕으로 하여 주장하는 내용을 설득할 수 있다.
11 (1) 서론 (2) 예 공정 무역 제품을 사용하자.
12 예 임금이 상대적으로 낮은 어린이를 고용하면 생산 비용을 낮출 수 있기 때문이다. 13 ④, ⑤
14 ④ 15 (2) ○ 16 (1) 책 (2) 『인간의 얼굴을 한 시장 경제, 공정 무역』 (3) 공정 무역 인증 표시 17 ②, ④ 18 예 타당하지 않다. 공정 무역 제품을 사용해야 하는 까닭이 아니라 공정 무역 인증 표시에 대한 설명이어서 주장을 직접적으로 뒷받침하지 못하기 때문이다. 19 ②
20 ① 21 (3) × 22 근거 ③
23 예 근거 ④, 자료가 근거를 뒷받침한다고 생각한다. 나무가 책상이 되는 과정이므로 숲이 소중한 자원이 된다는 것을 뒷받침하기 때문이다. 24 ①, ②
25 (1) ○ 26 ④, ⑤ 27 (1) 이름 (2) 학교 28 예 누리 소통망을 올바르게 사용해야 한다. 잘못된 정보가 쉽게 퍼질 수 있기 때문이다.

01 아이는 할아버지의 긴 수염을 신기한 눈으로 바라보며 "주무실 때 그 수염을 이불 안에 넣나요, 아니면 꺼내 놓나요?"라고 물었습니다.

02 할아버지가 바로 대답하지 못한 것은 수염을 기른 채 몇십 년 동안이나 살아왔지만, 그때까지 한 번도 그런 궁금증을 지녀 본 적이 없었기 때문입니다.

03 할아버지는 이불 속에 수염을 넣고 누웠더니 너무 갑갑하고 거북했다고 하였습니다.

04 할아버지는 밤새도록 수염을 넣었다 꺼냈다 하느라고 한숨도 잘 수가 없었습니다.

05 할아버지는 아이에게 오늘 밤에 한번 자 보고 내일 아침에 가르쳐 주겠다고 했지만, 자신의 수염을 어떻게 하고 잤는지 기억할 수가 없어서 약속을 지키지 못하였습니다.

채점 기준 '수염을 어떻게 하고 자는지 기억하지 못해서'의 내용으로 썼으면 정답으로 합니다.

06 글 3에서 글쓴이는 우리에게 있는 '수염'은 누가 질문을 할 때 깊은 생각 없이 '그냥'이라고 대답하는 것, 남들이 하니까 그냥 따라 하고, 어른들이 시키니까 그냥 했던 일이라고 하였습니다.

07 글쓴이는 어떤 행동이나 일을 할 때 습관적으로 기계적으로 그냥 하는 것이 아니라 '왜' 또는 '어떻게'를 생각해야 한다고 하였습니다.

채점 기준 '왜' 또는 '어떻게'를 생각해야 한다는 내용이 드러나게 답을 썼으면 정답으로 합니다.

08 글 4에서 글쓴이는 아무 생각 없이 습관적으로 살지 말고 '왜' 또는 '어떻게'를 생각하며 살자고 하였습니다.

09 글쓴이는 자신의 주장을 뒷받침하기 위해 글 1~2에서 긴 수염 할아버지 이야기를 활용하였습니다.

10 긴 수염 할아버지 이야기 같은 일화를 자료로 활용하면 글을 읽는 사람들이 흥미를 가질 수 있고, 글쓴이가 주장하는 내용의 설득력이 높아질 수 있습니다.

채점 기준 흥미를 불러일으킨다는 내용이나 설득력을 높인다는 내용이 드러나게 썼으면 정답으로 합니다.

11 논설문은 서론, 본론, 결론으로 이루어지며 글 1은 서론에 해당합니다. 글 1의 '우리도 공정 무역 제품을 사용해 이러한 변화에 동참해야 합니다.'라는 문장과 글 2, 3의 내용을 통해 글쓴이가 공정 무역 제품을 사용하자고 주장하고 있음을 파악할 수 있습니다.

12 글 3에서 일부 다국적 기업들이 물건의 생산 비용을

낮추려고 임금이 상대적으로 낮은 어린이를 고용하였음을 알 수 있습니다.

채점 기준 생산 비용을 낮출 수 있기 때문이라는 내용으로 썼으면 정답으로 합니다.

13 글쓴이는 주장에 대한 근거로 글 ❷에서는 공정 무역이 생산자에게 돌아갈 정당한 이익을 지켜 준다는 것을, 글 ❸에서는 아이들을 위험에서 보호할 수 있다는 것을 제시하였습니다.

14 글 ❸에서 글쓴이는 근거를 뒷받침하기 위해서 동영상 자료「초콜릿 감옥」을 활용하였습니다.

15 공정 무역에서 친환경 농사법을 권장하는 까닭은 농약과 화학 비료를 적게 쓰고 유기농으로 농사를 지으면 자연을 보호하고 생산자의 건강도 지킬 수 있기 때문입니다.

16 글 ❹에서는『인간의 얼굴을 한 시장 경제, 공정 무역』이라는 책을, 글 ❺에서는 '공정 무역 인증 표시'라는 그림을 근거를 뒷받침하는 자료로 활용하였습니다.

17 이 글의 마지막 부분에서 공정 무역 제품을 사용하는 것은 가난한 나라가 자립하도록 도와주는 방법이자, 우리 환경을 보호할 수 있는 방법이라고 하였습니다.

18 글 ❺에서 제시한 근거가 공정 무역 제품을 사용하자는 글쓴이의 주장과 관련이 있는지, 주장을 뒷받침하는지 판단해 봅니다.

채점 기준 근거로 타당하지 않다는 내용을 설득력 있게 썼으면 정답으로 합니다.

19 자료의 종류가 다양하다고 무조건 좋은 것이 아니라, 다양한 종류의 자료가 근거의 내용과 관련 있는지 확인해야 합니다.

20 ❶에 제시된 근거 ①~④는 '숲을 보호하자, 숲을 지키자.'라는 주장을 뒷받침하는 근거로 적절합니다.

21 '자료 1'에서는 나무가 이산화 탄소를 흡수하여 지구 온난화를 예방한다고 알려 주고 있습니다.

22 '자료 1'은 나무를 심으면 나무가 이산화 탄소를 흡수해 지구 온난화 예방에 도움이 된다는 내용이므로, 근거 ③을 뒷받침하는 자료로 활용할 수 있습니다.

23 '자료 2'는 근거 ④와 관련이 있습니다. 자료가 근거를 뒷받침하는지 판단하여 봅니다.

채점 기준 자료가 근거를 뒷받침하는지 판단하고, 그 까닭을 들어 설득력 있게 썼으면 정답으로 합니다.

24 근거에 알맞은 자료를 활용하면 글의 타당성이 생기고 설득력이 더욱 높아집니다.

25 "오늘은 다들 얼굴 볼 시간도 없이 바쁘구나."라는 말에서 소희네 가족이 한곳에 모여 의논하기 어려워 단체 대화방을 이용했음을 알 수 있습니다.

26 누리 소통망을 이용하면 소희네 가족처럼 한곳에 모이지 않고도 의견이나 이야기를 나눌 수 있고, 많은 사람에게 정보를 쉽게 전달할 수 있습니다. 또한 소희의 오빠처럼 다른 사람이 쓴 정보를 쉽게 얻을 수 있습니다.

27 불매 운동으로 가게에 손님이 끊겼고, 성민이의 이름, 다니는 학교 등 개인 정보가 유출되었습니다.

28 누리 소통망 이용의 장점과 단점을 바탕으로 하여 자신의 주장을 생각해 보고, 주장을 뒷받침하는 알맞은 근거를 써 봅니다.

채점 기준 주장과 근거가 서로 관련이 있고, 근거가 주장을 뒷받침하게 썼으면 정답으로 합니다.

단원 평가

092~095쪽

01 ⑤ **02** 그냥 **03** 예 습관적으로 그냥 살지 말고 자기 안에 물음표를 가지고 살자.
04 (3) × **05** 공정 무역 **06** ④
07 ② **08** 예 타당하다. 공정 무역 제품을 사용하자는 글쓴이의 주장을 뒷받침하고 주장과 관련 있기 때문이다. **09** ③ **10** 근거 ④
11 ④ **12** ③, ④, ⑤ **13** ③
14 ④, ⑤ **15** 예 개인 정보가 유출될 수 있다. / 잘못된 정보가 쉽게 퍼질 수 있다.

독해로 생각 Up **16** ③, ④ **17** ①, ②

01 글쓴이는 아무 생각 없이 모든 순간을 습관적으로 기계적으로 살아가는 사람은 이야기 속 할아버지와 똑같다고 하였습니다.

02 글쓴이는 누가 질문을 할 때 깊이 생각하지 않고 '그냥'이라고 대답하는 것이 우리에게 있는 '수염'이라고 하였습니다.

03 글쓴이는 글 다에서 할아버지 이야기를 활용하여 자신의 주장을 드러내고 있습니다.

채점 기준 '그냥'이라고 생각하지 말고, '왜' 또는 '어떻게'를 생각하자는 내용을 쓴 경우에도 정답으로 합니다.

04 이 글은 공정 무역이라는 화제를 제시하고 있으므로 글의 서론에 해당하며, 마지막 문장에 글쓴이의 주장을 제시하고 있습니다.

05 세 번째 문장에서 공정 무역의 뜻을 설명하고 있습니다.

06 공정 무역에서는 중간 유통 단계를 줄여 생산자의 이익을 보장해 주었다고 하였습니다.

07 이 글에서는 근거를 뒷받침하는 자료로 일반 무역 유통 단계와 공정 무역 유통 단계를 비교한 그림을 활용하였습니다.

08 근거가 주장을 뒷받침하는지, 주장과 관련이 있는지 생각하여 타당성을 판단해 봅니다.

채점 기준 근거의 타당성을 판단하여 설득력 있게 답을 썼으면 정답으로 합니다.

09 이 주장을 뒷받침하는 근거는 숲이 우리에게 주는 이로운 점을 알려 주어야 합니다. 그러나 ③은 사람이 숲을 파괴한 내용이므로 적절하지 않습니다.

10 숲에서 가져온 나무로 우리 생활에 필요한 물건을 만드는 과정이므로 근거 ④와 관련이 있습니다.

11 오빠는 누리 소통망에서 △△식당을 이용한 손님이 쓴 글을 읽고 식당 정보를 알았습니다.

12 누리 소통망을 이용하면 한곳에 모이지 않고도 이야기를 할 수 있고, 많은 사람에게 쉽게 전달할 수 있으며 오빠처럼 다른 의견을 쉽게 제시할 수도 있습니다.

13 글쓴이와 손님은 많은 사람이 보게 하고, 각자의 생각을 널리 알리기 위해서 누리 소통망에 글을 썼습니다.

14 손님이 쓴 글로 인해 글쓴이네 가게에 손님이 뚝 끊겼고, 글쓴이의 이름, 다니는 학교 등의 개인 정보가 유출되기까지 하였습니다.

15 누리 소통망을 이용하면 개인 정보 유출이나 잘못된 정보가 쉽게 퍼지는 등의 나쁜 일이 일어날 수도 있습니다.

채점 기준 이 글에 나타난 누리 소통망을 이용했을 때의 단점을 알맞게 썼으면 정답으로 합니다.

지문 해설 독해로 생각 Up

종이 신문을 읽자

신문은 매일 새로운 소식을 빠르게 전해 주는 매체이다. (신문에 대한 설명) 인터넷 검색이 편하고 효율적이며, 텔레비전은 재미와 생동감이 넘치지만, 종합적이고 체계적인 정보를 얻는 데는 신문만 한 것이 없다. (신문의 특징) 특히, 종이 신문은 새로운 소식을 한눈에 볼 수 있어 세상을 보는 가장 효율적인 창이 된다. (종이 신문을 가리킴.)

인터넷 신문은 조회 수를 높이려고 흥미 위주의 기사를 많이 내보내지만, 종이 신문은 다양한 분야의 기사를 실어 균형 잡힌 정보를 전해 준다. 게다가 종이 신문을 다 읽은 다음 채소나 과일을 보관하는 데 쓰면 신선함을 유지하는 데 도움이 된다.

신문을 읽는 것이 우리에게 어떤 도움이 될까? 첫째, 신문을 읽으면 성적이 향상된다. (신문을 읽으면 좋은 점-주장에 대한 근거 ①) △△ 대학 연구진이 학생들을 대상으로 조사한 결과 신문을 읽는 빈도가 높을수록 국어뿐만 아니라 수학과 과학에서도 성적이 높았다고 한다. (빈도: 같은 일이나 현상이 나타나는 횟수.)

둘째, 신문을 읽으면 지식이 풍부해진다. (신문을 읽으면 좋은 점-주장에 대한 근거 ②) 우리가 살아가는 데 필요한 지식이 교과서에 다 담겨 있는 것은 아니다. 신문을 읽음으로써 학교에서 배우지 못하는 살아 있는 지식을 배우고, 사회적 사안들에 관한 다양하고 풍부한 지식을 바탕으로 하여 사회를 보는 눈을 키울 수 있다. (사안: 법률, 규정 등으로 문제가 되어 여럿이서 의논하거나 살펴보아야 할 내용.) (중략)

세상의 흐름을 한눈에 보여 주는 종이 신문을 읽어 세상을 보는 눈을 넓히자. 다양한 지식은 물론 삶의 지혜도 얻을 수 있어 한 뼘 더 성장할 것이다. 시간이 나면 휴대 전화부터 들여다보는 습관을 버리고, 종이 신문 읽기를 생활화하자. (글쓴이의 주장)

16 종이 신문은 새로운 소식을 한눈에 볼 수 있어 세상을 보는 가장 효율적인 창이 된다고 하였습니다.

17 글쓴이는 주장을 뒷받침하는 근거로 신문을 읽으면 성적이 향상된다는 점과 지식이 풍부해진다는 점을 제시하였습니다.

어휘 마무리 뚝딱

096~097쪽

1 (1) ㉮ (2) ㉰ (3) ㉯
2 (2) ○
3 (1) 부르셨다 (2) 다를 게 없다 / 다르지 않다 등 (3) 좋기 때문이다
4 (3) ×

1 (1) '절감'은 '아껴서 줄인다.'라는 뜻이고, (2) '배상'은 '남에게 입힌 손해를 물어 주는 일.'을 뜻하며, (3) '불매'는 '상품 등을 사지 않는다.'라는 뜻입니다.

2 <보기>의 '기르다'는 '머리카락이나 수염 등을 길게 자라게 하다.'라는 뜻입니다. (1)의 '기르다'는 육체나 정신의 능력을 더 강하고 크게 한다는 뜻이며, (3)의 '기르다'는 동식물에 먹이나 양분을 주고 보살펴 자라게 한다는 뜻입니다.

3 (1) 높임의 대상에 맞게 높임말을 사용하여 '불렀다'를 '부르셨다'로 고쳐야 합니다. (2) '별로'는 부정을 뜻하는 서술어와 호응하므로 '다르지 않다, 다를 게 없다' 등으로 고쳐야 합니다. (3) '까닭은'은 '~ 때문이다'와 호응하므로 '좋기 때문이다'로 고쳐야 합니다.

4 (1) 말은 비록 발이 없지만 천 리 밖까지도 순식간에 퍼진다는 뜻으로 말을 삼가고 조심해야 함을 비유적으로 이르는 말입니다. (2) 아무리 비밀스럽게 한 말도 남의 귀에 들어가기 쉬우니 항상 말조심하라는 뜻입니다. (3) 어떤 사물에 몹시 놀란 사람은 비슷한 사물만 보아도 겁을 냄을 이르는 말입니다.

4단원 효과적으로 발표해요

독해로 교과서 쏙쏙

102~107쪽

독해로 이해 콕

1 휴대 전화	2 ○	3 영상
4 ○	5 건강	6 새로운
7 ×	8 ○	9 ○
10 ○	11 필요한	12 신문 기사

01 (1) ㉯ (2) ㉮ 02 (1) 예 스마트폰 과몰입을 예방하자. (2) 예 도표이다. 도표로 정리하면 한눈에 실태를 파악할 수 있기 때문이다. 03 (1) ○
04 ②, ③, ⑤ 05 손가락 06 ②
07 ② 08 예 발표를 듣는 사람들이 흥미를 느낄 만한 주제를 정한다. / 친구들과 토의해서 다양한 의견을 나눈다. 09 (1) 주제 (2) 분량 (3) 편집
10 ㉮, ㉰ 11 ③ 12 서진
13 ① 14 예 소개하거나 부탁할 내용과 같이 발표하기 전이나 발표한 뒤에 말할 내용을 다양한 방법으로 준비한다. / 발표를 하거나 들을 때 집중하고 듣는 사람이나 발표하는 사람을 존중한다.
15 ㉰ – ㉱ – ㉳ – ㉮

01 '자료 1'에서는 공익 광고 사진을 활용하여 하루 종일 휴대 전화에 중독된 사람이 많다는 주제를, '자료 2'에서는 도표를 활용하여 걸을 때나 운전할 때 휴대 전화를 사용하면 위험하다는 주제를 전하고 있습니다.

02 휴대 전화 사용 습관과 관련된 발표 주제를 쓰고, 주제를 효과적으로 표현하기 위해 어떤 매체 자료를 활용하면 좋을지, 매체의 특징을 바탕으로 하여 그 까닭을 함께 씁니다.

채점 기준 발표 주제가 휴대 전화 사용 습관과 관련이 있고, 매체 자료를 활용하려는 까닭이 설득력이 있으면 정답으로 합니다.

보충 자료 **매체 자료의 종류에 따른 효과**
- 표: 많은 양의 자료를 한눈에 보여 줄 수 있습니다.
- 도표: 여러 가지 수량을 한눈에 비교하거나, 수량의 변화 정도를 알 수 있습니다.
- 사진, 동영상, 음성 등 시청각 자료: 발표 대상의 모습을 정확하고 생생하게 보여 줄 수 있습니다.

03 온라인 댓글로 누군가에게 나쁜 영향이나 좋은 영향을

줄 수 있다는 내용이므로 '온라인 언어폭력을 하지 말자, 읽는 사람을 배려하며 온라인 댓글을 쓰자, 온라인 댓글을 긍정적으로 쓰자.'와 같은 생각을 전달하고 있음을 알 수 있습니다.

04 '당신은 능력자입니다.'라는 비유적 표현을 사용하였으며, 손가락을 천사 또는 악마의 모습에 비유해 상황에 따라 능력이 달라짐을 나타냈습니다.

05 나에서 손가락을 천사와 악마의 모습으로 표현하고, 손가락만 까딱하면 누군가를 아프게 할 수도, 기쁘게 할 수도 있다고 했습니다.

06 1에서 학교 방송국이 '건강 주간'을 맞아 건강을 주제로 한 매체 자료를 공모한다고 하였습니다.

07 1에서 뽑힌 작품은 전교생에게 발표할 예정이라고 하였습니다.

08 사회자의 말에서 발표를 듣는 사람이 흥미를 느낄 만한 주제를 정하고, 토의를 해서 다양한 의견을 나누어야 한다는 점을 알 수 있습니다.

채점 기준 칠판의 내용을 바탕으로 '발표 상황과 관련한 자료를 더 찾아본다.' 등을 쓴 경우에도 정답으로 합니다.

09 발표 내용은 주제를 효과적으로 전할 수 있는 것으로 정해야 합니다. 발표 장면의 내용과 차례는 주제와 내용이 체계적으로 전달되고 이해하기 쉽도록 정해야 하고, 정한 장면이 촬영이나 편집이 가능해야 하며, 분량이 전체 발표 시간에 알맞아야 합니다.

10 ㉠에는 맨발 걷기를 실천하는 데 도움이 되는 장면이 들어가야 하므로 ㉮와 ㉰를 추가할 수 있습니다.

11 '촬영 계획 세우기' 과정에서는 역할을 정하고, 장면 번호, 촬영 내용, 촬영 일시와 장소, 준비물을 계획해야 합니다. ③ 배경 음악은 '편집하기' 단계에서 정합니다.

12 화면을 이동할 때에는 너무 빠르지 않게 하고, 면담 촬영을 할 때에는 질문 내용을 미리 준비하여 면담 대상자에게 알려 줘야 합니다.

13 면담 대상자는 촬영 계획을 세우는 과정에서 미리 정해야 합니다.

14 영상 자료를 만들어 발표하려고 할 때 어떻게 하면 발표 효과를 더 높일 수 있을지 생각해 봅니다.

채점 기준 발표를 효과적으로 할 수 있는 방법으로 적절하면 정답으로 합니다.

15 발표 상황에 맞게 영상 자료의 주제를 정한 후, 내용과 장면을 정해서 촬영 계획을 세우고, 촬영하고 편집한 뒤에 발표합니다.

단원 평가

108~111쪽

01 ④ 02 윤아 03 ②
04 ④ 05 예 도표로 나타내니 연도별로 휴대 전화 관련 교통사고 발생량이 크게 늘어난 것을 알 수 있으므로, 주제를 잘 전한다고 생각한다. / 휴대 전화와 관련된 교통사고 수치도 넣어 더 정확한 통계를 알 수 있으므로, 주제를 잘 전한다고 생각한다. 06 능력자
07 장면 ❶, 장면 ❷ 08 예 영상을 보는 사람이 질문의 답을 생각하며 스스로를 돌아보게 만드는 효과가 있다. 09 ⑤
10 ①, ② 11 (2) ○ 12 (1) ㉯ (2) ㉮
13 ② 14 예 맨발 걷기를 하는 사람들의 모습 / 맨발 걷기를 하는 사람과의 면담
15 ③ 16 ⑤

독해로 생각 Up 17 ①, ③ 18 ③, ④

01 이 자료는 공익 광고 사진으로, 사람이 휴대 전화를 붙잡고 휴대 전화가 사람을 꽉 붙잡고 있는 모습을 표현하여 휴대 전화 사용 습관과 관련된 주제를 전달하고 있습니다.

02 공익 광고의 글과 사진의 내용을 통해 휴대 전화의 노예가 되지 말고 알맞게 사용하자는 주제를 전하고 있음을 파악할 수 있습니다.

03 이 자료는 2011년부터 2015년까지 휴대 전화와 관련된 교통사고 발생 수를 나타낸 도표입니다.

04 휴대 전화와 관련된 교통사고 발생 수를 나타낸 것이므로, 걷거나 운전할 때 휴대 전화를 사용하면 위험하다는 주제를 전하고 있음을 알 수 있습니다.

05 매체 자료의 효과와 관련지어 주제를 효과적으로 전하는지 판단해 봅니다.

채점 기준 매체 자료의 표현 효과를 파악하고 주제를 잘 전하는지 알맞게 판단하여 썼으면 정답으로 합니다.

06 장면 ❶에서 '당신'을 누군가를 아프게도 기쁘게도 할 수 있는 능력자에 비유하였습니다.

07 장면 ❶은 손가락을 악마로 표현하고 어두운 색을 사용하고, 장면 ❷는 손가락을 천사로 표현하고 밝고 환한 색을 사용하여 대조적으로 구성하였습니다.

08 이 영상에서는 마지막 장면에서 질문을 자막으로 넣어 영상을 보는 사람이 스스로를 돌아보게 했습니다.

채점 기준 질문의 답을 생각해 보며 반성하게 한다는 내용으로 썼으면 정답으로 합니다.

09 이 그림은 발표 목적과 듣는 사람을 파악하는 '발표 상황 파악하기' 과정에 해당합니다.

10 발표 상황을 파악할 때에는 발표하는 목적과 그 발표를 듣는 사람이 누구인지 파악합니다.

11 학교 방송부에서 건강을 주제로 한 매체 자료를 공모한다고 하였으므로 건강을 주제로 해야 합니다. 또한 전교생에게 발표할 내용이므로 1~6학년이 모두 쉽게 이해하고 실천할 수 있는 내용을 찾아야 합니다.

12 그림 ❶은 제작할 영상의 주제를 정하기 위한 토의를 하고 있고, 그림 ❷는 영상에 어떤 내용을 넣을 것인지 정하고 있습니다.

13 주제를 정할 때에는 발표를 듣는 사람이 흥미를 느낄 만한 주제, 도움이 될 만한 주제를 정합니다.

14 그림의 대화를 참고하여 주제를 효과적으로 전할 수 있는 촬영 내용이 무엇일지 생각해 봅니다.

채점 기준 맨발 걷기와 관련된 내용이고, 주제를 효과적으로 전할 수 있는 내용을 썼으면 정답으로 합니다.

15 자막, 배경 음악에 대해 이야기를 주고받고, 추가로 활용할 매체 자료에 대한 토의가 필요한 과정은 '편집하기' 과정입니다.

16 인터넷은 여러 사람에게 공개되는 매체이므로 함부로 개인 정보를 공개하면 피해를 줄 수 있습니다.

지문 해설 **독해로 생각 Up**

해양 쓰레기의 뜻과 쓰레기 분해 시간

1 해양 쓰레기란?

해양 쓰레기는 사람이 살면서 만들어 낸 부산물이 바다로 들어가 못 쓰게 되는 것들을 모두 이르는 말이에요. (해양 쓰레기의 뜻) 해안에 있는 것, 바다에 있는 것, 육지에서 버려 바다로 들어간 것 모두 해양 쓰레기인 거죠. (해양 쓰레기의 종류)

2 쓰레기가 분해되는 데 걸리는 시간은?

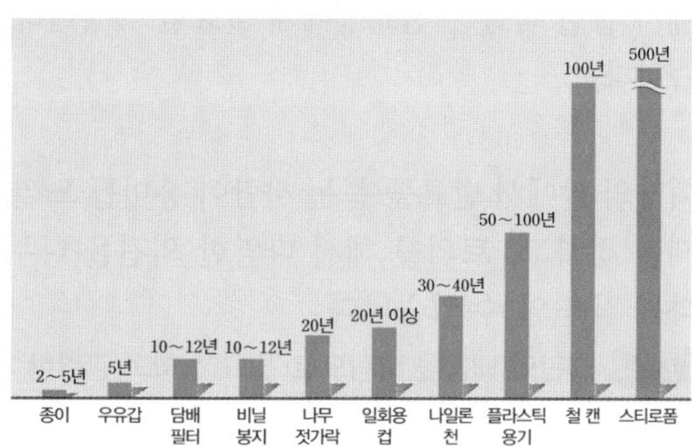

사실 바다에 쓰레기를 버리는 습관은 아주 오래됐어요. (오래 전부터 바다에 쓰레기를 버렸음.) 배에서 발생하는 쓰레기를 처리하는 방법으로 바다에 버리는 것만큼 간편하고 확실한 게 없었으니까요. 하지만 시대가 변하면서 버려지는 쓰레기의 종류가 달라졌어요. 플라스틱, 깡통, 유리병 등 잘 썩지 않는 폐기물들이 바다에 버려져 해양 환경을 파괴하기 시작한 거죠.

해양수산부의 '현장 지도자용 해양 폐기물 모니터링 안내서'(활용한 매체 자료)에 따르면 해양 쓰레기의 분해 시간은 종이 2~5년, 담배 필터 10~12년, 일회용 컵 20년 이상, 플라스틱 용기 50~100년 이상이라고 해요. 작은 일회용 컵조차 분해되는 데 20년 넘게 걸린다니 정말 놀라운데요, 이는 곧 우리의 실천이 중요하다는 뜻 아닐까요?

17 글 ❶에서는 해양 쓰레기의 뜻을, 글 ❷에서는 해양 쓰레기의 분해 시간을 설명하고 있습니다.

18 글 ❶에서는 해양 쓰레기의 뜻을 설명하면서 사진 자료를 활용하였고, 글 ❷에서는 해양 쓰레기의 분해 시간을 설명하면서 도표를 활용하여 내용을 효과적으로 전달하고 있습니다.

어휘 마무리 뚝딱

112~113쪽

1 (1) 보완 (2) 공모 (3) 까딱
2 (1) ㉠ (2) ㉢ (3) ㉡
3 꾸준이 → 꾸준히
4 (3) ○

1 (1) '보완'은 모자라거나 부족한 것을 보충하여 완전하게 한다는 뜻입니다. (2) '공모'는 일반에게 널리 공개하여 모집한다는 뜻입니다. (3) '까딱'은 고개나 손가락을 아래위로 가볍게 한 번 움직이는 모양을 뜻합니다.

2 (1) 세월이 지나간다는 뜻으로 쓰였므로 ㉠이 알맞습니다. (2) 물이 낮은 곳으로 내려간다는 뜻으로 쓰였으므로 ㉢이 알맞습니다. (3) 음악 소리가 퍼진다는 뜻이므로 ㉡이 알맞습니다.

3 낱말의 끝소리가 '이'로 소리나는 것은 '이'로 적고 '히'로 소리 나는 것은 '히'로 적어야 합니다. 또 '이'나 '히'로 모두 소리 나는 것은 '히'로 적습니다.

4 (3)은 문화도 배우는데 언어도 배울 수 있어 좋은 것에 또 좋은 것이 더해 일어난다는 뜻이므로 '금상첨화'를 사용하기에 알맞습니다. (2)는 난처한 일이 잇따라 일어나는 상황이므로 '금상첨화'의 반댓말인 '설상가상'이 알맞습니다.

5단원 글에 담긴 생각과 비교해요

독해로 교과서 쏙쏙

118~135쪽

독해로 이해 콕

1 문화　2 ×　3 평화
4 ×　5 ×　6 선비
7 ×　8 ① ○　9 교육
10 세금　11 잃을　12 ×
13 필요하다　14 ×　15 로봇 개발자
16 특허 사용료　17 늦추어야　18 ×
19 장복이　20 ×　21 ×
22 오랑캐　23 ○　24 ③ ○
25 청나라　26 ×　27 ×
28 ×　29 ② ○
30 거름으로 쓸 때　31 ×　32 ○
33 스스로　34 쓰임새　35 ① ○
36 ×　37 ① ○　38 소송
39 착한 사마리아인의 법

01 ②　02 예 인의가 부족하고, 자비가 부족하고, 사랑이 부족하기 때문이다.　03 ①, ⑤
04 (1) ○ (2) ○　05 ②　06 ⑤
07 (2) ○　08 예 글의 내용을 잘 설명할 수 있는 제목이기 때문이다. / 읽는 사람의 관심을 끌 수 있는 제목이기 때문이다. / 글쓴이의 생각을 잘 드러낼 수 있는 제목이기 때문이다.　09 ㉡　10 ①, ③, ⑤
11 (2) ○　12 부정적인　13 예 로봇세를 활용하면 일자리를 잃은 사람들이 재교육을 받고 새로운 일자리를 찾는 데 도움을 줄 수 있다. / 소득을 재분배함으로써 국민의 복지 향상에 도움을 줄 수 있다.
14 ③, ④　15 (3) ○　16 ①
17 ㉡　18 예 로봇세 도입은 로봇 산업 발전에 걸림돌이 될 수 있으므로 로봇세 도입을 늦추어야 한다.　19 ③　20 ㉮
21 지오　22 중국　23 예 황제는 물론 장상과 대신 등 모든 관원과 백성이 머리를 깎았으니 오랑캐요, 오랑캐의 나라에서는 볼 게 없기 때문이다.
24 ④　25 예 나리도 중국이 오랑캐의 나라라 볼 게 없다고 여기는지 궁금하였기 때문이다.
26 ⑤　27 기와 조각, 똥 덩어리　28 ㉰
29 (2) ○　30 예 집에 담을 쌓을 때 둘씩 짝을 지어 물결무늬를 만들거나, 네 조각을 모아 쇠사슬 모양

이나 엽전 모양을 만들어 사용할 때이다.
31 ㉮ 32 민호 33 ⑤
34 ① 35 ②, ④ 36 ㉯
37 (1) ○ 38 예 나리는 왜 장복이의 아양에도 명확히 답을 해 주지 않았나요? / 창대가 똥 누각을 부러워한 까닭은 무엇인가요? 39 ③
40 (1) ○ 41 예 법으로 정할 필요가 있다. 당연히 지켜야 할 도덕적 의무이니 따르지 않는다면 법으로 처벌하는 게 옳다고 생각하기 때문이다. / 법으로 정하지 않아도 된다. 도덕까지 법으로 규제하는 것은 강압이라는 생각이 들기 때문이다. 42 ④
43 ㉮, ㉰

01 글 1에서 백범 김구 선생은 우리나라가 세계에서 가장 아름다운 나라가 되기를 원한다고 하였습니다.

02 글쓴이는 인류가 현재에 불행한 근본 이유는 인의가 부족하고, 자비가 부족하고, 사랑이 부족한 때문이라고 하였습니다.
채점 기준 '인의, 자비, 사랑' 세 가지 낱말을 넣어 예시 답의 내용으로 썼으면 정답으로 합니다.

03 글 2에서 글쓴이는 문화를 높이기 위하여 우리가 할 일은 사상의 자유를 확보하는 정치 양식의 건립과 국민 교육의 완비라고 하였습니다.

04 글쓴이의 생각을 파악하며 글을 읽으면 글의 내용을 좀 더 깊이 이해할 수 있고, 글쓴이가 글을 쓴 의도와 목적, 글의 주제를 알기 쉽습니다. 또한 글의 내용만 이해하고 읽을 때보다 제목을 그렇게 정한 까닭을 알기 쉽습니다.

05 글 3에서 우리 민족의 개개인은 이기적 개인주의자가 되어서는 안 된다고 하였습니다.

06 우리 민족이 인자하고 어진 덕을 가지면 촌락과 도시는 깨끗하고 풍성하고 화평할 것이라고 하였습니다.

07 글쓴이는 글 4에서 자신이 바라는 새 나라가 교육의 힘으로 반드시 이루어질 것이라고 믿는다고 하였으며, 천하의 교육자와 남녀 학도들이 교육의 힘으로 높은 문화를 가진 나라를 이루기를 당부하였습니다.

08 백범 김구 선생이 정한 제목을 통해 글에 담긴 내용이나 글을 쓴 목적을 짐작해 볼 수 있습니다.
채점 기준 제시한 예시 답 중 한 가지를 썼거나 그와 비슷한 내용으로 썼으면 정답으로 합니다.

09 글쓴이는 로봇세를 걷어야 한다고 생각해서 글의 제목에 이와 같은 생각을 강조하고 있습니다.

10 글쓴이는 로봇세 도입이 필요하다는 생각을 드러내고자 '도입', '소득을 재분배', '인간과 로봇이 함께 살아가는 방법'과 같은 표현을 썼습니다.

11 세계 경제 포럼은 로봇이나 인공 지능이 이끄는 4차 산업 혁명으로 수많은 사람이 일자리를 잃을 것이라고 전망하였습니다.

12 글쓴이는 자신과 달리 로봇세 도입에 부정적인 사람들에게 긍정적으로 생각해 보라는 의도나 관점으로 이 글을 썼을 것입니다.

13 글쓴이가 로봇에게 세금을 부과하자고 말한 까닭에 해당하는 내용을 찾아 정리하여 씁니다.
채점 기준 제시한 예시 답 중 한 가지를 썼거나 그와 비슷한 내용으로 썼으면 정답으로 합니다.

14 글쓴이는 로봇세 도입에 대하여 부정적으로 생각하고 로봇세 도입을 늦추어야 한다고 주장하고 있습니다.

15 로봇세를 성급하게 도입하면 로봇 산업의 발전을 더디게 하고 국가의 미래 경쟁력에 부정적인 영향을 끼칠 수 있다고 하였습니다.

16 국가의 미래 경쟁력을 기르려면 로봇 기술의 개발이 먼저 이루어져야 한다고 하였습니다.

17 글쓴이는 '부담, 걸림돌, 막대한 특허 사용료를 외국에 지급'과 같은 부정적인 표현을 사용하여 로봇세 도입에 대한 부정적인 관점을 드러내었습니다.

18 이 글의 내용과 글에 사용한 표현을 살펴보면 글쓴이가 로봇세 도입에 부정적이라는 것을 알 수 있습니다.
채점 기준 로봇세 도입을 늦추어야 한다는 관점에서 중심 생각을 알맞게 썼으면 정답으로 합니다.

19 글 1에서 창대는 나리 덕분에 이번 사행길이 흙먼지만 먹고 가는 마부의 길이 아니라 자기 자신을 찾는 여행처럼 느껴졌다고 했으므로, 마부는 창대임을 알 수 있습니다.
오답 풀이
① 나리는 일행보다 서둘러 새벽같이 길을 떠나고 있으므로 부

지런한 성격임을 알 수 있습니다.
② 장복이는 새벽같이 길을 떠나게 되어 툴툴거렸지만, 창대는 그런 나리가 좋다고 하였습니다.
④ 나리는 양반이고, 창대와 장복이는 양반이 아닙니다.
⑤ 창대는 나리 덕분에 이번 사행길이 자신을 찾는 여행처럼 느껴졌다고 하였습니다.

20 창대는 여행을 하면서 나리 뒤에서 흘깃흘깃 곁눈질을 했을 뿐이어서 스스로 감탄한 경관이 무엇이었는지 생각이 나지 않았다고 하였습니다.

21 나리가 말한 "이번 여행에서 제일가는 경치가 뭐였는지 하나만 짚으라는 거다."에서 ㉠의 내용을 알 수 있습니다.

22 글 **1**의 "중국의 거대함에 혀를 내두르기도 하지."에서 나리와 창대, 장복이가 중국을 여행하고 가는 길임을 알 수 있습니다.

23 일류 선비는 ㉢과 같이 말하면서 '황제는 물론 장상과 대신 등 모든 관원과 백성이 머리를 깎았으니 오랑캐요, 오랑캐의 나라에서 볼 게 뭐가 있겠습니까?'라고 대답한다고 하였습니다.

채점 기준 중국은 오랑캐의 나라여서 볼 게 없다는 내용이 들어가게 썼으면 정답으로 합니다.

24 이류 선비는 중국의 선비와 백성이 위나라, 진나라 때처럼 겉만 화려한 기풍을 좇는다고 하였습니다.

25 "나리는 어떻게 생각하시는지요? 역시 오랑캐의 나라라 볼 게 없다고 여기시는지요?"에서 창대는 나리도 일류 선비, 이류 선비와 같은 생각인지 궁금해하고 있음을 알 수 있습니다.

채점 기준 나리도 일류 선비, 이류 선비와 같은 생각인지 궁금하였기 때문이라는 내용이 들어가게 썼으면 정답으로 합니다.

26 나리는 스스로를 '시골의 삼류 선비'라고 하였습니다.

27 글 **3**에서 나리는 중국의 제일가는 경치는 기와 조각과 똥 덩어리라고 하였습니다.

28 장복이뿐 아니라 당시 조선의 백성이라면 지금의 중국인 청나라를 다 오랑캐의 나라로 여긴다고 하였습니다.

29 나리는 오랑캐에서 나온 법이라 해도 백성과 나라에 도움이 되는 것이면 마땅히 배우고 본받아야 오랑캐를 물리칠 수 있다고 하였습니다.

30 나리가 말한 "백성들의 집에 담을 쌓을 때~엽전 모양을 만들지 않느냐?"라는 부분에서 깨진 기와 조각이 쓸모 있게 사용되는 때를 알 수 있습니다.

채점 기준 담의 무늬나 모양을 낼 때라는 내용이 드러나게 썼으면 정답으로 합니다.

31 나리는 천하에 쓸모없는 물건인 깨진 기와 조각도 쓸모 있게 사용되면 아름다워 보인다고 하였습니다.

32 나리는 세상에 둘도 없이 더러운 똥오줌도 거름으로 쓸 때는 무엇보다 아름답다고 하였습니다.

33 나리의 말을 듣고 주위를 둘러보던 창대는 그전까지는 멀리서 보기만 해도 코를 막고 고개를 돌렸던 똥 누각이 달리 보였다고 하였습니다.

34 창대는 자신이 혹여 똥오줌보다 못할까, 깨진 기와 조각보다 쓸모가 없을까 가슴이 조마조마하였습니다.

35 글쓴이는 "사람으로 태어나서 어찌 다른 사람의 손길만 기다리겠느냐?", "스스로의 가치는 스스로가 매기는 거야."와 같은 나리의 말을 통해 자신의 가치는 자신이 만드는 것이니 스스로 노력하는 삶을 살아야 한다는 생각을 나타냈습니다.

36 이 글에는 다른 사람에게 맡기려고 하지 말고 자신이 할 수 있는 일을 스스로 찾아야 하고, 자신의 가치는 자신이 만드는 것이니 스스로 노력하는 삶을 살아야 한다는 글쓴이의 생각이 나타나 있습니다.

37 글쓴이는 조선 시대 사람들에게 신분 제도, 사물의 가치 등에 대해 다른 관점으로도 생각할 수 있게 하려고 이 글을 썼을 것이므로, 조선 시대 양반이나 관직에 있는 사람을 예상 독자로 생각하며 글을 썼을 것입니다.

38 나리와 장복이, 창대의 말이나 행동에서 궁금한 점을 질문으로 만들어 씁니다.

채점 기준 고른 인물의 말이나 행동을 바탕으로 하여 궁금한 점을 알맞게 질문하였으면 정답으로 합니다.

39 바다에 빠져 죽은 남자의 가족은 일광욕을 즐기던 젊은이가 그때 도와줬으면 아들은 죽지 않았을 것이라며 젊은이를 상대로 소송을 냈습니다.

40 '착한 사마리아인의 법'은 위험에 처한 사람을 구해 주지 않은 행위를 처벌할 수 있게 하는 법 제도입니다.

41 '법으로 정할 필요가 있다.'를 선택한 경우, '착한 사마리아인의 법이 세계 여러 나라에서 도입되고 있다.', '범죄율을 낮출 수 있다.' 등의 근거를 들 수 있습니다. '법으로 정할 필요가 없다.'를 선택한 경우, '개인의 자

유를 제한한다.', '법 제정의 기준이 모호하다.' 등의 근거를 들 수 있습니다.

채점 기준 착한 사마리아인의 법 제정에 대한 찬성과 반대의 입장을 정하고, 생각에 알맞은 근거를 썼으면 정답으로 합니다.

42 근거를 설명할 때는 자신의 경험이나 책, 신문 기사, 통계 자료, 전문가의 의견 같은 다양한 자료를 활용할 수 있습니다.

43 토론을 하면 다른 사람의 이야기를 듣고 그 사람의 태도를 이해할 수 있습니다. 또한 자신과 다른 생각을 알게 되어 내용을 더 깊이 이해할 수 있습니다.

단원 평가

136~139쪽

01 (2) ○ 02 예 문화의 힘은 우리 자신을 행복하게 하고, 나아가서 남에게도 행복을 주기 때문이다.
03 ①, ②, ③ 04 ① 05 ②, ③, ④
06 (1) ○ 07 ② 08 ④, ⑤
09 예 로봇세 도입을 늦추어야 한다 10 ①
11 ④ 12 거름으로 쓸 때 13 ①
14 예 글쓴이가 스스로의 쓰임새를 직접 찾아야 한다고 한 것처럼 나도 각자의 쓰임새를 찾기 위해 노력이 필요하다고 생각한다. / 글쓴이는 스스로 자신의 가치를 매기는 것이 중요하다고 했지만 나는 때에 따라 다른 사람의 손길이나 평가도 중요하다고 생각한다. 15 인아

독해로 생각 Up 16 ① 17 ⑤

01 글 가에서 글쓴이가 오직 한없이 가지고 싶은 것은 높은 문화의 힘이라고 하였습니다.

02 글 가에서 글쓴이는 문화의 힘은 우리 자신뿐 아니라 남에게도 행복을 주는 것이라 생각하여 문화의 힘을 가지고 싶다고 하였습니다.

채점 기준 예시 답의 내용과 비슷하거나 인류를 행복하게 해 주기 때문이라고 썼으면 정답으로 합니다.

03 글 가에서 글쓴이는 인류가 현재에 불행한 근본 이유는 인의, 자비, 사랑이 부족하기 때문이라고 하였습니다.

04 글쓴이는 자신이 원하는 나라는 '세계에서 가장 아름다운 나라'라고 말하면서 세계에서 가장 아름다운 나라를 만들기 위해 어떻게 해야 하는지에 대한 자신의 생각을 썼습니다.

05 글쓴이의 생각을 파악하며 글을 읽으면 글 내용을 좀 더 깊이 이해할 수 있고 글쓴이가 글을 쓴 의도나 목적을 알 수 있습니다.

06 글 가에는 로봇세를 걷으면 일자리를 잃은 사람들이 재교육을 받고 새로운 일자리를 찾는 데 도움을 줄 수 있다는 생각이 나타나 있으므로 '로봇세를 도입해야 한다'라는 제목이 어울립니다.

07 세계 경제 포럼은 로봇이나 인공 지능이 이끄는 4차 산업 혁명으로 수많은 사람이 일자리를 잃을 것이라고 전망하였습니다.

08 글 나의 글쓴이는 로봇세 도입에 대한 부정적인 관점을 나타내려고 '부담', '걸림돌'과 같은 부정적인 표현을 사용하였습니다.

09 글 나의 글쓴이는 로봇세 도입이 로봇 산업 발전에 도움이 되지 않는다고 말하면서 로봇에게 성급하게 세금을 부과한다면 로봇 산업 발전을 더디게 할 것이라고 하였습니다.

채점 기준 로봇세 도입을 늦추어야 한다는 생각이 드러나게 썼으면 정답으로 합니다.

10 글을 읽으면서 글 전체의 내용을 파악하면 글쓴이의 생각을 알 수 있습니다. 그러나 글의 처음 부분만 읽어서는 글의 내용을 제대로 파악할 수 없습니다.

11 똥오줌이나 깨진 기와 조각을 아름답게 보는 나리의 모습에서 사물의 가치에 대해 다른 관점으로 생각하는 사람임을 알 수 있습니다.

12 똥오줌은 세상에 둘도 없이 더러운 것들이지만 거름으로 쓸 때는 매우 쓸모 있게 사용된다고 하였습니다.

13 나리는 사람은 반드시 그마다의 쓰임새가 있을 것이므로 스스로 쓰임새를 찾아야 한다고 하였습니다.

14 신분 제도, 사물의 가치에 대한 글쓴이의 관점과 자신의 생각을 비교하여 같거나 다른 점을 씁니다.

채점 기준 글쓴이가 말하고자 하는 생각에 대한 자신의 생각을 알맞게 썼으면 정답으로 합니다.

15 인아의 의견은 '착한 사마리아인의 법'을 정해 처벌하자는 내용이므로 찬성하는 의견입니다.

지문 해설 **독해로 생각 Up**

극지 연구가 지니는 의미 김예동

남극과 북극을 중심으로 한 그 주변 지역.

극지는 인류에게 필요한 자원을 많이 보유하고 있다. (극지 연구가 필요한 까닭) 과학 기술의 발전과 함께 극지 연구가 진행되면서 극지가 얼음으로 덮인 불모의 땅이 아니라는 사실이 알려지게 됐다. (불모: 땅이 거칠고 메말라 식물이 나거나 자라지 아니함.) 남극해에서 잡을 수 있는 크릴의 양은 연간 2억 톤 정도로 짐작된다. (크릴: 작은 새우와 비슷하며 남극 주변의 바다에 흔함.) 이는 현재 세계 총어획량의 배가 넘는 양으로, 인류의 식량 문제를 해결해 줄지도 모른다. (어획: 바다나 강에 사는 생물을 잡음.) 또한, 머지않아 남극의 대륙붕에서 석유 자원을 개발할 수 있게 되었다. (대륙붕: 대륙 주변에 있는 완만한 경사의 바다 밑바닥.) 북극권에서는 현재 러시아에서 생산하는 석유와 천연가스의 70% 이상이 나오고 있으며, 북극해에서 해상 석유도 생산되고 있다.

극지는 지구 환경 변화를 연구하는 데 매우 중요하다. (극지 연구가 필요한 까닭) 최근에 지구 온난화와 관련하여 남극과 북극이 언론에 자주 등장하고 있다. 남극은 지구상에서 가장 깨끗한 지역이다. 산업 지역에서 가장 멀리 떨어져 있고 사람도 살지 않는다. (남극의 특징) 따라서 외부로부터의 조그마한 오염에도 민감하게 반응하며, 한번 오염되면 회복이 거의 안 된다. 북극 또한 전 세계 공업 생산의 80%가 북위 30도 위쪽에서 이루어지는 점을 고려할 때 오염에 따른 환경 변화를 감시하기에 적합한 지역이다. 최근 연구 결과에서 북극 지역이 지구의 기상, 기후, 해류 순환 등 환경에 커다란 역할을 하고 있음이 밝혀지면서 주목받고 있다.

아직 극지 연구는 자원 개발이나 활용보다는 기초 과학 부문에 더 가치를 두고 있다. 극지 연구도 다른 기초 과학과 마찬가지로 그 결과가 빨리 나타나지 않아 주목받지 못했다. 극지 연구와 같은 기초 분야에 민간의 투자를 기대하기는 어렵다. 따라서 정부를 중심으로 공익성이 기대되는 극지 연구 분야에 장기적으로 투자할 필요가 있다. (글쓴이의 생각)

16 과학 기술의 발전과 함께 극지는 얼음으로 덮인 불모의 땅이 아니라는 사실이 알려지게 되었습니다.

17 이 글에서 글쓴이는 극지 연구가 필요한 까닭을 말하면서 정부를 중심으로 공익성이 기대되는 극지 연구 분야에 장기적으로 투자할 필요가 있다고 주장하고 있습니다.

어휘 마무리 뚝딱

140~141쪽

1 (1) 도입 (2) 종사 (3) 혁신
2 (1) ○ (3) ○ (5) ○
3 (1) 반드시 (2) 미처 (3) 만약
4 (3) ○

1 (1)은 '기술, 방법, 물자 따위를 들여옴.'이라는 뜻의 '도입'이, (2)는 '어떤 일을 직업으로 삼아 일함.'이라는 뜻의 '종사'가 알맞습니다. (3)은 '오래된 풍속, 관습, 조직, 방법 따위를 완전히 바꾸어서 새롭게 함.'이라는 뜻의 '혁신'이 알맞습니다.

2 (1) '혼자서 모두 차지함.'을 뜻하는 '독점'은 '독차지'와 뜻이 비슷한 말입니다. (3) '어른에게 어리광을 부리거나 귀여워해 주는 것을 믿고 버릇없이 구는 일.'을 뜻하는 '응석'은 '어리광'과 뜻이 비슷한 말입니다. (5) '애틋하게 생각하고 그리워함.'을 뜻하는 '사모'는 '동경'과 뜻이 비슷한 말입니다.

3 (1)에서 '~해야 한다'와 호응하는 말은 '반드시'입니다. '결코'는 '아니다', '없다' 등의 부정어와 함께 쓰여 강한 부정을 나타냅니다. (2)에서 '~못하다'와 호응하는 말은 '미처'입니다. '마치'는 '처럼', '듯'과 함께 쓰여 비유하는 표현을 나타냅니다. (3)에서 '~(이)라면'과 호응하는 말은 '만약'입니다. '비록'은 '-ㄹ지라도', '-ㄹ지마는'과 같은 표현과 호응하여 쓰입니다.

4 자신은 잘하는 것이 없어 쓸모없게 느껴진다고 말하는 친구에게는 쓸모없어 보이는 그릇도 다 쓰임이 있듯이 사람도 제각각 쓸모가 있음을 비유하는 속담인 '사람과 그릇은 있는 대로 쓴다'를 말해 줄 수 있습니다.

6단원 정보와 표현 판단하기

독해로 교과서 쏙쏙

146~151쪽

독해로 이해 콕

1 음식물 2 20조 3 ×
4 최고 5 × 6 스마트
7 ○ 8 ① 이타형 ② 이기형
9 회의 10 ① ○ ③ ○ 11 ×
12 독서

01 ③ 02 지오 03 ③
04 ④, ⑤ 05 예 '단 한 가지'가 신바람 자전거만 될 수 있는 것이 아니므로 과장된 표현이다.
06 예 재미와 감동이 함께하는 '스마트 기부'가 확산된다는 내용이다. 07 (1) ㉯ (2) ㉮ 08 ②, ③
09 ㉱ 10 ①, ④ 11 ㉰
12 윤하 13 예 일회용품을 많이 사용해서 일어나는 환경 문제 14 (1) ○ (2) ○

01 한 해에 버려지는 음식물 쓰레기가 중형차 백만 대를 버리는 것과 같다고 하였습니다.

02 광고 ㉮는 주제가 잘 드러나도록 '연간 약 20조 원'이라는 글자에 빨간색 배경을 사용하고 글씨 크기를 크게 하여 강조하였습니다.

03 음식물 쓰레기를 버리는 것은 중형차 백만 대를 버리는 것과 같다고 하면서 버려야 할 것은 잘못된 음식 문화라고 말하였습니다.

04 광고 ㉯에서 신바람 자전거는 독보적인 디자인과 튼튼한 내구성을 인정받았다고 하였습니다.

05 광고에서 '무조건, 절대로, 최고, 100퍼센트' 같은 표현은 소비자의 판단력을 흐리는 과장된 표현입니다. 제시된 광고 문구는 '단 한 가지'라는 단정적인 말을 써서 과장되게 표현하였습니다.

채점 기준 '단 한 가지'라는 표현이 과장되었다는 내용이 들어가게 썼으면 정답으로 합니다.

06 '스마트 자선냄비, 기부 자판기, 걷기, 게임을 하고 광고 동영상 시청을 하며 기부할 수 있는 앱' 등과 같이 재미와 감동이 함께하는 '스마트 기부'가 늘어나고 있다는 내용을 보도하고 있습니다.

채점 기준 '스마트 기부'가 늘어난다는 내용이 들어가 있으면 정답으로 합니다.

07 진행자는 뉴스에서 보도할 내용을 요약해 안내하였습니다. 기자는 마지막에 보도한 내용을 요약하고 핵심 내용을 강조하였습니다.

08 ❶의 면담 자료는 기부가 늘어나는 데 스마트 기부가 어떤 역할을 했는지에 대한 시청자의 이해를 돕습니다. ❷의 통계 자료는 재미와 보람이 요즘 기부의 특징이라는 뉴스의 관점을 뒷받침합니다.

09 해솔이는 뉴스의 타당성을 판단하기 위해 '뉴스의 관점과 보도 내용이 서로 관련 있는가?'를 기준으로 하여 살펴보았습니다.

10 뉴스 원고를 쓸 때에는 어떤 내용을 보도할지 먼저 회의를 한 후, 이에 맞게 취재한 내용을 바탕으로 하여 원고를 써야 합니다.

오답 풀이
②, ⑤ 영상을 제작하고 편집하는 작업은 뉴스 원고를 쓴 후에 이루어집니다.
③ 뉴스 영상을 제작하여 편집까지 마치면 이것을 뉴스로 보도합니다.

11 그림 ㉰는 학생들이 등하굣길을 안전하게 다닐 수 있는 방법을 알고 싶어 하는 상황이므로 등하굣길을 안전하게 다닐 수 있는 방법에 대한 뉴스 주제와 관계있습니다.

12 그림 ㉱는 피구를 하며 놀던 아이들이 갑자기 날아온 축구공에 놀라며 운동장에서 안전하게 노는 방법을 궁금해하는 상황이므로, 뉴스 주제로 '운동장에서 안전하게 노는 방법'이 가장 알맞습니다.

13 우리 주변에서 일어나는 일들 중에서 친구들에게 알려 주기에 가치 있는 내용을 뉴스 주제로 정하여 씁니다.

채점 기준 여러 사람이 함께 볼 만한 가치 있는 주제를 정하여 썼으면 정답으로 합니다.

14 뉴스 원고를 쓸 때에는 짧고 간결한 표현을 쓰고, 어려운 말은 쉽게 풀어서 말하듯이 써야 합니다.

보충 자료 뉴스 원고를 쓸 때에 주의할 점

- 짧고 간결한 표현을 사용합니다.
- 타당한 정보를 제시해야 합니다.
- 인격을 존중하는 말을 사용해야 합니다.
- 어려운 말은 쉽게 풀어서 말하듯이 써야 합니다.
- 사람들이 쉽고 분명하게 알 수 있도록 정확한 표현을 사용합니다.

단원 평가

152~155쪽

01 ③ 02 예 중요한 글자의 배경을 빨간색으로 표시하고 더 크게 하여 강조했다.
03 신바람 자전거 04 ④ 05 ⑤
06 예 비판하지 않고 광고를 보면 그 내용을 모두 사실이라고 믿을 수 있기 때문에 위험하다. / 광고 내용을 그대로 믿고 제품을 구입하면 피해를 입을 수 있다.
07 ③ 08 나 09 (1) ㉯ (2) ㉮
10 ③ 11 ⑤ 12 ②, ⑤
13 (2) × 14 예 줄넘기를 잘할 수 있는 방법
15 ⑤

독해로 생각 Up 16 ②, ④, ⑤ 17 ⑤

01 이 광고에서는 자동차를 버리는 것과 음식물 쓰레기를 버리는 것이 같다고 표현하였습니다.

02 음식물 쓰레기로 인한 경제적 손실이 크다는 것을 강조하기 위하여 ④에서 '연간 20조 원'의 배경을 빨간색으로 하여 눈에 쉽게 띄게 표현하였습니다.
채점 기준 예시 답의 내용이 들어가게 썼으면 정답으로 합니다.

03 신바람 자전거를 샀을 때 얻을 수 있는 장점과 자전거의 특징을 광고하고 있습니다.

04 신바람 자전거의 이미지를 소비자에게 긍정적으로 전달하기 위해서 광고 화면을 밝고 긍정적으로 표현하였습니다.

05 기분, 건강, 기술력에 각각 '최고'라는 과장된 표현을 사용하였으므로 이 부분을 비판적으로 보아야 합니다.

06 광고는 상품 기능을 실제보다 부풀리기도 하고, 있지 않은 상품 기능을 있는 것처럼 설명하기도 합니다. 따라서 광고를 그대로 믿으면 실제 제품을 구입한 후 실망하거나 피해를 입을 수 있습니다.
채점 기준 광고를 그대로 믿으면 피해를 입을 수 있다는 내용으로 썼으면 정답으로 합니다.

07 스마트 기부가 확산된다는 내용을 보도하면서 스마트 기부의 종류를 소개하였습니다.

08 '기자의 보도' 중 요즘 기부의 특징을 설명하는 부분에서 관련 통계 자료를 적절하게 활용하면 시청자의 이해를 도울 수 있습니다.

09 이 뉴스에서 진행자는 뉴스에서 보도할 내용을 요약해 안내하고, 기자는 취재한 내용을 뉴스로 보도하는 역할을 합니다.

10 창의적이고 재미있는 표현을 살펴보는 것은 뉴스의 타당성을 판단하는 방법과 관련이 없습니다.

11 이 뉴스는 올바른 손 씻기 방법을 전달하고 있습니다.

12 기자의 보도에서 손 씻기와 관련된 실험, 전문가인 보건 선생님과의 면담을 제시하여 뉴스의 관점을 뒷받침하였습니다.

13 뉴스에서 보도할 내용을 정할 때에는 새로운 정보, 주변에서 최근 일어난 일 등을 생각해야 합니다.

14 그림 속 남학생은 줄넘기를 잘하는 친구의 모습을 보며 자신도 줄넘기를 잘할 수 있는 방법을 궁금해하는 상황입니다.
채점 기준 줄넘기와 관련하여 예시 답의 내용이 들어가게 썼으면 정답으로 합니다.

15 뉴스 원고를 쓸 때에는 모호한 표현은 되도록 쓰지 않고 내용이 분명하게 전달될 수 있도록 정확한 표현을 쓰는 것이 좋습니다.

지문 해설 독해로 생각 Up

멋쟁이 미용실
원하는 머리 모양이 무엇이든 완벽하게 연출 가능한
'완벽' 이라는 표현이 과장됨.
작은 변화로 당신도 연예인!
과장된 표현
전속 모델: 연예인 ○○○
겨울 방학 한정!
최대 50퍼센트 할인
• 초등학생 50퍼센트 할인(단 커트 제외, 길이 추가 있음.)
• 첫 방문자 30퍼센트 할인(단 중복 할인 및 일부 품목은 제외함.)
일부 품목이 어떤 품목인지와 관련한 정보를 감추고 있음.
• 모닝 펌 20퍼센트 할인(단 현금 결제 시, 주말은 제외함.)

16 이 광고는 '연예인', '완벽'이라는 과장된 표현을 사용하였고, '일부 품목은 제외함.'이라는 표현에서 할인이 되지 않는 일부 품목이 무엇인지에 대한 정보를 감추고 있습니다.

17 주말에는 모닝 펌 할인을 받을 수 없습니다.

오답 풀이
① '연예인'이라는 표현은 과장된 표현입니다.
② 초등학생 할인에서 커트는 제외됩니다.
③ 광고의 내용은 무조건 받아들이지 않고 비판적으로 살펴보아야 합니다.
④ 중복 할인은 받을 수 없습니다.

어휘 마무리 뚝딱

156~157쪽

1 (1) ㉮ (2) ㉰ (3) ㉯
2 (1) ○
3 (1) ○
4 (3) ○

1 (1)에는 '잃어버리거나 줄어서 손해를 봄. 또는 그 손해.'를 뜻하는 '손실'이 알맞습니다. (2)에는 '일이나 사물 따위가 점점 발달하여 감.'을 뜻하는 '진화'가 알맞습니다. (3)에는 '재료를 가지고 새로운 물건이나 예술 작품을 만듦.'을 뜻하는 '제작'이 들어가는 것이 알맞습니다.

2 〈보기〉의 '고르다'는 '여럿 중에서 가려내거나 뽑다.'를 뜻하므로 같은 뜻으로 쓰인 낱말은 (1)입니다. (2)와 (3)의 '고르다'는 '상태가 정상적으로 순조롭다.'라는 뜻입니다.

3 '조각'은 케이크를 세는 단위이므로 띄어 씁니다.

오답 풀이
(2) 글자로 '오천'을 표기하였으므로 단위 '원'과 띄어 써야 합니다.

4 '침소봉대'는 작은 일을 크게 과장해서 말하는 것을 이르는 말이므로 (3)과 같이 사용하는 것이 알맞습니다. (1)은 친구의 실력이 많이 늘었다는 뜻이므로, 남의 학식이나 재주가 놀랄 만큼 부쩍 늘었다는 뜻인 '괄목상대'를 사용하는 것이 알맞습니다. (2)는 기운이 없어지고 풀이 죽는다는 뜻인 '의기소침'을 사용하는 것이 알맞습니다.

7 단원 글 고쳐 쓰기

독해로 교과서 쏙쏙

162~165쪽

독해로 이해 콕

1 고운 말 2 ④ - ⑤ - ③ 3 ○
4 ① × 5 ○ 6 몸
7 원숭이 8 ① 자료 1 ② 자료 2

01 (1) ○ 02 ① 03 원활한
04 예 고운 말을 사용하는 것은 우리말을 지키는 것과 같다.
05 ⑤ 06 (1) ㉯ (2) ㉮ 07 ④
08 (1) ○ 09 (1) 예 동물 실험에 반대한다. (2) 예 동물과 사람에게 나타나는 반응이 똑같지 않다. (3) 예 동물 실험을 통과한 신약 후보 열 개 중 아홉 개는 사람에게 효과가 없거나 부작용을 일으킨다고 한다.
10 ③

01 글 ㉮의 글쓴이는 고운 말을 사용하면 좋은 점을 근거로 제시하며 고운 말을 사용하자고 주장하고 있습니다.

02 '노력하면 좋을 수도 있다'는 지나치게 불확실한 표현이므로 '노력하자'로 고쳐 써야 합니다.

03 은어나 비속어를 사용하면 듣는 사람이 잘 이해할 수 없게 되므로 '원활한'이 들어가야 알맞습니다.

04 ㉢은 문단 ❺의 중심 문장입니다. 따라서 이어지는 뒷받침 문장들을 대표할 수 있는 내용으로 고쳐야 합니다.

채점 기준 뒷받침 문장과 어울리게 중심 문장을 고쳐 썼으면 정답으로 합니다.

05 아침밥을 지속적으로 걸렀을 때 일어날 수 있는 일을 이야기하고 있으므로 '나빠진다'라고 쓰는 것이 알맞습니다. 또한 ◡는 여러 글자를 고칠 때 쓰는 교정 부호입니다.

보충 자료 **글을 고칠 때 사용하는 교정 부호**

교정 부호	쓰임	교정 부호	쓰임
∨	띄어 쓸 때	◡	여러 글자를 고칠 때
⌒	붙여 쓸 때	∂	글자를 뺄 때
ര	한 글자를 고칠 때	Y	글의 내용을 추가할 때

06 '자료 1'은 동물 실험을 해서는 안 된다는 주장이 담겨 있으므로 '동물의 희생, 동물 실험을 반대한다'라는 제목이 알맞습니다. '자료 2'는 동물 실험을 해야 한다는 주장이 담겨 있으므로 '동물 실험을 없애도 괜찮을까'라는 제목이 알맞습니다.

07 '자료 1'에서는 동물 실험을 대체하는 연구에 자신이 내는 세금을 사용할 수 있도록 하는 데 85퍼센트가 동의했다고 하였습니다.

08 '자료 2'에서 대체 방법을 개발하는 데에는 6년 이상의 오랜 개발 기간과 약 400억 원 이상의 막대한 비용이 필요하다고 하였습니다.

09 동물 실험에 대한 자신의 주장을 정하고, 주장에 대한 근거와 근거를 뒷받침할 자료를 '자료 1~2'에서 찾아 정리해 봅니다.

채점 기준 주장을 알맞게 쓰고, 근거와 뒷받침 자료가 주장을 뒷받침하게 썼으면 정답으로 합니다.

10 글 수준에서는 내용이 글의 목적에 맞는지, 제목이 글의 내용과 어울리는지 등을 점검합니다.

오답 풀이

①, ②, ⑤는 문장과 낱말 수준, ④는 문단 수준에서 점검할 내용입니다.

단원 평가

166~169쪽

01 ③ 02 ② 03 ㉰
04 ④ 05 (1) 예 주장하는 글에 지나치게 단정적인 표현은 쓰지 않아야 한다. (2) 예 고운 말을 사용하는 것은 06 (1) ㉱ (2) ㉰ (3) ㉮ (4) ㉯
07 예 글쓴이는 아침밥을 꼭 먹자고 설득(주장)하기 위해 이 글을 썼다. 08 ② 09 ①
10 ② 11 까라서(→일지라도), 하루(삭제) 12 (2) ○
13 ②, ④, ⑤ 14 ⑤
15 예 동물 실험은 필요하다. / 동물 실험을 해야 한다.

독해로 생각 Up 16 ④ 17 ③

01 글쓴이는 고운 말을 사용해야 하는 까닭을 나열하면서 고운 말을 사용해야 한다고 주장하고 있습니다.

02 '만약'은 '~면'과 호응하는 말이므로 '있다면'이라고 고쳐 써야 합니다.

03 ㉰는 고운 말을 사용하면 서로 존중하는 마음을 전할 수 있다는 중심 문장의 내용과 관련 없는 문장입니다.

04 앞과 비슷한 내용이 이어지므로 '그리고'가 알맞습니다.

05 '무조건, 반드시' 등과 같은 표현은 지나치게 단정적인 표현이므로 사용하지 않는 것이 좋습니다.

채점 기준 (1)에 주장하는 글에 지나치게 단정적인 표현은 어울리지 않는다는 내용을 쓰고, 고쳐야 하는 까닭에 맞게 (2)를 알맞게 고쳐 썼으면 정답으로 합니다.

06 (1)은 여러 글자를 고칠 때, (2)는 글자를 뺄 때, (3)은 글자 사이를 띄어 쓸 때, (4)는 글자를 붙여 쓸 때 사용하는 교정 부호입니다.

07 글쓴이는 글의 마지막 문단에서 아침밥을 거르지 말고 꼭 먹자고 주장하였습니다.

채점 기준 아침밥을 먹어야 한다는 글의 주제와 이 글의 목적이 설득이라는 내용이 들어가게 썼으면 정답으로 합니다.

08 아침밥을 거르면 밤새 써 버린 수분을 보충하기 어렵고 체내에 저장해 두었던 영양소가 소모된다고 하였습니다.

09 '중요한것이'는 '중요한 것이'로 띄어 써야 하므로 교정 부호 ∨을 사용해야 합니다.

10 날마다 아침밥을 거르면 생기는 일에 대한 내용이므로 '불편해졌다'를 '불편해진다'로 고쳐 써야 합니다.

11 '비록'과 호응하는 말은 '~일지라도'이므로 '비록 한 끼일지라도'라고 고쳐 써야 합니다. 또한 '하루'와 '온종일'은 비슷한 말이 반복되고 있으므로 '하루'를 빼야 합니다.

12 동물 실험으로 많은 동물이 고통받는다는 점, 동물 실험을 반대하는 사람들의 의견을 제시하였으므로 글쓴이는 동물 실험에 반대하고 있습니다.

13 이 글을 활용해 동물 실험을 반대하는 근거를 제시할 수 있습니다.

14 이 글에서는 동물 실험을 거치지 않은 약이 사람들에게 부작용을 일으킬 수 있다고 하였습니다.

15 이 글의 글쓴이는 동물 실험을 찬성하고 있습니다.

채점 기준 동물 실험에 찬성하는 입장에서 주장을 썼으면 정답으로 합니다.

지문 해설 **독해로 생각 Up**

콧구멍은 왜 두 개일까 김형자

코의 구조와 기능을 살펴보면서 콧구멍이 두 개인 까닭을 알아보자.

먼저 코의 구조를 살펴보자.(설명하려는 내용 ①) 코는 크게 바깥 코와 코 안으로 나뉜다. 바깥 코는 콧등, 콧부리, 코끝, 콧구멍, 콧방울로 이루어진다. 코안에는 안쪽 공간을 좌우로 나누는 코중격이 있고, 더 안쪽의 윗부분에 세 겹으로 된 선반 모양의 칸막이인 코 선반이 있다. 코 선반은 밖에서 들어온 공기를 체온과 비슷하게 만들어 온도와 습도를 조절한다.(코 선반의 역할) 코 선반의 위쪽에는 코 천장이 있는데 여기에 후각 세포가 모여 있다.

다음으로 코의 기능에 관해 알아보자.(설명하려는 내용 ②) 사람과 동물의 코는 호흡을 담당하는 신체 기관이다. 낙타는 효율적으로 숨을 쉬기 위해 콧구멍 크기가 크고, 모래바람을 막아 주기 위해 콧구멍을 닫을 수 있다는 점에서 사람과 다르다. 따라서 코는 숨을 쉬는 중요한 호흡 기관이다.(코의 기능 ①) 코로 숨을 쉴 때, 체온보다 낮은 공기가 몸 안으로 들어오기 때문에 숨을 쉬는 동안 콧구멍의 크기가 줄어든다. 그렇게 되면 숨쉬기가 어려울 텐데 실제로는 별다른 문제가 생기지 않는다. 왜냐하면 두 개의 콧구멍을 번갈아 가며 숨을 쉬기 때문이다. 많은 사람이 양쪽 콧구멍으로 동시에 숨을 쉬고 있다고 생각하지만 실제로는 콧구멍 한쪽씩 교대로(어떤 일을 여럿이 나누어서 차례에 따라 맡아 해서.) 숨을 쉰다.

그리고 코는 냄새를 맡는 기능도 한다.(코의 기능 ②) 냄새를 맡는 후각 세포는 아주 예민해서 쉽게 피곤해진다. 지독한 냄새가 나는 공간에 들어가도 금방 그 냄새를 느끼지 못하는 까닭도(후각 세포가 금세 마비되어서) 코안에 있는 후각 세포가 금세 마비되기 때문이다.

16 코로 숨을 쉴 때 체온보다 낮은 공기가 몸 안으로 들어오기 때문에 숨을 쉬는 동안 콧구멍의 크기가 줄어든다고 하였습니다.

17 ㉠은 사람의 코의 기능을 설명하는 문단의 주제에서 벗어난 내용이므로 삭제해야 합니다.

어휘 마무리 뚝딱 170~171쪽

1 (1) 원활 (2) 복용 (3) 소모
2 (1) ㉡ (2) ㉢ (3) ㉠
3 (2) ○
4 (1) ○

1 (1) 막힘 없이 매끄럽다는 뜻의 '원활'이 알맞습니다. (2) 약을 먹는다는 뜻의 '복용'이 알맞습니다. (3) 쓰여 없어진다는 뜻의 '소모'가 알맞습니다.

2 (1) 어떤 대상을 이기기 위해 싸운다는 뜻의 '투쟁'은 '다툼, 싸움'과 뜻이 비슷한 낱말입니다. (2) 비슷한 다른 것으로 바꾼다는 뜻의 '대체'는 '대신, 교체'와 뜻이 비슷한 낱말입니다. (3) 더할 수 없이 크다는 뜻의 '막대하다'는 '크다, 많다, 대단하다'와 뜻이 비슷한 낱말입니다.

3 장소나 일, 경우를 나타내는 '데'는 앞말과 띄어 써야 합니다. (1) '데'가 '일'의 뜻을 나타내므로 '개발하는 데'라고 띄어 씁니다. (2) '데'가 '곳'이나 '장소'의 뜻을 나타내므로 '가 본 데'라고 띄어 씁니다. (3) '-데'는 과거에 직접 경험한 사실을 현재에 말하는 것이므로 '달라졌데'라고 붙여 씁니다.

4 '글 속에도 글 있고 말 속에도 말 있다'는 표현된 글이나 말 속에 표현되지 않은 다양하고 깊은 뜻이 담겨 있다는 말이므로, 다른 사람에게 상처를 줄 수 있는 나쁜 댓글을 다는 아이를 타이를 때 사용할 수 있습니다. (2)의 상황에는 '다 된 밥에 재 뿌린다'라는 속담이 알맞고, (3)의 상황에는 '작은 고추가 더 맵다'라는 속담이 어울립니다.

8단원 작품으로 경험하기

독해로 교과서 쏙쏙

176~185쪽

독해로 이해 콕

1 융	2 피부색	3 장난
4 입양된	5 교역	6 은화
7 발해	8 담비	9 ×
10 빚쟁이들	11 비녕자	12 장안
13 불만에 찬	14 월보	15 ×
16 ×	17 ×	18 소동인
19 ×	20 ①, ②, ③	21 장안
22 ② ×		

01 피부 색깔=꿀색 02 ⑤ 03 소미
04 ② 05 예 글쓴이가 영화를 보고 난 후 느낀 점이 잘 드러나야 한다. / 감상문의 제목을 영화 내용과 관련 지어 읽는 사람의 관심을 끌 수 있어야 한다.
06 ④ 07 예 어머니가 하루를 시작할 때 펼쳐 보던 지도를 만지니 어머니의 목소리가 들려오는 것 같았기 때문이다. 08 (1) 말 (2) 비단 09 ①, ④
10 ㉯ 11 ④ 12 ④
13 ③ 14 예 월보에게 아직 품삯을 주지 못했고 상단이 망해 간다는 소문이 파다해서 월보가 따라나서 줄지 알 수 없었기 때문이다. 15 ⑤
16 민호 17 ① 18 ⑤
19 예 홍라가 일꾼들 몰래 떠날 준비를 하는 부분이 인상 깊었다. 홍라가 빚쟁이들에게 들킬까 봐 나까지 조마조마하고 긴장되었기 때문이다. / 홍라가 아버지와 어머니의 물건을 목에 거는 장면이 인상 깊었다. 부모님에 대한 그리움이 느껴졌기 때문이다. 20 ㉯
21 ⑤ 22 ③ 23 지율
24 예 박지원이 쓴 「열하일기」를 읽었던 경험이 생각난다. 장안을 묘사한 부분과 중국 문물을 소개한 부분이 비슷하기 때문이다.

01 글의 처음 부분에 「피부 색깔=꿀색」이라는 영화를 보았다고 하였습니다.

02 주인공 융이 한국에 친부모가 있을지도 모른다는 생각에 힘들어했다고 했지만 한국에 가고 싶어 하는지에 대해서는 이야기하지 않았습니다.

03 이 글은 우리나라의 아픈 역사 때문에 해외로 입양된 '융'의 이야기를 다룬 영화를 보고 쓴 감상문입니다. 입양된 사람들이 우리 역사에서 겪은 아픔을 생각하고, 해외로 입양된 사람들뿐 아니라 우리나라로 입양된 사람들까지 모두 감싸 안아야 한다는 생각을 드러냈습니다.

04 이 영화 감상문에는 영화를 보게 된 까닭, 영화 줄거리, 영화 속 내용과 비슷한 자신의 경험, 영화에서 인상 깊은 내용, 영화를 보며 떠오른 다른 영화, 영화를 본 뒤의 전체적인 느낌이나 주제가 들어 있습니다. 영상에 대한 내용은 없습니다.

05 영화 감상문의 제목은 글쓴이가 영화를 보고 느낀 점을 잘 드러내거나, 영화의 내용과 연관 지어 읽는 사람의 관심을 끌면 좋습니다.

채점 기준 감상문의 주제를 잘 전달해야 한다는 내용이나 읽는 사람의 관심을 끌어야 한다는 내용 중 한 가지가 드러나게 썼으면 정답으로 합니다.

06 홍라가 어머니가 숨겨 둔 은화를 가지고 교역을 하러 가기로 마음먹으며 이야기가 시작됩니다.

오답 풀이
① 홍라가 빚을 지게 된 것은 '앞부분 이야기'에서 나타납니다.
② 홍라의 어머니는 일본으로 교역을 갔다가 풍랑을 만나 실종되었습니다.
③ 홍라는 어머니가 묘원에 숨겨 둔 소그드의 은화로 교역을 하려고 합니다.
⑤ 홍라는 지도를 펼쳐 보며 상단을 이끌고 교역을 떠나려고 하고 있습니다.

07 홍라는 어머니가 매일 펼쳐 보던 지도에 새겨진 길을 손끝으로 더듬자, 어머니의 목소리가 들려오는 것 같다고 하였습니다.

채점 기준 홍라가 펼친 지도는 어머니가 매일 보던 것이었기 때문이라는 내용으로 썼으면 정답으로 합니다.

08 홍라는 솔빈으로 가서 은화를 판 돈으로 솔빈의 말을 산 후에 장안으로 가져가 비싼 값에 팔고, 장안에서 비단을 싼 값에 사서 온다는 계획을 세웠습니다.

09 '교역을 하러 가자. 어머니가 돌아오기 전에 빚을 갚는 거야. 상단을 지키는 거야.'에서 홍라가 교역을 하러 가기로 결심한 까닭을 알 수 있습니다.

오답 풀이
② 홍라는 어머니가 돌아오기 전에 교역을 하여 빚을 갚으려 하고 있습니다. 어머니를 찾기 위해 가는 것이 아닙니다.
③ 홍라는 솔빈의 말을 팔아 비단을 사 오려고 하고 있습니다.
⑤ 빚을 갚고 상단을 지키려고 교역을 결심하였습니다.

10 글 가의 처음 부분에서 홍라는 따로 상단의 일을 배운 적은 없지만, 상단의 딸로 나면서부터 교역에 대해 보고 들었기 때문에 교역을 어떻게 해야 하는지 알 수 있었다고 하였습니다.

11 상단의 믿음직한 일꾼들은 지난 풍랑으로 거의 잃었고 상단에 남아 있던 일꾼들은 대상주를 찾기 위해 동경에 가 있었으며 남아 있는 일꾼들은 나이가 많거나 혹은 너무 어린 상황이었습니다.

12 월보가 한 말 "아가씨, 비녕자이옵니다. 동경의 해안에서 우리를 구해 주었던……."에서 비녕자를 알게 된 계기를 찾을 수 있습니다.

13 비녕자는 부모님을 잃은 후 금씨 상단에 의지하며 지내고 싶어서 금씨 상단을 찾아왔습니다.

오답 풀이

① 홍라가 말값으로 금가락지를 주고 떠났다고 하였습니다.
② 비녕자는 홍라와 함께 교역을 떠나게 될 것을 알지 못하고 찾아왔습니다.
④ 비녕자가 금가락지를 가지고 왔다는 내용은 나타나 있지 않습니다.
⑤ 비녕자의 아버지와 어머니는 고깃배를 타고 바다에 나갔다가 풍랑에 휩쓸려서 죽었다고 하였습니다.

14 홍라는 월보가 품삯도 받지 못하고 상단이 망해 간다는 소문도 있는데 교역을 위해 자신을 따라나설지 걱정이 되었습니다.

채점 기준 홍라가 걱정하는 까닭을 예시 답과 같이 썼으면 정답으로 합니다.

15 월보와 비녕자가 함께 간다고 하자 홍라는 반가워서 손이라도 잡아 주고 싶었지만 대상주답게 굴어야 한다는 생각에 애써 엄한 표정을 지었습니다.

16 홍라는 대상주의 자격으로 상단을 이끈다고 하였습니다. 비녕자가 객줏집에서 밤을 보낸 것은 몰래 떠나기 위해서입니다.

17 홍라는 길 떠날 준비를 하기 위해 말린 고기며 곡식 가루를 챙겼고, 친샤를 통해 일꾼들 모르게 조리할 도구를 준비하기도 하였습니다. 또한 돈피를 챙기고 말 다섯 마리를 준비했습니다. 창고 점검은 물건을 챙기려고 댄 핑계이고 실제로 창고 점검을 한 것은 아닙니다.

18 빚쟁이들 몰래 상단을 꾸리는 장면이므로 긴장감이 도는 분위기가 알맞습니다.

19 이 글에 나타난 인물의 말이나 행동을 바탕으로 하여 인상 깊은 부분을 씁니다.

채점 기준 등장인물의 말이나 행동을 고르고 그 까닭을 알맞게 썼으면 정답으로 합니다.

20 교역길을 떠날 때 홍라는 걱정거리가 없지 않지만 다 이겨 낼 수 있을 것만 같다고 하였습니다.

21 동방의 상인들이 장사하는 동부 시장도 그랬지만, 서역 상인들의 서부 시장은 더욱 경이로웠다고 하였습니다.

22 초라한 출발이었지만 큰 포부를 품고 자신감 있게 떠나는 모습에서 홍라가 용기 있고 씩씩한 성격임을 짐작할 수 있습니다.

23 홍라는 어려운 상황에서도 좌절하지 않고 빚을 갚고 상단을 살리기 위해 용감하게 교역을 떠났습니다. 그래서 홍라를 '대상주'라고 부른 것입니다.

24 다른 나라를 직접 가 보았던 자신의 경험을 떠올려 쓸 수도 있고 작품과 비슷한 영화나 책을 보았던 간접 경험을 떠올려 쓸 수도 있습니다.

채점 기준 다른 나라를 가 보았던 경험, 홍라처럼 무언가에 도전한 경험, 작품 속 내용과 관련 있는 영화나 책 등을 보았던 경험을 썼으면 정답으로 합니다.

단원 평가

186~189쪽

01 (1) × (2) ○ 02 ④ 03 예 융의 장난을 보며 자신이 친구나 동생에게 심한 장난을 치는 모습을 떠올렸다. 04 ⑤ 05 ⑤ 06 ④ 07 ③ 08 (1) 열쇠 (2) 소그드의 은화 09 ③ 10 예 은화를 팔아 솔빈의 말을 사고 다시 장안에 가서 말을 비싸게 팔려고 한다. 11 ①, ② 12 ① 13 ③ 14 소동인, 열쇠 두 개 15 예 자신감을 가지고 잘할 수 있을 것이라는 격려를 해 주고 싶다.

독해로 생각 Up 16 ③ 17 ⑤

01 주인공 융은 한국에서 태어나 벨기에로 입양되었습니다. 융이 어린 시절을 회상하며 이야기가 시작됩니다.

02 글 나에서는 글쓴이가 본 영화의 줄거리를 소개하고 있습니다.

오답 풀이

① 영화의 주제는 글 마에 나타나 있습니다.
② 영화의 영상에 대해 말하고 있지는 않습니다.
③ 영화를 본 느낌과 감상은 글 다, 마에 나타나 있습니다.
⑤ 비슷한 다른 영화에 대한 내용은 글 라에 나타나 있습니다.

03 글 다에서 글쓴이는 융처럼 친구나 동생에게 심한 장난을 치던 자신의 모습을 떠올리고 있습니다.

채점 기준 융의 장난을 보며 자신이 장난치는 모습을 떠올렸다는 내용이 드러나게 썼으면 정답으로 합니다.

04 글쓴이는 영화 속 주인공의 행동이 주위의 관심과 사랑을 받고 싶고 자신이 누구인지를 찾으려는 몸부림이라는 것을 알았을 때 마음이 아팠다고 하였습니다.

오답 풀이

① 글쓴이는 서로를 따뜻하게 감싸 안아야 한다고 했지 미안하다고 하지는 않았습니다.
② 글 다에서 글쓴이는 융의 말을 모두 이해할 수는 없다고 하였으나 '꿀색'이라는 말이 따뜻하게 느껴졌다고 하였습니다. 따라서 주인공을 끝까지 이해할 수 없었다고 볼 수는 없습니다.
③ 글쓴이는 융이 심한 장난을 치는 이유를 알고 마음이 아팠다고 하였습니다.
④ 글쓴이는 주인공이 마음대로 살고 있다고 생각하지 않습니다.

05 글 라에서 영화 「피부 색깔=꿀색」과 「국가 대표」의 주인공이 둘 다 해외로 입양된 인물임을 알 수 있습니다.

06 영화 감상문은 시나 만화, 일기와 같은 다양한 형식으로 쓸 수 있습니다.

보충 자료 **영화 감상문을 쓰는 방법**

- 제목은 감상문의 내용을 잘 드러내거나 읽는 사람의 관심을 끌 수 있도록 쓴다.
- 영화를 보게 된 까닭, 영화의 내용이나 줄거리, 영화를 본 느낌과 감상을 쓴다.
- 영화 내용과 비슷한 자신의 경험, 다른 영화 등을 떠올려 함께 쓴다.
- 시, 만화, 일기, 영화 속 인물에게 쓰는 편지 등 다양한 형식을 활용하여 쓴다.
- 사람들이 쉽고 분명하게 알 수 있도록 정확한 표현을 사용하여 쓴다.

07 글 가에서 홍라에게 남은 건 교역의 실패로 생긴 엄청난 빚이라고 하였습니다.

08 글 가에서 홍라는 위급할 때 열어 보라고 어머니께서 주신 묘원의 열쇠를 기억하였고, 묘원에는 숨겨 둔 소그드의 은화가 있었습니다.

09 지도의 가죽 냄새를 맡으니 어머니에 대한 그리움이 밀려들었다고 하였습니다.

10 글 다에서 홍라는 솔빈으로 가서 은화를 팔아 솔빈의 말을 사고 이 말을 장안에 가져가서 비싼 값에 팔 수 있다고 하였습니다.

채점 기준 홍라가 은화를 가지고 말을 사서 교역을 하려는 내용이 자세히 드러나게 썼으면 정답으로 합니다.

11 글 가에는 일꾼들이 대부분 풍랑으로 죽고 남은 일꾼들은 나이가 많거나 너무 어려 홍라가 일꾼을 모으기 힘든 상황에 처해 있음이 드러나 있습니다.

오답 풀이

③ 일꾼들이 홍라와 떠나는 것을 꺼려하는 것은 아니었습니다.
④ 일꾼들이 품삯으로 불만이 많았는지는 알 수 없습니다.
⑤ 일꾼들 중 나이가 많거나 어린 사람들은 동경으로 떠나지 않았습니다.

12 글 가에서 홍라는 빚쟁이들의 눈총이 무서워 표 나게 사람을 모을 수 없다고 하였습니다.

13 글 다에서 홍라는 교역을 떠나 빚을 갚고 상단을 구할 것이라고 하였습니다.

오답 풀이

① 대상주를 찾으러 간 것은 상단의 일꾼들입니다.
② 홍라가 아버지를 만나러 간다는 이야기는 나타나 있지 않습니다.
④ 상단의 일꾼들을 더 많이 모으지는 않았습니다.
⑤ 한몫을 챙겨 주는 것은 교역에 성공한 이후의 일입니다.

14 홍라는 어머니가 남겨 준 열쇠 두 개와 아버지의 선물인 소동인을 가죽끈에 꿰어 목에 걸고 어머니, 아버지가 함께해 줄 것이라고 생각하고 있습니다.

15 상단을 살리려고 대상주가 되어 교역을 하러 떠나는 홍라에게 해 주고 싶은 말을 생각하여 써 봅니다.

채점 기준 홍라가 처한 상황을 고려하여 해 줄 수 있는 알맞은 말을 썼으면 정답으로 합니다.

지문 해설 **독해로 생각 Up**

우리 할머니는 외계인 김송기

내가 중학교를 졸업할 무렵 할머니가 외계인으로 변했다. 외계인은 대소변을 가리지 못했으며 모두가 잠든 새벽에 시도 때도 없이 일어나 집 안을 쑥대밭으로 만

(외계인: 치매에 걸려 달라지신 할머니를 외계인이라고 표현함.)
(쑥대밭: 매우 어지럽거나 못 쓰게 된 모양을 비유적으로 이르는 말.)

들기 일쑤였다. 온종일 가족들의 꽁무니를 쫓아다니며 놀아 달라고 칭얼대는 낯선 외계인 때문에 우리 가족은 점점 지쳐 갔다.

「할머니는 외계인이 되기 전, 그러니까 치매에 걸리기 전까지 내 기억 속에서 누구보다도 점잖고 다정하신 분이었다. 나는 어렸을 적부터 할머니와 함께 살았다. 맞벌이하시는 부모님 때문에 항상 혼자였던 나를 감싸 준 것은 할머니뿐이었다. (중략) 나는 할머니의 포근한 품에 안겨 할머니가 들려주시는 무궁무진한 이야기 속에 빠져들곤 했다.

"고개를 넘어가던 엄마 앞에 갑자기 호랑이가 어흥, 하고 나타나서 말했어. 떡 하나 주면 안 잡아먹지."

"에이, 호랑이가 어떻게 말을 해요? 동물원에서 본 호랑이들은 말 못 했어요."

조그맣던 내가 할머니의 이야기 속에 끼어들어 말하면 할머니는 허허 웃으시곤 했다.

"호랑이들은 사실 말할 줄 알아. 못 하는 척 가만히 있는 거지. 그래서 엄마는 머리에 이고 있던 바구니에서 떡을 하나 꺼내서 호랑이한테 주었지. 그러자……."

「 」: 치매에 걸리기 전의 할머니를 그리워함.

할머니는 나를 꼭 껴안고 이야기를 계속하셨다.」

16 두 번째 문단에서 '할머니는 외계인이 되기 전, 그러니까 치매에 걸리기 전까지'라는 표현에서 치매에 걸린 할머니를 외계인이라고 하였음을 알 수 있습니다.

17 글쓴이는 치매에 걸린 할머니를 보며 예전에 건강하셨던 할머니와의 추억을 떠올리고 있습니다. 이와 비슷한 경험을 떠올려 말한 것은 ⑤입니다.

오답 풀이

① 언니의 졸업식에 다녀오는 것은 이 글의 내용과 관련이 없습니다.

② 이 글에서 말한 '외계인'은 치매에 걸려 달라진 할머니를 비유적으로 표현한 것이므로 공상 과학 영화에 등장하는 외계인과는 관련이 없습니다.

③ 글쓴이는 호랑이 이야기를 들려주시던 할머니를 그리워하고 있습니다. 호랑이의 생태에 관한 책은 이 글의 내용과 관련이 없습니다.

④ 이 글에서 옛날이야기는 치매에 걸리기 전 건강하셨던 할머니를 떠올리게 하는 소재일 뿐입니다. 다양한 옛날이야기는 이 글의 내용과 관련이 없습니다.

어휘 마무리 뚝딱

190~191쪽

1 (1) ㉰ (2) ㉮ (3) ㉯
2 (1) 경이롭다 (2) 뚱하다 (3) 고동치다
3 (1) 띄는 (2) 띠는
4 (1) ○

1 (1) '기척'은 '누가 있는 것을 알 수 있게 하는 소리나 표시.'를 뜻합니다. (2) '반색'은 '매우 반가워하는 마음을 얼굴에 드러냄.'을 뜻합니다. (3) '회상'은 '지난 일을 돌이켜 생각함.'을 뜻합니다.

2 (1)은 '놀랍고 신기한 데가 있다.'를 뜻하는 '경이롭다'가 기본형입니다. (2)는 '못마땅하여 시무룩하다.'를 뜻하는 '뚱하다'가 기본형입니다. (3)은 '심장이 심하게 뛰다.'를 뜻하는 '고동치다'가 기본형입니다.

3 (1)은 '눈에 보이다, 남보다 훨씬 두드러지다.'라는 뜻을 나타내는 '뜨이다'의 준말인 '띄다'가 들어가는 것이 알맞습니다. (2)는 '어떤 빛깔이나 색채, 성질, 감정을 가지다.'라는 뜻을 나타내는 '띠다'가 들어가는 것이 알맞습니다.

4 체조 선수는 실패를 거듭하였지만 이에 굴하지 않고 다시 도전하여 일어서겠다고 하고 있으므로, '칠전팔기'라는 말이 어울리는 상황입니다.

초등학교

학년 반 이름

초등학교에서 탄탄하게 닦아 놓은
공부력이 중·고등 학습의 실력을 가릅니다.

하루한장 쏙셈

쏙셈 시작편
초등학교 입학 전 연산 시작하기
[2책] 수 세기, 셈하기

쏙셈
교과서에 따른 수·연산·도형·측정까지 계산력 향상하기
[12책] 1~6학년 학기별

쏙셈+플러스
문장제 문제부터 창의·사고력 문제까지 수학 역량 키우기
[12책] 1~6학년 학기별

쏙셈 분수·소수
3~6학년 분수·소수의 개념과 연산 원리를 집중 훈련하기
[분수 2책, 소수 2책] 3~6학년 학년군별

하루한장 한국사

큰별★쌤 최태성의 한국사
최태성 선생님의 재미있는 강의와 시각 자료로
역사의 흐름과 사건을 이해하기
[3책] 3~6학년 시대별

하루한장 한자

그림 연상 한자로 교과서 어휘를 익히고 급수 시험까지 대비하기
[4책] 1~2학년 학기별

하루한장 급수 한자

하루한장 한자 학습법으로 한자 급수 시험 완벽하게 대비하기
[3책] 8급, 7급, 6급

하루한장 ENGLISH BITE

ENGLISH BITE 알파벳 쓰기
알파벳을 보고 듣고 따라쓰며 읽기·쓰기 한 번에 끝내기
[1책]

ENGLISH BITE 파닉스
자음과 모음 결합 과정의 발음 규칙 학습으로
영어 단어 읽기 완성
[2책] 자음과 모음, 이중자음과 이중모음

ENGLISH BITE 사이트 워드
192개 사이트 워드 학습으로 리딩 자신감 키우기
[2책] 단계별

ENGLISH BITE 영문법
문법 개념 확인 영상과 함께 영문법 기초 실력 다지기
[Starter 2책 , Basic 2책] 3~6학년 단계별

ENGLISH BITE 영단어
초등 영어 교육과정의 학년별 필수 영단어를
다양한 활동으로 익히기
[4책] 3~6학년 단계별

초등 교과서 발행사 미래엔의
교재로 초등 시기에 길러야 하는
공부력을 강화해 주세요.

새로운 배움, 더 큰 즐거움

미래엔이 응원합니다!

국어 3·2

WRITERS

미래엔콘텐츠연구회
No.1 Content를 개발하는 교육 콘텐츠 연구회

COPYRIGHT

인쇄일 2024년 9월 23일(1판6쇄)
발행일 2022년 5월 23일

펴낸이 신광수
펴낸곳 (주)미래엔
등록번호 제16-67호

융합콘텐츠개발실장 황은주
개발책임 정은주 개발 심현진, 오혜연, 윤양희

디자인실장 손현지
디자인책임 김기욱 디자인 장병진

CS본부장 강윤구
제작책임 강승훈

ISBN 979-11-6841-157-9

초등에서 고등까지

국어 한눈에 보기

	3~4학년	5~6학년
듣기·말하기	• 대화의 즐거움 알기 • 회의하기 • 인과 관계 알기 • 표정, 몸짓, 말투 사용하기 • 요약하며 듣기	• 의견 조정하며 토의하기 • 절차와 규칙을 알고 근거 제시하며 토론하기 • 매체 활용하여 발표하기 • 체계적 내용 구성하기 • 추론하며 듣기
읽기	• 중심 생각 파악하기 • 내용 간추리기 • 추론하며 읽기 • 사실과 의견 구별하기	• 글의 구조를 고려해 내용 요약하기 • 주장이나 주제 파악하기 • 내용의 타당성 평가하기 • 표현의 적절성 평가하기 • 매체 읽기 방법 적용하기
쓰기	• 의견이 드러나게 글 쓰기 • 마음을 표현하는 글 쓰기 • 문단 쓰기 • 시간의 흐름에 따른 글 쓰기 • 읽는 이를 고려한 글 쓰기	• 목적과 대상에 따라 설명하는 글 쓰기 • 적절한 근거를 사용해 주장하는 글 쓰기 • 체험에 대한 감상을 표현한 글 쓰기 • 목적·주제를 고려한 내용과 매체 선정하기
문법	• 낱말의 의미 관계 파악하기 • 문장의 기본 구조 알기 • 낱말의 분류와 국어사전 활용 방법 알기 • 높임법을 언어 예절에 맞게 사용하기	• 낱말의 확장 방법 탐구하기 • 문장 성분과 호응 관계 이해하기 • 상황에 따른 낱말의 의미 알기 • 관용 표현 이해하기
문학	• 감각적 표현에 주목하여 감상하기 • 인물, 사건, 배경 알기 • 이어질 내용 상상하기 • 작품에 대한 생각과 느낌 표현하기	• 작품 속 세계와 현실 세계 비교하기 • 비유의 특성과 효과를 살려 표현하기 • 일상의 경험을 극으로 표현하기 • 작품을 이해하고 소통하기

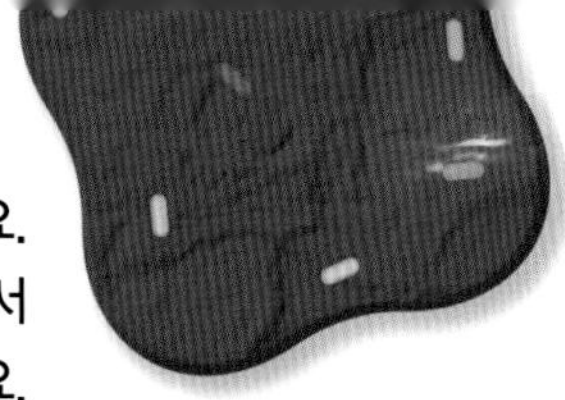

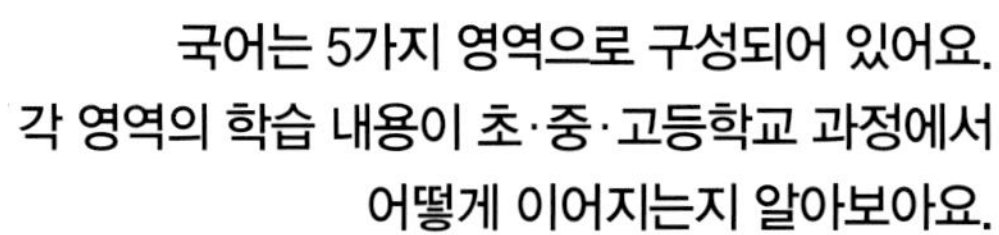

국어는 5가지 영역으로 구성되어 있어요.
각 영역의 학습 내용이 초·중·고등학교 과정에서
어떻게 이어지는지 알아보아요.

중학교	고등학교
• 공감하며 반응하는 대화하기 • 면담하기 • 문제를 해결하는 토의하기 • 논리적으로 반박하며 토론하기 • 내용 구성하여 발표하기 • 매체 자료의 효과 판단하기 • 청중 고려하여 말하기 • 비판하며 듣기	• 언어 예절을 갖추어 대화하기 • 논증 구성하여 토론하기 • 협상하기 • 의사소통 과정 점검하고 조정하기
• 내용 예측하기 • 읽기 목적과 글의 특성 파악하며 내용 요약하기 • 설명 방법과 논증 방법 파악하기 • 관점과 형식 비교하기 • 매체의 표현 방법·의도 평가하기 • 읽기 과정을 점검하고 조정하기	• 관점과 표현 방법 평가하기 • 비판적·문제 해결적 읽기 • 읽기 방법을 점검하고 조정하기
• 보고하는 글 쓰기 • 대상의 특성을 설명하는 글 쓰기 • 타당한 근거와 추론을 들어 주장하는 글 쓰기 • 감동이나 즐거움을 주는 글 쓰기 • 내용의 통일성과 표현의 다양성 알기 • 매체의 특성을 고려하여 글 쓰기 • 원리를 알고 고쳐쓰기	• 설득하는 글 쓰기 • 정서를 표현한 글 쓰기 • 쓰기 과정을 점검하며 고쳐쓰기
• 음운의 체계와 특성 알기 • 품사의 종류와 특성 알기 • 문장의 짜임 탐구하기 • 담화의 개념과 특성 이해하기 • 단어를 정확히 발음하고 표기하기 • 어휘의 체계와 양상 활용하기 • 한글의 창제 원리 알기	• 음운의 변동 이해하기 • 문법 요소의 특성과 사용 방법 탐구하기 • 한글 맞춤법의 원리와 내용 알기
• 비유, 상징의 효과 알기 • 갈등의 진행과 해결 과정 알기 • 보는 이와 말하는 이의 관점 주목하기 • 작품의 사회·문화적 배경 알기 • 재구성된 작품을 원작과 비교·감상하기 • 작품 해석의 다양성 이해하기 • 개성적 발상으로 표현하기	• 갈래 특성에 따른 형상화 방법 알기 • 다양한 사회·문화적 가치 평가하기 • 시대별 대표작 감상하기